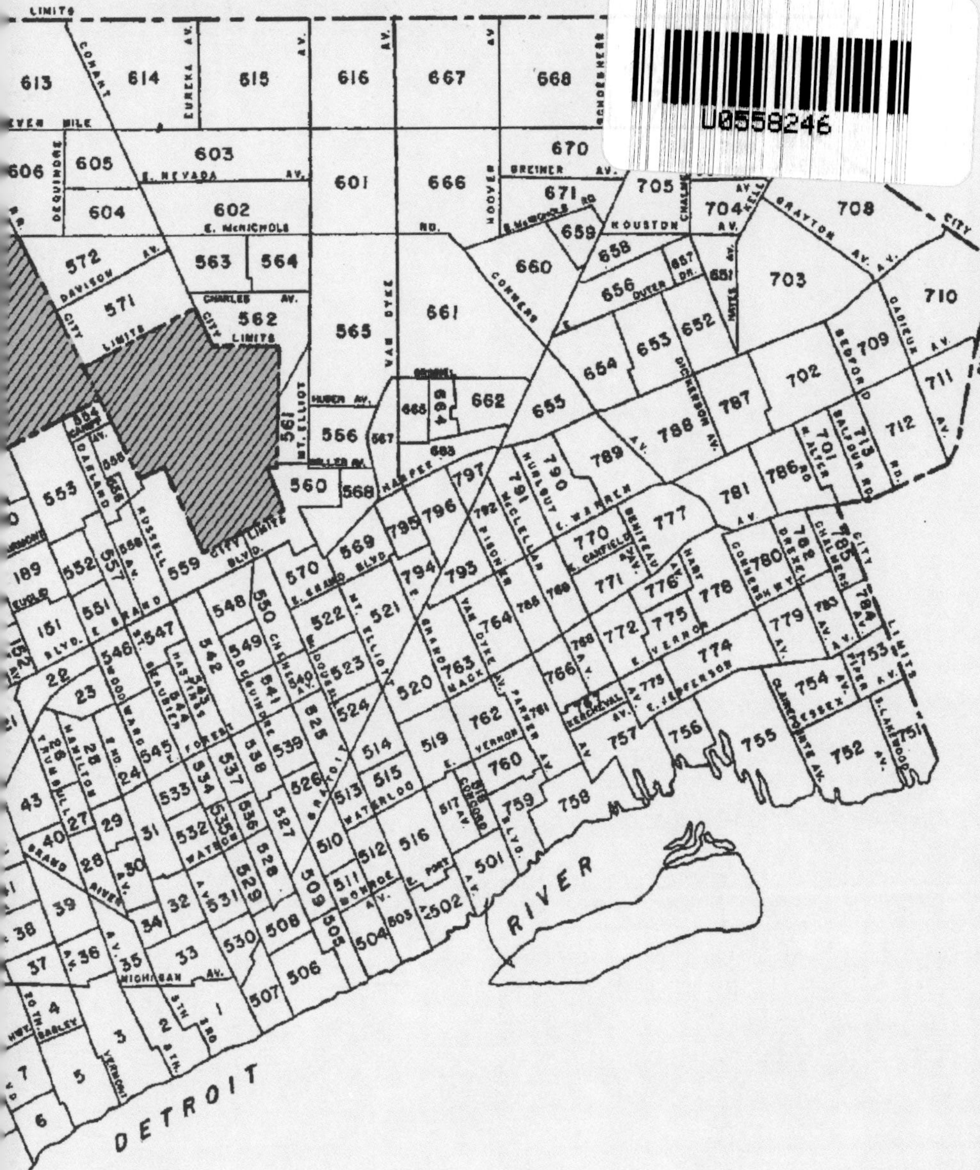
DETROIT
RIVER
CITY LIMITS
CONANT
EUREKA AV.
VAN DYKE
HOOVER
SCHOENHERR
E. NEVADA AV.
E. McNICHOLS RD.
GREINER AV.
HOUSTON AV.
GRAYTON AV.
DAVISON AV.
CHARLES AV.
CONNERS
OUTER DR.
CADIEUX
BEDFORD
DICKERSON AV.
HUBER AV.
MT. ELLIOTT
MILLER AV.
HARPER
E. WARREN
E. CANFIELD
E. GRAND BLVD.
RUSSELL
MACK
VAN DYKE AV.
HURLBUT
McCLELLAN
BENITEAU
E. VERNOR
E. JEFFERSON
KERCHEVAL AV.
CONNERS
DREXEL
CHALMERS
ESSEX
ALTER RD.
BALFOUR RD.
MAXWELL
PIPER
LAKEWOOD
FOREST
HASTINGS
DUBOIS
WATERLOO
MONROE AV.
MACK
WATSON
GRATIOT
CONCORD
MICHIGAN AV.
BAGLEY
VERMONT
TRUMBULL
HAMILTON
GRAND RIVER AV.
OAKLAND
EUCLID
BEAUBIEN
PARKER AV.
FAIRVIEW

法律的颜色

THE
COLOR
OF
LAW

A Forgotten History
of How Our Government
Segregated America

一段被遗忘的
美国政府种族隔离史

[美] 理查德·罗斯坦————著 王志欣————译

Richard Rothstein

上海社会科学院出版社
SHANGHAI ACADEMY OF SOCIAL SCIENCES PRESS

图书在版编目(CIP)数据

法律的颜色：一段被遗忘的美国政府种族隔离史／(美)理查德·罗斯坦(Richard Rothstein)著；王志欣译. -- 上海：上海社会科学院出版社，2019
书名原文: The Color of Law: A Forgotten History of How Our Government Segregated America
ISBN 978-7-5520-2745-7

Ⅰ.①法⋯ Ⅱ.①理⋯ ②王⋯ Ⅲ.①高等学校—种族隔离—教育史—美国 Ⅳ.①G649.712.9

中国版本图书馆CIP数据核字(2019)第088008号

上海市版权局著作权合同登记号：09-2019-369

THE COLOR OF LAW: A FORGOTTEN HISTORY OF HOW OUR GOVERNMENT SEGREGATED AMERICA By RICHARD ROTHSTEIN
Copyright: © 2017 By Richard Rothstein
This edition arranged with THE MARSH AGENCY LTD
through BIG APPLE AGENCY, INC., LABUAN, MALAYSIA.
Simplified Chinese edition copyright:
2019 Beijing Paper Jump Cultural Development Company Ltd
All rights reserved.

法律的颜色：一段被遗忘的美国政府种族隔离史
The Color of Law: A Forgotten History of How Our Government Segregated America

著　　者：[美]理查德·罗斯坦（Richard Rothstein）
译　　者：王志欣
总 策 划：纸间悦动　刘　科
策 划 人：唐云松　范　琳
责任编辑：董汉玲
特约编辑：范　琳
封面设计：xtangs@foxmail.com
出版发行：上海社会科学院出版社
　　　　　上海顺昌路622号　邮编200025
　　　　　电话总机021-63315900　销售热线021-53063735
　　　　　http://www.sassp.org.cn　E-mail: sassp@sass.org.cn
印　　刷：鑫艺佳利（天津）印刷有限公司
开　　本：880mm×1230mm　1/32
印　　张：12.5
字　　数：278千字
版　　次：2019年9月第1版　2019年9月第1次印刷

ISBN 978-7-5520-2745-7/ G·560　　　定价：75.00元

版权所有　侵权必究

1940年，匹兹堡。总统富兰克林·罗斯福将钥匙递给第 10 万个在美国联邦政府公房工程中得到住所的家庭。大部分住房工程只面向白人

CONTENTS 目 录

前 言   i

第 1 章   如果旧金山是，那么到处都是？———— 03

第 2 章   公房，黑人聚居区 ———————— 19

第 3 章   种族区划 ———————————— 45

第 4 章   "居者有其屋" ————————— 67

第 5 章   私人协议，政府执行 ——————— 89

第 6 章   白人群飞 ———————————— 107

第 7 章   国税局的支持及监管机构的姑息 ——— 117

第 8 章   地方策略 ———————————— 135

第 9 章   政府默许的暴力 ————————— 163

第 10 章   收入抑制 ———————————— 181

第 11 章   向前看，向后看 ————————— 209

第 12 章   考虑补救 ———————————— 229

后　记	253
常见问题	259
致　谢	282
注　释	296
参考文献	348
图片来源	381

前　言
PREFACE

从2014年到2016年这段时间，当弗格森、巴尔的摩、密尔沃基或夏洛特等地发生骚乱并引起我们的注意时，多数人会觉得自己了解这些种族隔离区，知道这里的犯罪活动、暴力、愤怒和贫穷如何形成。我们说他们从事实上被隔离，说这是私人行为的结果，而不是由于法律的效力或政府的决策。

我们告诉自己，"事实上的"种族隔离（de facto segregation）有多种原因。当非裔美国人搬进弗格森这样的社区后，一些持有种族歧视观念的白人家庭决定离开；此后，黑人家庭的数量不断上升，社区的品质随之下降，然后就出现了"白人群飞"（white flight）的现象。房地产中介引导白人避开黑人社区，也引导黑人避开白人社区。银行表达歧视的方式是"画红线"，即拒绝为非裔美国人提供贷款，或迫使他们接受条件极为苛刻的次级贷款。就整体而言，非裔美国人所受的教育不足以让他们获得充裕的收入以居住在住户多为白人的近郊区，因此，他们仍在城区聚居。另外，黑人家庭也倾向于和其他黑人家庭居住在一起。

以上所有事情都不失真实，但它们只是真相的一小部分，被湮没在远比它们更重要的事实之下：直到20世纪只剩下1/4时，联邦、州和地方政府始终以明确的种族政策界定白人应该住在哪里，非裔美国人又该住在哪里。美国北部、南部、中西部和西部地区目前的居住隔离并非个人选择或原本用心良苦的法律法规造成的意外后果，而是毫不掩饰、清楚明白地在美国每个大都会地区实施种族隔离的公共政策之结果。这一政策系统性很强，力度很大，其影响一直延续至今。如果没有政府蓄意实施的种族隔离，其他导致隔离的因素——个人歧视、白人群飞、房地产中介的引导、银行的贷款歧视、收入差异及自我隔离——仍会存在，但表现出来的机会就少多了。有目的性的政府行为造成的隔离可不是"事实上的"种族隔离。更确切地说，在法庭上，这叫"'法律上的'种族隔离"（de jure segregation），即由法律和公共政策造成的种族隔离。

由政府行为造成的种族居住隔离违反了美国的宪法及人权法案。开国元勋制定的第五修正案使公民免受联邦政府的不公待遇。美国内战后不久即正式通过的第十三修正案禁止蓄奴，或者就整体而言，禁止将非裔美国人视为二等公民；而同样是内战后通过的第十四修正案则禁止各州或地方政府不公正、不平等地对待民众。

大多数读者都明白，第五修正案和第十四修正案适用于由政府造成的居住隔离。不允许非裔美国人享受适用于白人的住房补贴的做法显然已经构成不公正待遇，而且，如果向来如此，则已经到了严重违犯宪法的程度。但是，居住隔离也违反了第十三修正案，这可能有些出人意料。我们通常认为第十三修正案只是废除了奴隶制——第十三修正案的第一款确实如此，第二款则授予国会强制执行第一款中规定的权力。1866年，国会通过了民权法案，以此强制废除奴隶制，该法案禁止任何延续奴隶制特点的行为。使非裔美国人沦为二等公民的行为,如住房方面的种族歧视,也在禁止范围之内。

但是到了1883年,最高法院驳回了国会关于强制执行第十三修正案之权限的解读。法庭同意该修正案第二款授予国会"批准通过任何对废除美国境内所有奴隶制之标志与事件必要或有益的法律"的权力,但法庭并不认为将一部分人排除在住房市场之外是奴隶制的"标志或事件"。因此在接下来的一个世纪中,这些维护民权法案的行为一直被忽视。

然而如今,多数美国人都明白,对非裔美国人的偏见和苛待并非凭空出现。支持种族歧视的陈规和态度植根于奴隶制度,而美国正是在奴隶制的基础上建立起来的。因此,现在我们大多数人会认为国会的判断正确,同意这一点也在情理之中。国会认为,禁止非裔美国人购买或租住像样住房的行为是仍视其为二等公民的表现,是奴隶制的残余。现在,同样容易理解的是,人们明白,如果政府积极推广居住隔离,那么它就没有遵守第十三修正案对奴隶制及其残余的禁止性规定。

这一解释并不牵强。实际上,它与最高法院1968年最终通过的司法解释非常接近,有力地推翻了1883年的判决。1965年,约瑟夫·李·琼斯(Joseph Lee Jones)及其妻芭芭拉·乔·琼斯(Barbara Jo Jones)对阿尔弗雷德·H.梅耶公司(Alfred H.Mayer Company)提起诉讼。梅耶公司是圣路易斯(St. Louis)的一家开发商,他们拒绝向这对夫妻出售住房,仅仅因为琼斯先生是黑人。3年后,最高法院支持琼斯夫妇的诉求,认定1866年民权法案的声明——住房歧视是奴隶制的残余影响——有效,而这正是第十三修正案授权国会根除的。

但是由于一次历史偶然事件,无论是政策制定者还是公众,甚至连民权倡导人士都没有对琼斯诉梅耶公司案（Jones v. Mayer）判决的意义予以重视。在最高法院宣布其判决的两个月前，国会通过了《公平住房法》(Fair Housing Act)，该法案随后由林登·贝恩斯·约翰逊（Lyndon Baines Johnson）总统签署，成为法律。尽管1866年的法律判定住房歧视违宪，但它并未赋予政府执行权。《公平住房法》规定政府可以适度执行，而民权组织也是利用这部法律而非之前的法令，对住房歧视发起挑战。但是在他们发起挑战时，我们忽略了一个事实——住房歧视并非在1968年才变得不合法，自1866年以来，这样的歧视一直是不合法的。其实，在这102年的时间里，住房歧视不仅不合法，而且是宪法责令消除的奴隶制的标志，却一直被强加于某些群体之上。

本书讲的就是20世纪中叶实施的、旨在强化种族居住隔离的持续性政府政策。阻止非裔美国人和白人混居的具体政府行为很多，我把这样的行为归为"违宪行为"。我这样做实际上背离了广为接受的观点——一种行为只有在最高法院裁定其违宪时方可称为违宪行为。在1954年之前，很少有美国人会认为学校里的种族隔离是合乎宪法规定的，因为最高法院禁止这样的行为。实际上，种族隔离一直是违宪的，尽管最高法院中的多数派在误导之下错误地忽视了这一点。

但是，即使全民一致认为政府政策导致了一种违宪的、法律上的居住隔离制度，也并不意味着诉讼能够补救这种局面。虽然大多数非裔美国人在这种法律认定的体制下饱受痛苦，但是他们却没法以诉讼案件所要求的特殊性明确说出自己到底具体在哪个方面成为受害人。例如，很多非裔"二战"老兵没有申请政府担保的抵押贷款来购买郊区住房，因为他们知道退伍军人管理局会以其种族为由

约瑟夫·李和芭芭拉·乔·琼斯。他们1968年的案子胜诉，证实了住房歧视是奴隶制的标志

拒绝他们的申请，所以即便申请也没有任何意义。因此，这些退伍军人并没有像白人退伍军人一样因房屋净值升值而获得财富，他们的后代也不能像白人退伍军人的后代一样继承这些财富。因为继承的财富较少，现在的非裔美国人不像同龄的白人那样有能力进入好的大学。就算现在这些非裔美国人的后代中有人得知，其祖父辈不得不在拥挤的城市地区租住公寓的原因是联邦政府违犯宪法和法律规定，禁止银行给非裔美国人贷款，他们仍然没有资格提起诉讼，也说不出该向哪一方来追回赔偿。对于最高法院执迷不悟坚持赞成

的政策，通常是没有司法上的补救措施的。但这并不意味着对于这样的违法行为，宪法没有要求补救。实施补救要通过我们选举产生的代表来执行宪法。

我们未能意识到自己与"法律上的"种族隔离所造成的严重而持久的影响共存，因此就无须面对宪法所要求的扭转这一局面的义务。"法律上的"种族隔离仍然存在，如果这么说没错的话，那么废除种族隔离就不仅仅是可取的政策，还是我们必须履行的宪法义务和道德义务。如果我们想称我们的国家为宪政民主国家，那么"过去的就让它过去吧"可不是合理的做法。

住房方面的种族隔离不仅是以前蓄奴的南部邦联的项目，而且是20世纪联邦政府的全国性项目，是由美国最具自由思想的领袖们策划实施的。我们的官方种族隔离体系并非由某一条将非裔美国人局限在特定社区的法律规定造成。实际上，大量明确具有种族隔离色彩的法律、法规和政府行为合力打造了全国范围内的城市聚居区（ghetto）体系，这样的聚居区外围环绕的是白人居住的近郊住宅区。个体的种族歧视也起了一定作用，但如果政府没有欣然接受并强化歧视，其影响会大打折扣。

半个世纪以前，"法律上的"种族隔离的真相就已经为世人所周知，但是自那时起，我们一直压抑着自己的历史记忆，并自我安慰，相信所有的一切要么事出偶然，要么是误导之下的私人偏见。从20世纪70年代至今，最高法院多数派一直在推广"事实上的"种族隔离的错误观念，而这现在已经为常规思维所接受，自由派和保守派在这一点上倒是所见略同。

当民权组织提起诉讼，要求废止底特律公立学校的种族隔离时，转折点出现了。原告意识到，如果底特律的白人儿童屈指可数，那就根本谈不上废止学校的种族隔离，他们认为，补救方案不但应涵盖非裔人口众多的城区，还要包括白人近郊住宅区。1974年，最高法院以5票对4票的投票结果驳回了上诉。多数派认为，因为政府在近郊住宅区的政策并没有造成底特律学校的种族隔离，近郊住宅区就不能包括在补救方案中。大法官波特·斯图尔特（Potter Stewart）解释说，黑人学生集中在城区，而不是散布在底特律各近郊住宅区，这是由于"各种不可知、或许也无从得知的因素，如人口迁入、出生率、经济变化或私人种族顾虑的累积等"。他得出结论："宪法不会允许联邦法庭有试图改变这一局面的行为，除非事实表明国家或其政治区划在一定程度上导致了这种局面的存在。在本案中，没有任何记录表明，底特律学校的人口种族构成或底特律市区内及附近区域的居住模式主要由政府行为导致。"

大法官斯图尔特的评论中有一点让人颇感不安：原告民权组织的确提供了证据，证明底特律城区及周边地区的居住模式在很大程度上由政府行为导致。虽然初审法官支持他们的观点，但是大法官斯图尔特及其同僚决定无视甚至否认此类证据的存在。*

这种对美国种族历史的失实陈述，或者更准确地说是蓄意的

---

* 联邦地方法院法官史蒂芬·J.罗斯（Stephen J. Roth）的观点被最高法院否定，他从这一证据中得出的结论是："不管是政府、个人还是机构所遵循的政策，都对社区的构成有持续影响，并且这一影响在当前仍有体现——我们知道，选择居住地是发生频率相对较低的事件。多年以来，联邦住宅管理局（FHA）和退伍军人管理局（VA）公开建议并提倡维持'和谐的'社区，即种族和经济上的和谐。当时所造成的局面仍在继续。"罗斯法官强烈要求承认其他因素也涉及在内，我们"无须将联邦、州和地方政府官员及各部门行为的影响最小化，亦无须将贷款机构和房地产公司行为的影响最小化，他们的行为形成并维护了种族隔离的居住模式，而这导致了学校的种族隔离。"另，本书未标明"译者注"或"编者注"的脚注均为原注。

视而不见，成为美国法律体系下的共识，这在首席大法官约翰·罗伯茨（John Roberts）于2007年写下的一份判决书中再次得到了表达。他的观点是，禁止路易斯维尔和西雅图的学区把学生的种族作为学校适度融合计划的一部分。每个学区允许学生选择他们想进的学校，但如果一所学校剩余的学位有限，学区将接受有助于学校种族平衡的学生。换句话说，如果学校以白人学生为主，黑人学生会得到准入优先权，而白人学生则会被以黑人为主的学校优先接受。

这位首席大法官提到，这些城市的住房安排具有种族同质性，这导致社区学校的学生也具有种族同质性。他认为，种族隔离社区的形成可能是"社会歧视"的结果，但是纠正"并非源于（政府）自身行为"的歧视永远不能成为制定符合宪法规定、有种族意识的补救措施的理由。"对我们的法律体系而言，由政府行为造成的种族隔离与其他因素造成的种族失衡之间的区别一直都很重要……如果一个地方的（种族不平衡）不是政府行为的结果，而是个人选择造成的，这种不平衡就没有任何宪政意蕴"。他的结论是，因为路易斯维尔和西雅图学校中的种族隔离是由个人选择造成的，所以应当禁止学区有意识地采取某些措施来扭转这种隔离。

1992年，大法官安东尼·肯尼迪（Anthony Kennedy）曾处理过一起涉及佐治亚州学校种族隔离的案子。首席大法官罗伯茨引用了他对该案的裁定。在判决书中，肯尼迪法官写道："在我们的社会、学校中确实（残）留着政府法令造成的种族隔离。过去对黑人权利的侵害和由政府或以政府的名义施加的不公待遇是相当棘手的历史事实。历史上的棘手事实挥之不去，继续存在。我们虽不能逃避历史，但也无须在确定法律责任时过分夸大其后果。种族隔离的残留……可能非常微妙、难以捉摸，但这样的残留是真实存在的，与正在纠正的法律上的不当行为有着因果关系。但是，人口结构造成的族群变化并不总是与法律上的侵权行为有真实、本质的联系。"

在接下来的章节中，我将推翻由肯尼迪大法官表达并为首席大法官罗伯茨及其同事所认可的这一过于轻松愉快的观点——国家犯下的过失与我们身边所见的居住隔离鲜有因果关联。本书将用证据表明，带有明显种族倾向、造成大都会地区种族隔离的政府政策并不是残留物，既不微妙也不难以捉摸，其控制力足以造成目前我们在社区及学校中所看到的"法律上的"种族隔离。本书的核心观点是，非裔美国人被违宪剥夺了融入中产阶级社区的方法与权利，正因这种剥夺行为是在政府支持下进行的，所以国家有义务对此进行补救。

很多法学家都对"法律上的"种族隔离与"事实上的"种族隔离之间的区别持有一定程度的怀疑。他们认为，在私人歧视行为普遍存在的地方，公共政策造成的歧视无法与"社会歧视"区别开来。例如，如果一个社区存在白人逃离非裔美国人居住区域的惯例，那么其力量之强大将无异于成文法律。无论是公共政策歧视还是社会歧视，表达的都是被这些学者称为"结构性种族主义"（structural racism）的概念，即在美国国内，即使不是大多数，起码也有许多机构的行事方式都对非裔美国人不利。这些学者认为，试图理清这些机构的种族差别性影响在多大程度上源于个体歧视，又在多大程度上源于公共歧视的行为是毫无意义的。他们说，无论几十年前歧视由何种原因引发，政府都有义务纠正结构性种族主义。

这些学者的说法可能是对的，但是，在本书中，我并不会采纳他们的思路。恰恰相反，我所采用的是首席大法官罗伯茨和他的同事、前任及可能的继承者所持的狭义法律理论。他们同意，按照宪法规定，我们虽然没有义务纠正私人歧视造成的种族隔离，但有义务补救政府支持的隔离行为所造成的影响。我接受他们的说法。本书与他们在理论上没有任何分歧，有分歧之处在于他们提出的事实。有些人，如法官，认为宪法要求补救政府支持下的种族隔离行为，但大多数种族隔离并不属于此类。我希望让这些人看到，罗伯茨大法官及其同僚对他们所掌握事实的理解是错误的。大多数种族隔离行为的确属于政府支持下的公开明确的行为。

在正文开始之前，我想就措辞方面说几句：我将会频繁提到（其实我已经在这么做了）我们做过的事情或我们应该做的事情。"我们"指的是所有人——整个美国人群体。本书并没有把白人看作滋事者，把黑人看作受害者。身为这个民主国家的公民，我们——我们所有人，包括白人、黑人、拉美裔、亚裔、美洲原住民和其他人，共同肩负着促进宪法的实施并纠正过去犯下的、影响仍在持续的违法行为的责任。我们中很少有人是推动种族隔离制度持续下去的人或被剥削程度最深者的直系后代。非裔美国人不能像等待一件礼物那样等着过去的不平等待遇得到补偿，而美国白人作为一个整体也并不负有对非裔美国人进行补偿的义务。我们，我们所有人，对我们自己负有这样的责任。身为美国公民，不管我们或我们的祖先通过何种途径获取这一身份，现在，我们都是这个国家的一员。

过去几十年里，我们创造了一些委婉的说法来帮助忘却国家是怎样对非裔美国公民进行种族隔离的。我们说到聚居区的时候会感到尴尬，这个词准确地描述了这样一种社区——政府不但让少数族裔集中居住在这里，而且设立重重障碍阻止他们离开。我们毫不犹豫地承认，东欧的犹太人被迫住在聚居区中，在那里，他们的机会非常有限，很难甚至完全不可能离开。但是，当我们在这个国家遇到类似的社区时，我们小心翼翼地称之为"内城"（inner city），其实谁都知道我们是什么意思。（当富裕的白人将同一片地理区域中产阶级化时，我们并不会把这些白人划为内城家庭。）现在，我们羞于承认这个国家将非裔美国人限定在聚居区内。在此之前，种族关系的分析家，无论是非裔分析家还是白人分析家，都一直用"聚居区"这个词来描述低收入非裔美国人社区，他们的用词非常准确。这些社区在公共政策的推动下形成，不但缺少机会，而且障碍重重，难以离开。还没有另外的词能简洁地囊括所有这些特点，所以我将使用这个词。*

我们也发明了其他委婉的说法，如此一来，文雅阶层就不用直面种族排斥的历史了。当我们想到白人就读的学校中鲜有非裔美国

---

* 1948年，罗伯特·韦弗（Robert Weaver）写了一本书，名为《黑人聚居区》（*The Negro Ghetto*）。该书记录了政府如何在美国进行种族隔离。很久之后，韦弗成为首位进入内阁的黑人。1965年，社会心理学家肯尼斯·B. 克拉克（Kenneth B. Clark）出版了《黑暗的聚居区》（*Dark Ghetto*）一书，描述了纽约城哈莱姆区的机会如何匮乏。克拉克的研究是最高法院在判决布朗诉教育委员会案（*Brown v. Board of Education*）时的依据。1968年，科纳委员会（Kerner Commission，即市民骚乱国家顾问委员会）发表了其颇具影响力的报告，并在结论中指出："（白）人社会在聚居区中牵涉很深。这是白人机构创建的，也是白人机构维护的，而白人社会则对此颇为宽容。"关于公共政策如何在芝加哥进行种族隔离，有一本权威的学术研究著作，即阿诺德·R. 赫希（Arnold R. Hirsch）于1983年出版的《建设第二个聚居区》（*Making the Second Ghetto*）。关于克利夫兰，有一项类似的研究：《聚居区在成形：1870年到1930年间黑暗的克利夫兰》（*A Ghetto Takes Shape: Black Cleveland, 1870–1930*），由肯尼斯·L. 库斯莫（Kenneth L. Kusmer）于1978年出版。过去10多年间，关于美国种族关系最重要的著作是米歇尔·亚历山大（Michelle Alexander）的《新吉姆·克罗》（*The New Jim Crow*），出版于2010年。她频繁用到"聚居区"这个词。

前言

人所引发的问题时，我们说我们在寻求"多元化"（diversity），而不是种族融合。当我们想假装这个国家并没有用一种专门针对非裔美国人的种族隔离制度孤立他们的时候，我们散布他们只是另一种"有色人种"（people of color）的说法。我力图避免这种措辞。

因为我们的主流文化倾向于认为非裔美国人低人一等，所以我们用以描述他们的词汇，不管一开始看上去多么高贵庄严，最后听起来总像在表达轻蔑。非裔美国人对此提出抗议，坚持使用新的术语，我们最后也接受了新的说法，但这些说法似乎也暗含了卑微之意。因此，到了20世纪初，美国所有居于次要地位的种族都被称为"有色人种"。后来，我们开始考虑称非裔美国人为"尼格罗人"（Negro），一开始用的是小写的n，后来才开始用大写的N。这个词后来被"黑人"（black）所取代，后者似乎被广泛接受，经久不衰。今天我们意识到"非裔美国人"才是最合适的说法。在接下来的篇章中，这个词将是我使用最为频繁的词，但我有时候也会使用"黑人"一词，在描述历史事件时，我偶尔会用到"尼格罗人"一词，在用到这个词时，我所表达的尊重和这个词在早期所享有的完全一样。

我们不能被措辞的变化分散注意力，应该注意到其下隐藏的真相：在这个国家，我们建立了一种等级制度，非裔美国人因为政府明确的种族歧视政策而一直受到剥削，遭受地理上的隔离。虽然今天这些政策大都已经不再执行，但政府却从未就此做出补救，而且其影响仍持续存在。

Chapter One
第 1 章

如果旧金山是，那么到处都是？

1948年，加利福尼亚州里士满。非裔美国人和白人一起在一家福特装配厂工作，却被禁止入住白人社区

我们认为，旧金山湾区是美国比较自由、包容的地区之一。如果联邦、州和地方政府把湾区隔离为泾渭分明的黑人社区和白人社区，那么我们就可以合理地推断，政府也在其他大都会地区进行了种族隔离，而且同样斩钉截铁。这就是我对 20 世纪政府在旧金山及其周围地区实施的种族政策特别感兴趣的原因。

从旧金山穿过海湾就是里士满，这个小镇是加利福尼亚州非裔美国人最为集中的地区。在第二次世界大战期间，美国最大型的造船综合企业就建在里士满；后来，这个小镇最为著名之处在于它是一家大型炼油厂的所在地。2013 年，我在这里遇到了弗兰克·史蒂文森（Frank Stevenson），此前我已经读过他为国家公园管理局录制的口述历史。我去他在里士满的家中拜访了他。

I

史蒂文森先生是七兄弟中的一个，1924 年出生于路易斯安那州的莱克普罗维登斯（Lake Providence），《时代周刊》曾称这个小镇是"美国最贫穷的地方"。但是，比起当时南部大多数其他黑人青年，他得到了特别的眷顾。他的父亲是位牧师，拥有一片土地，这片土地上建有他的第一浸信会教堂（First Baptist Church），因此，和20世纪初期南部其他黑人男性不同，他不需要当佃农为白人农场主耕种土地。史蒂文森一家种植棉花和玉米以供售卖，饲养猪和家禽。他们还狩猎，并且有一片菜园子以维持生计。

直到七年级，弗兰克上的都是他父亲教堂里只有一间教室的学校，学校只有一位老师，和史蒂文森一家生活在一起。如果弗兰克要继续完成学业，他就不得不去镇里上高中。路很远，步行是走不到的。在20世纪30年代早期的路易斯安那州乡下，非裔美国人读书的年头远远短于白人，因为到了种植或收割的季节，像弗兰克这么大的孩子就该受雇去干活了。"实际上，"史蒂文森先生回忆道，"如果你是黑人，他们也不太在意你是否去上学……白人学校会维持原状，但他们会解散黑人学校，因为他们希望孩子们去农场干活……有很多次，这些白人会……来找我爸爸，请他让我们每周去给他们干一两天活儿。"

在这个时期，富兰克林·罗斯福颁布了新政（New Deal），先是规范了工业准则，然后又出台了《公平劳动标准法》（Fair Labor Standards Act），禁止使用童工，并把南部的最低工资定为一周约12美元，1938年则涨到每小时25美分。要想通过这样的经济法案，罗斯福需要南部众议员和参议员的选票，而只有在把类似农业这种从业者以非裔美国人为主的行业排除在外的情况下，这些人才会同意支持经济改革。史蒂文森兄弟们在白人农场主的土地上劳动，每天只能得到50美分的报酬。

读完七年级之后，弗兰克·史蒂文森跟着兄长们在新奥尔良找到了工作——为造船厂的工人送饭。后来，他又做过几种通常只有非裔美国人才会去做的工作：搬运水泥、铺设铁路、装卸货物,"二战"开始后,装卸的货物还包括危险的弹药。他跟着哥哥艾伦·史蒂文森（Allen Stevenson）来到加利福尼亚州,最后,于19岁那年在里士满安顿下来。一开始,造船厂和其他军事工业都打算只雇用白人男性,但是随着战争绵延日久,他们招不到足够的白人男性来满足军事订单的需要,不得不招白人妇女来做工,后来则是黑人男性,最后连黑人妇女也招了进来。

从1940年到1945年,战时工人大量涌入,导致里士满的人口从2.4万人暴涨到超过10万人。里士满的黑人从270人猛增至1.4万人。定居在里士满的非裔美国人和弗兰克·史蒂文森一样,普遍都接受过七年级的教育,这使他们这些移民成了精英人士。他们的受教育程度远远超过南部各州的非裔美国人。

人口增长速度迅猛,但是住房不可能同样快地建起来。联邦政府开始介入,建造公房。这一项目在官方批准下明确实行种族隔离。在联邦政府的资助下,里士满地区为非裔美国人建造的住房位于铁路沿线或毗邻造船区,建得非常简陋,只供暂时之需。而参与国防建设的白人工人呢？政府为他们建造的住房则更近内陆,毗邻白人住宅区,其中有些房屋建得非常牢固,可供长久之用。因为战前的里士满多被白人占据,联邦政府在公房方面的种族隔离决定形成了种族隔离的居住模式,这一模式至今仍在延续。

里士满警方也和房屋管理部门一样,向城市娱乐部门施加压力,禁止种族融合行为。因此,如果某个地方的白人住宅区和黑人住宅区共享娱乐和运动设施,房管局会指定非裔美国人在特定时段使用这些设施。房管局坚持为白人和黑人提供不同的社会活动,如男女童子军和电影展。房管局主任解释说,采用种族隔离的政策,是出于"在整个社区保持社会和谐与平衡"的目的。另一位房管局官员则坚持认为"南方来的黑人情愿和自己人待在一起"。

这一时期的 20 个住宅区共建了 2.4 万个单元的住房（包括白人住房和黑人住房），几乎无法满足需要。联邦政府为白人工人创建了"战时客人"（war guest）计划，将里士满白人家庭拥有的多余房间出租，工人可以作为租客搬进去。政府还为白人业主提供低息贷款，让他们对自己的住所进行改造、分区。

与该政策一脉相通的是，联邦政府聘请国内一家主要的大规模住宅开发商大卫·博安农（David Bohannon）来建设新的里士满近郊住宅区——罗林伍德（Rollingwood）。联邦政府官员同意用银行贷款资助其建设，但要求罗林伍德的 700 幢房子一间也不能出售给非裔美国人。政府还特别要求，罗林伍德的每一幢房子都必须有一个空余房间，该房间要有独立的出入口，用来安置无处可住的白种战时工人。

尽管非裔美国人的私人选择更少、比白人更为依赖公房，但是里士满房产管理局的种族隔离项目在改善住房短缺方面为非裔美国人所做的却比为白人家庭所做的更少。为黑人所建的住宅单元中，有多个家庭共住一室的安排，也有非法的转租房屋，这并不出人意表。到了 1947 年，里士满的黑人人口增至 2.6 万人，其中一半仍住在暂时性的战时住宅中。随着政府给白人提供经济支持，白人放弃了这种公寓，搬入像罗林伍德这样的近郊住宅区中的固定住宅，非裔美国人便搬到白人住宅的空余房屋中去。慢慢地，黑人家庭几乎成了里士满公房唯一的租户，仅有 3 个指定给白人、建得极为牢固的长久性工程例外——这里的白人不想离开。到了 1950 年，这个城市的黑人聚居区面积进一步扩大，里士满的黑人中超过3/4的人口居住在战时住宅中。

像弗兰克·史蒂文森这样没能挤进有限的公房单元中的黑人工人并不能享受"战时客人"政策，也没有其他的政府补贴项目。史蒂文森先生和里士满很多没能进入实行种族隔离的公共工程的非裔美国人一样，住在里士满北部。这是一个偏僻的地方，没有任何市政设施。他寄宿在一位老妇人家里，帮助维护房屋，权充租金。

里士满北部的其他黑人战时工人就没弗兰克·史蒂文森这么幸运了。他们住在用纸板搭起的小屋或是谷仓、帐篷里，有的甚至露宿街头。在军工企业做工的黑人工人有稳定的工资，可以攒钱买下里士满北部偏僻的一小块地皮，但是，因为联邦政府拒绝为非裔美国人的住房提供银行*贷款保险，他们盖不起标准的住房。有些人用从造船厂搜罗来的橘子筐和废木料盖起了自己的房子。到20世纪50年代早期，里士满北部仍有大约4 000名非裔美国人将就着住在这样的房子里。

战争期间，政府还同私有团体联合起来，共同在里士满实施种族隔离。美国劳军联合组织（United Services Organization）为军事人员安排了单独的黑人俱乐部和白人俱乐部，并为初来乍到的战时工人按黑人和白人分别提供旅客援助服务。1943年，劳军联合组织曾提议在白人社区的一块地皮上为非裔美国人建立一个服务中心。当地的地方性报纸《里士满独立报》（Richmond Independent）提出抗

---

* 在整本书中，银行（bank）这个词的用法比较随意，我用这个词的时候，指的不仅仅是银行，也包括储蓄和贷款机构、信用社及发放抵押贷款的公司。但是，在第7章中讨论联邦和州级银行监管机构时，这个词仅指那些在政府严格管制之下的贷款机构。

议，随后引发了反对该计划的请愿活动，市议会阻止该计划继续执行。无论过去还是现在，美国劳军联合组织都是一个私人组织，但它由罗斯福总统组织（他有名誉主席的称号），其中有些俱乐部使用的是政府大楼，该组织与陆军部协作提供服务，并有国会批准的许可证。市议会的行动，加上其与联邦政府的紧密联系，使得该组织在里士满（及其他地区）的种族隔离行为构成"法律上的"种族隔离的一个侧面。

为了确保每个移居里士满的非裔美国人都是战争成就中必不可少的一分子，在这座城市里，警察会在路上拦住非裔美国人，如果他们无法证明自己有工作，就会被逮捕入狱。弗兰克·史蒂文森在里士满与其兄长艾伦会合之后，很快就在福特汽车公司的装配工厂找到了工作。这家工厂已经由政府接管，用来生产军用吉普，并翻新损坏了的坦克。

20世纪30年代，这家福特工厂的前方有个牌子——"不招墨西哥或黑人工人"，但是，当弗兰克·史蒂文森于1944年来到这里的时候，他们迫切需要他来干活。3年前，汽车工人联合会（United Auto Workers）迫使亨利·福特（Henry Ford）坐上谈判桌。到了战争结束的时候，工会的一纸合同使得福特汽车公司不能解雇非裔美国人来为退伍的白人老兵或为造船厂等地因军工停产而失业的白人工人腾地方。因此，当军方在1945年放弃对这家工厂的控制，福特汽车公司重新开始生产汽车的时候，战争期间受雇的黑人工人得以保住了产业工人的工作。

里士满的这家福特工厂是1931年建立起来的。此前，里士满向福特公司提供税收激励，诱使它将加利福尼亚州北部的装配生产转移到这里。这个城市有个深水港——正因如此，它才成为战时造船中心。福特发现这个地点很有诱惑力，因为它既有海运，又有公路。把部件从底特律运到里士满装配成汽车和轻型卡车，再把装配完毕的车辆用船从里士满运到加州北部和夏威夷的销售商处，公司承担的运输成本并不高。里士满的福特工厂有两层楼，部件和组件通过传送带从一层运到另一层。

战争期间最开始雇用黑人的时候，这些工人被分配去做的都是最低级、最辛苦的工作，但是，经过工会的斗争，更多的技术工作开始向非裔美国人开放。弗兰克·史蒂文森可能就属于最有雄心和天分的那类人。受雇10年之后，他已经掌握了足够的技术，在不同岗位的工人去吃午饭时，他都可以顶上。"我很聪明，"史蒂文森先生这样说，"我在休息的时候会走到其他工种处，跟他们说：'让我看看你干的是什么活儿。'所以他们让我做了杂务工。"

20世纪50年代，战后的消费繁荣带动了对汽车需求的增长。福特公司在里士满的工厂已经没有了扩建的余地。高速公路使不发达的农村地区也易于进出，且土地非常便宜，这就让福特公司有机会向外扩张，摆脱了多层建筑造成的低效生产。因此，1953年，公司宣布将关闭里士满的工厂，在向南约80.5千米处、更宽敞的厂房恢复生产，这处厂房在米尔皮塔斯（Milpitas），属于圣何塞（San Jose）郊区，当时还只是乡村。（米尔皮塔斯是现在的硅谷的一部分。）福特公司从西太平洋铁路公司（Western Pacific Railroad）买下了约64.7公顷的土地作为厂址，后者购置了约688公顷的土地，希望能够吸引工业设施来此，建立起一个铁路枢纽。

工会领袖与福特公司管理层会面，经过磋商，达成了一项协议，允许里士满工厂的全部1 400名工人（包括约250名非裔美国人）转移到新的厂址。福特公司的计划一公布，米尔皮塔斯的居民就联合镇政府通过了一项紧急法令，授予新就职的市议会禁止建造公寓，只准建造独户住宅的权力。接着，开发商就开始为福特公司的工人及西太平洋公司吸引来的其他工厂的工人建造便宜的独户住房小区。

建筑商向联邦住房管理局（Federal Housing Administration，FHA）请求批准其住房小区方案，然后持批文去银行申请低息贷款作为建筑施工的资金。如果这些住房符合规范，联邦政府就会向符合条件的购房人提供抵押担保，无须再进行资产评估。*虽然在没有政府介入的情况下，银行通常也会向富裕的购房人提供抵押贷款，但他们往往避免为工人家庭提供贷款，除非抵押贷款已经有了保险。风险降低之后，银行提供低息更低的贷款，提高了工人家庭的住房购买能力。对于退伍军人来说，政府的批文通常也意味着无须交纳首付款。正如10年前的罗林伍德一样，联邦政府在为米尔皮塔斯的抵押贷款提供保险时有一条特别规定：明令禁止向非裔美国人出售住房。

因为米尔皮塔斯没有公寓，而且该地区的房屋对黑人工人来说是禁区——尽管他们的收入和经济情况与装配线上的白人工人差不了多少，所以在福特公司工作的非裔美国人就面临着这样的选择：要么放弃产业工人的好工作搬进圣何塞的种族隔离小区公寓，要么忍受里士满和米尔皮塔斯之间漫长的通勤路。弗兰克·史蒂文森买了一辆厢式货车，又另凑了8个人来分担开销，直至退休前的20年间，他一直

---

* 退伍军人管理局为抵押贷款进行"担保"（guaranteed），而联邦住房管理局为其"提供保险"（insured）。这两者之间的区别对于理解"法律上的"种族隔离并不重要，我会交替使用这两个词。

开着这辆车往返。这段上班路单程超过一个小时。

弗兰克·史蒂文森及和他拼车的8个人中，只有一位后来有能力搬到更靠南、离工厂更近的地方，而他也是到了20世纪60年代末才有能力这样做的。他在海沃德（Hayward）找到了房子，这个小镇大约在里士满到米尔皮塔斯的半路上，之前也是不对非裔美国人开放的。

战后普通百姓的住房短缺状况日渐缓和，同时，更多像罗林伍德这样享受政府补贴的近郊住宅区也建立了起来，以供白人工人家庭居住。如此一来，里士满反倒成了一座以黑人为主的城市。由于里士满的黑人人口不断膨胀，非裔美国人开始强行进入里士满南部的住房市场。很快，里士满南部也成了这个城市黑人聚居区的一部分。1970年，弗兰克·史蒂文森的女儿们读完了高中，这一年他终于可以在这个城市的南部、以前只供白人居住的区域买下自己的第一幢房子。

II

"二战"结束后，位于旧金山南部的帕洛阿尔托（Palo Alto）的斯坦福大学聘请华莱士·斯特格纳（Wallace Stegner）来教授创意写作。1943年，斯特格纳出版了半自传体小说《巨石糖果山》（*The Big Rock Candy Mountain*），此书广受好评，斯坦福大学随后向其发出了邀请。不久后，斯特格纳将赢取普利策奖和美国国家图书奖，但是，当他在战后不久和家人一起抵达帕洛阿尔托的时候，他的经济状况算不上多好。

斯坦福地区和美国的其他地区一样，也存在住房短缺的问题：战争期间，由于所有物资和劳力都要留作军事用途，政府禁止平民进行住房建设，除非是在像里士满这样的城市里专门为军工产业进行的住房建设。斯特格纳加入并在随后参与领导了未能找到住房的中产家庭和工人家庭组成的合作社。一般情况下，大学教授的收入并不是很高；合作社中其他人的经济状况与之相仿，他们当中有公立学校教师、公务员、木匠和护士。最早加入这个合作社的150个家庭中，有3家是非裔美国人家庭。

这家合作社自称为帕洛阿尔托半岛住房联合会（Peninsula Housing Association of Palo Alto），买下了一块紧挨斯坦福大学校园、占地面积约105.2公顷的牧场，计划建造400套住房，并在公共土地上建设公共娱乐设施、购物区、加油站和餐厅。但是，如果没有政府批文，银行不会给这家合作社及其成员提供建设经费或发放抵押贷款，而联邦住房管理局是不会给一家包括非裔美国人在内的合作社提供贷款担保的。他们要求这家合作社改为纯白人团体，对此，包括斯特格纳在内的董事会的意见是不予应允，但是组织成员希望对政府的要求做出让步。在1948年1月的投票中，妥协派以78票对75票的微弱优势胜出。合作社希望在其内部章程和契约中引入配额制，保证半岛住房联合会中非裔美国人的比例不会超过非裔美国人占加利福尼亚州总人口的比例。

这样的让步并没有让政府官员感到满足，这个项目就此停止，斯特格纳和其他董事会成员辞职。由于没有政府批文，该合作社无法获得资金支持，此后不久便被迫解散。1950年，合作社将其土地卖给了一家私人开发商，这家开发商在与联邦住房管理局的协议中明确规定，不得将任何房产售予非裔美国人。于是，建筑商建起了一幢幢独立住宅，卖给"拉德拉"（Ladera）的白人，这个小区到现在还紧挨着斯坦福大学的校园。

III

随后的几年里，在帕洛阿尔托市区及附近找工作、找房子的非裔美国人越来越多，但是，没有任何一家依靠联邦政府贷款保险的开发商会把房子卖给他们，而且加利福尼亚州也不会有任何一个通过州注册的房地产经纪人带他们看房子。但是后来，在1954年，帕洛阿尔托东部一个纯白人地区的住户把他的房子卖给了一个黑人家庭，这个地方离斯坦福大学的校园只隔着一条高速公路。

加利福尼亚州房地产协会主席弗洛伊德·洛（Floyd Lowe）几乎马上就在帕洛阿尔托东部设立办事处，吓唬白人家庭，让他们甩卖自己的房产，这种做法被称为"街区房地产跌涨牟利"（blockbusting）。他和其他房地产商一起警告白人家庭"尼格罗人入侵"近在眼前，而这会导致房产急剧贬值。很快，越来越多的白人业主屈服于耸人听闻的言论，把房子降价卖给了房地产经纪人及他们的投机商。于是，这些房地产商，包括弗洛伊德本人在内，设计了醒目的横幅广告，上书通栏大标题"寻找有色人种买主"，并把这些广告刊登在旧金山的报纸上。求房若渴的非裔美国人以飞涨的价格买下了这些房子。在3个月内，一个房地产经纪人就向非裔美国人卖出了60套以前归白人所有的房子。加利福尼亚州的房地产专员拒绝采取任何行动，坚称虽然有规定禁止注册经纪人参与"不合职业操守的行为"，但利用种族恐惧牟利并不在住房管理局的管辖范围之内。尽管当地房管局通常会"排挤"把该城市白人社区的房子卖给非白人购房者的经纪人（由此拒绝让他享受其生意所依赖的多重挂牌服务），一旦大规模的牟利开始，房管局就不管了，甚至还予以支持。

与此同时，联邦住房管理局和退伍军人管理局不但拒绝为在拉德拉这样的白人专属社区购房的非裔美国人提供抵押贷款保险，而且不会为在有非裔美国人的社区购房的白人提供抵押贷款保险。因此，帕洛阿尔托东部的种族融合一旦开始，想要进入这个地区的白人就无法得到政府提供的抵押贷款保险。各州监管下的保险公司，如公平人寿保险公司（Equitable Life Insurance Company）和普天人寿保险公司（Prudential Life Insurance Company），也宣布他们的政策是不向种族融合社区的白人提供抵押贷款。各州的保险监管部门对这一立场并无异议。美国银行和加利福尼亚州其他各大银行的政策也大同小异，并且得到了联邦银行监管部门的认可。

6年之后，黑人已占帕洛阿尔托东部人口的82%。随着被其他社区驱逐出来的黑人进入该地区，几户同居于一幢独户住宅，该地区的情形开始恶化。帕洛阿尔托东部地区的房价比面向白人的同类住房高很多，如果没有额外的房租收入是很难支付得起的。联邦和州住房政策合力在帕洛阿尔托东部打造了一个贫民窟。

随着该地区的人口密度越来越大，该学区无法容纳帕洛阿尔托的所有学生。因此，1958年，该学区提议再开设一所高中来容纳不断增长的学生。学区决定，新学校将建在该地区的中央位置，该地已成为帕洛阿尔托东部聚居区的中心。这样一来，帕洛阿尔托现有的种族融合建筑中的黑人学生将必须撤离,由此在东部地区形成种族隔离的非裔美国人学校,而在西部则是白人学校。非裔美国人和开明的白人活动家恳求划出东西部学区分界线,成立两所种族融合的中学,董事会对此不予理睬。

通过以上种种方式,联邦、州和地方政府蓄意地在美国的每个大都会区制造了种族隔离的局面。如果这样的情况发生在开明的旧金山,那么它当然也可能发生在其他任何地方,而且也确实发生了。旧金山地区的种族隔离是由政府政策导致的,这一点尤其让人惊讶,因为旧金山不同于芝加哥、底特律、克利夫兰或巴尔的摩等大城市,在像弗兰克·史蒂文森这样的移民"二战"期间来此求职之前,加利福尼亚州北部的非裔美国人寥寥无几。政府并不是在遵循先前就已存在的种族格局,而是在过去并没有种族隔离根基的地方强制实施了种族隔离。*

---

* 如果研究一下大都会地区的历史,你很可能会发现大量证据表明联邦、州和地方政府是以何种形式违背宪法、利用住房政策造成并强化种族隔离的,这些形式今天仍然存在。

Chapter Two
第 2 章

公房，黑人聚居区

1943年，底特律。一家人承受着联邦官员的推诿和白人社区居民的纠众闹事，搬入种族隔离的索杰纳·特鲁斯（Sojourner Truth）公共住宅区

联邦政府和地方政府蓄意利用公房把非裔美国人集中在城市的聚居区，这在形成"法律上的"种族隔离体系中所起的作用和其他因素一样重要。

在大多数美国人的印象中，公房都是这样的形象：一幢幢高层塔楼鳞次栉比，建在城市的中心地区，操场和公园这样的设施极少，犯罪和毒品问题令人困扰，到处都是黑人（或拉美裔）妈妈带着她们的孩子。即使在今天，这一形象很大程度上也是不准确的 *，在20世纪中期公房工程开始之初，这一形象更是与事实相去甚远。当时，公房主要是面向工人阶级或下层中产阶级的白人家庭。这项工程的补贴并不是很多，租户以租金的形式支付全部运营费用。公房最初的目的并不是为穷得买不起房子的人提供栖身之所，而是面向那些有能力购买像样的住房，但因为市面上没有房源而买不到的人。

例如，在纽约市，从第二次世界大战到1955年间，住房管理局为中产阶级家庭建起了20个大型无补贴的住宅区，所有人都通过房租来支付住房成本。很多项目都是漂亮的低层（6层）小区，有树、

---

* 在纽约，有异常多的公房属于高层建筑，但这些高层建筑中住着肤色、种族、社会阶层各不相同的人。其他地方并非如此。多数公房工程都由花园公寓、低层无电梯公寓及独户住房或联排房屋组成。20世纪70年代，联邦政府停止为高层公房提供资金，高层住宅单元所占的比例一直在稳步下降。

第2章　公房，黑人聚居区　　19

草坪，还有公园的长椅。退伍军人享有优先购买权。此外，住房管理局还为潜在的租户列出了 21 项不合格条件，包括非正规就业经历、单亲家庭、非婚生子女、犯罪记录、毒瘾、精神病、子女表现不佳、家务习惯不好、家具不足等。为了确保不受欢迎的租户不会进入这些住宅区，住房管理局派经纪人去审查申请人此前居所的状况（他们通常是和亲戚合住）。夫妻必须出示结婚证明，此后申请方可被受理。波士顿住房管理局在为白人家庭建设的中产阶级住宅区中也有类似的要求。

I

联邦政府首次为平民建设住宅是在第一次世界大战期间——军事基地的住宅区早已有之。"一战"期间，联邦政府在海军造船厂和兵工厂附近为国防企业的工人建造住房。26 个州的 83 个住宅区容纳了 17 万名白人工人及其家人。非裔美国人被排除在外，甚至北部和西部工业中心的住宅区也是如此，即使在那里工作的非裔美国人为数众多。有时，联邦政府会在之前并不存在种族隔离的地区强制实施种族隔离政策，将非裔美国人驱赶到人口密度过大的贫民窟。战争结束之后，政府将住宅区卖给私人地产公司，并取消了尚未完成的工程。

从 20 世纪 30 年代的大萧条到 50 年代初，工人阶层及中产阶级白人和非裔美国人一样，面临着严重的住房短缺问题。在大萧条期间，只有富人才有能力购买或租住新公寓，因此，建筑商受到的诱惑不足以让他们为其他人提供住房。第二次世界大战期间，由于所有建筑材料都拨给军方专用,住房短缺的情况进一步恶化。工人家庭和下层中产阶级家庭与亲戚合住一幢房子,或者住在公寓中,这些公寓小得几乎无法容纳不断增长的家庭成员,也有人一直住在应急用的半圆拱形活动房屋中,这些房屋是在战争即将结束时为退伍军人搭建的。

为了应对这种局面,罗斯福总统的新政首次在这个国家建造起公房,以供未曾在国防企业中效过力的平民居住。种族决定了这个计划的设计方案。当局为非裔美国人单独建造了住宅区,按人种对居所进行隔离,或者完全把非裔美国人排除在一些小区之外。

当局在住房项目中所实施的种族隔离,沿用的是新政下的建设单位、职业介绍所和招聘机构建立起来的模式。早期的发起者之一是田纳西河流域管理局(Tennessee Valley Authority),它创办于1933年,目的是推动这个在大萧条期间损失异常惨重的地区的就业和经济增长。管理局的总部位于田纳西州的诺里斯(Norris),政府在这里建起了一个有500套舒适住房的示范村,并将这些房屋出租给雇员和建筑工人。但是,这个村子只对白人开放,而流域管理局将其辖区的非裔美国人安置在距此有一定距离、粗制滥造的营房中。管理局的一位官员解释,这个小镇要留给白人,因为"尼格罗人不适合这个住宅区"。

新政的其他机构也同样奉行这样的居住隔离政策。国民自然资源保护队(Civilian Conservation Corps)为无业青年和大学生建立了劳动营。这些营地不但在南方存在种族隔离,在北方往往也一样。例如,新泽西州州长哈罗德·霍夫曼(Harold Hoffman)不允许为非裔营员建设营地,理由是他所谓的"当地居民怨愤"。国民自然资源保护队的领导人罗伯特·费克纳（Robert Fechner）执行这样一项政策——永远不要"迫使有色人群进入公开声明抵制他们的地区"。一开始，地方上的管理人员曾在西部和中西部各州的一些营地实施种族融合，但联邦官员命令在这些营地也实施种族隔离。

很多州政府和地方政府甚至不允许已经实施种族隔离的非裔美国人国民自然资源保护队进入他们境内。联邦政府对这样的要求予以通融，让非裔美国人把营地建在附近的军事基地、国家森林或公园绿地上。在宾夕法尼亚州的葛底斯堡，一个非裔美国人国民自然资源保护小分队被分配与一个白人小分队共同修复这处有重大历史意义的战场。白人分队住在小镇附近，但是小镇居民反对非裔美国人队员住在他们附近，于是保护队只好在大约32.2千米之外为非裔队员安营。

Ⅱ

有些地方的住房政策不仅是田纳西流域管理局和国民自然资源保护队这样的新政经济发展或就业计划的副产品，而且是罗斯福政府改革的直接目的。在这些地区，种族隔离更为严格。新政在住房方面的努力最初是市政工程局（Public Works Administration）创立的一项工程。市政工程局建立于罗斯福就职后不久，其目标是减轻全国范围内的住房短缺状况，同时创造更多的建筑业就业机会。前述工程是由内政部长哈罗德·伊克斯（Harold Ickes）领导的，他曾于20世纪20年代任全美有色人种协进会（National Association for the Advancement of Colored People）芝加哥分会的主席，是罗斯福政府中在种族问题上为数不多的开明人士之一。

虽然大多数官员有意只为中产阶级和工人阶级的白人家庭提供公房，但是伊克斯的努力使得非裔美国人占据了1/3的住宅单元，政府在满足非裔美国人住房需求方面做出的努力前所未见。但是，伊克斯并未提议在市政工程局的小区中进行种族融合。在市政工程局的47个住宅小区中，有17个分配给了非裔美国人。另外6个小区中，不同人种居住在不同的楼里。其余小区则只对白人开放。

伊克斯立下一项"社区构成规则"：联邦住房工程应该反映这些社区此前的种族构成情况。白人地区的住宅区应该只允许白人租户居住，非裔美国人地区则只能由非裔美国人居住，只有在已经实现种族融合的社区，住宅区才能既有白人，又有黑人。市政工程局在亚拉巴马州伯明翰市建了一个项目，仅限某一社区的非裔美国人入住，此前该市已经将这个社区划为黑人聚居区。联邦政府在迈阿密采取了大同小异的措施，同意在城市规划者们指定仅为黑人居住的区域进行居住隔离，让非裔美国人居住。迈阿密的一位民间领袖对联邦管理人员解释，选定这些区域，是要从预留为白人居住的地方"把所有有色人种赶出来"。

尽管这条规则名义上是要尊重社区以前的种族构成，其本身却违反了宪法赋予非裔美国人的权利——甚至在之前并不存在种族隔离模式的地方，市政工程局建造的也是种族隔离的住宅区。当时很多城市社区都既有黑人家庭，也有低收入白人（多数是移民）家庭。这些社区之所以存在种族融合，是因为不同人种的工人都需要住在

第2章 公房，黑人聚居区

离闹市区的工厂比较近的地方，以便步行上下班。*

市政工程局把这些融合的社区要么指定给白人，要么指定给黑人，并通过公房政策把自己的指示变为现实——在他们认为"白"的混合社区中建设纯白人区，在他们认为"有色"的社区中建设纯黑人区。

市政工程局的第一项工程是亚特兰大的铁克伍家园（Techwood Homes），于1935年启动。这项工程建造在拆除铁克伍公寓之后清理出来的土地上。铁克伍公寓是一个低收入种族融合社区，离闹市区很近，约有1 600个家庭住户，其中近1/3是非裔美国人。市政工程局对这个社区进行改造，建了604个单元，只供白人家庭居住。铁克伍家园工程不但造就了一个种族隔离的白人社区，而且强化了对非裔美国家庭的隔离，这些人被驱逐出自己的家，要找到新的住所，只能挤进其他已经有非裔美国人居住的社区。有些从铁克伍公寓中被驱逐出来的家庭在后来西海岸开发的种族隔离小区中安顿下来，这些小区也是由联邦政府建造的。但是，因为公房并不是面向穷人，而是面向下层中产家庭的，很多离开铁克伍公寓的家庭，其收入并不足以入住新的种族隔离小区。很多人只好与亲戚同住，或者租住其他非裔美国家庭隔断出租的单元中。因此，政府这一计划的后果就是，非裔美国人社区的人口密度增大，沦为贫民窟。

1934年，圣路易斯市提议拆除德索托－卡尔（DeSoto-Carr）地区，这是近北区的一个经济公寓社区，白人和非裔美国人住户各半。

---

* 例如，加利福尼亚州的奥克兰西部是一个种族融合地区——住户主要是白人，也有一小部分黑人，因为普尔曼公司（Pullman Company）只雇用非裔美国人做卧铺车厢的行李搬运工。奥克兰是洲际列车的西部铁路终点，行李工必须住在车站附近。由于类似的情况，其他城市的非裔行李搬运工也融入了市中心的社区。

将该地区夷为平地之后，该市提议在原址上建造一个纯白人的低层住宅区。当联邦政府因该市未能为非裔美国人提供居所而提出反对意见时，圣路易斯市同意也建一个纯黑人住宅区。最后，圣路易斯市在德索托－卡尔地区建立了一个种族隔离的非裔美国人住宅区，拆掉了市中心区南侧原有的一个种族融合社区，为白人单独建起了住宅。

从东北部到中西部，市政工程局都在种族融合社区强制实行种族隔离。例如，克利夫兰的中央社区曾是一个拥挤的种族融合经济公寓住宅区，里边有非裔美国人，也有意大利和东欧移民。非裔美国诗人、剧作家、小说家兰斯顿·休斯（Langston Hughes）在其自传中描述道，20世纪10年代晚期，他在中央高中读书时，曾与一名犹太女孩约会，而他最好的朋友是波兰裔。在接下来的15年里，白人家庭陆续离开中央社区，非裔美国人开始住进来。但也有很多白人留了下来。

尽管这个社区有着两个种族共存的历史，市政工程局还是建起了两个种族隔离的住宅区，其中，奥斯威特家园（Outhwaite Homes）供非裔美国人居住，而雪松中央公寓（Ceder-Central Apartments）则供白人居住。这个社区以前也存在不同人种的小圈子，但市政工程局的做法进一步加剧了该地区的种族隔离状况。市政工程局还建立了另一个克利夫兰社区——湖景街（Lakeview Terrace），顾名思义，这个社区建在风景更为优美之处，并且只向白人开放。和市政工程局为白人建造的其他住宅区一样，湖景街有社区中心、游戏场地和大量的绿地，并装饰有壁画，这些设施在为非裔美国人建造的社区中则颇为罕见。

市政工程局的工程还把非裔美国人集中在底特律、印第安纳波利斯和纽约的低收入社区。例如，市政工程局在纽约建了两个种族隔离住宅区：白人社区的威廉斯堡家园（Williamsburg Homes）是给白人的，黑人社区的哈莱姆河公寓（Harlem River Houses）则是给非裔美国人的。在东北部和中西部的26个住宅区中，有16个是留给白人的，8个是给非裔美国人的，还有两个在内部进行了种族隔离。

1937年，国会终止了联邦政府直接建设公房的市政工程局工程，要求有此类项目需求的地方政府设立自己的专门机构，然后这些机构就可以拿着新创办的美国住房管理局（U. S. Housing Authority）提供的津贴自行建造住房。住房管理局沿用原来的政策，声称尊重社区现有的种族特点，在实际操作中却产生了新的种族同质化社区。美国住房管理局在指南中提出，不建议在"现在由黑人占据的地区"为白人家庭建设住宅区，并补充道："（地方住房）管理局的目的应该是保护而不是破坏最符合相关团体意愿的社区社会结构。"指南中提到，在以前的种族融合地区建起的住宅区应该开放，以供不同种族的人混居，但这一准则和市政管理局的准则一样，很少会被遵守。

由美国住房管理局资助的第一批住宅区建在得克萨斯州的奥斯汀，这很大程度上是由该州国会议员林登·约翰逊极力促成的。该市在奥斯汀东部的黑人聚居区和西部分别为非裔美国人和白人建起了种族隔离住宅区。和其他地区一样，这些住宅区产生了比以前更为严格的种族隔离。奥斯汀的城市规划人员不久前提出了一些建议，其中包括将散居于该市不同地区的非裔美国人统一转移到东部的一处聚居区中；公房计划是这一方案的推手。

罗斯伍德巷（Rosewood Courts）是奥斯汀东部的非裔美国人

住宅区，其建筑用地是通过征用解放公园（Emancipation Park）得来的。该公园每年都举办庆典，纪念奴隶制的废除。这个公园由一家名为"特拉维斯县解放组织"（Travis County Emancipation Organization）的社区协会私营，社区居民视该机构为极大的骄傲，抗议征用这块土地。但是，他们的反对没有任何作用，尽管还有其他空地可用。

当然，在市政工程局或美国住房管理局粉墨登场时，很多城市地区已经有了明显的非裔美国人社区。我们不能把种族隔离的责任都归于联邦机构，但是他们强化了这种隔离。例如，在芝加哥种族隔离的社区中，有相当多的非裔美国人口是在大萧条之前就来到这里的。市政工程局在该市建起了4个住宅区，其中两个，即茱莉亚·C.莱斯罗普（Julia C. Lathrop）和特兰博尔家园（Trumbull Park Homes），是为白人建的，位于以前的纯白人社区。非裔美国家庭被分配到地处非裔美国人社区的艾达·B.威尔斯（Ida B. Wells）。简·亚当斯公寓（Jane Addmas Houses）所在之处以白人为主，也有部分非裔美国人居住，该小区被称为"种族融合小区"：市政工程局将简·亚当斯大约3%的单元给了非裔美国人，但将这些单元隔离在该住宅区的一个指定区域内。

"倘若没有新政的公房政策，这些城市可能已经发展为种族融合的大都市"，这么说未免太过牵强。但是，联邦政府在住房方面的规定迫使这些城市形成了更为严酷的种族隔离，这也是事实。很多社区的双种族特点都给我们带来了机会，为这些地区提供与现在司空见惯的种族隔离所不同的未来，但是我们白白错失了这些机会。

III

1940年，美国准备参战，国会通过了《兰哈姆法》（Lanham Act），为国防工业中的从业工人提供住房资助。《兰哈姆法》对城区的种族隔离起了特别重要的作用，这些地区就像弗兰克·史蒂文森所在的里士满一样，之前并没有几个非裔美国人居住。在有些城市中，政府只为白人提供战时住房，而非裔美国人只能住在拥挤的贫民窟，同时他们的工作机会也受到限制。另外一些城市，如里士满，也为非裔美国工人提供战时住房，但与白人的住房隔离开。在战争结束的时候，《兰哈姆法》和市政工程局及美国住房管理局的工程相结合，在它们所及的每一个大都市中形成或加深了居住种族隔离。

在恢复建设平民公共住宅之后，种族隔离情况进一步加重。地方政府得到了联邦政府的支持，他们应该为当地的种族特征负责。无论坚持进行种族隔离的是联邦、州还是地方政府，这种做法都侵害了宪法所规定的权利。后文的例子有的来自东北部地区，有的来自中西部地区，有的来自太平洋海岸，它们都反映了第二次世界大战期间及战争结束之后在这个国家全面蔓延的种族模式。

1941年，波士顿开始建设西百老汇住宅区，仅供中产阶层白人居住。1962年，民权组织提起诉讼，迫使该市停止将符合条件的非裔申请人排除在外。在此之前，这个社区几乎一直完全为白人所有，只象征性地有几个黑人，以表示该社区并无歧视。另一个始于20世纪40年代的波士顿工程是米慎山（Mission Hill）。这个工程包括两个区域：一个是米慎山本身，另一个是隔了一条街的米慎山扩展区。1962年，有1 024个家庭居住在米慎山，没有一个是非裔家庭。而在米慎山扩展区的580个家庭中,有500个是非裔家庭。5年之后,波士顿同意解除这些住宅小区的种族隔离,此后米慎山仍有97%的家庭是白人,而米慎山扩展区的非裔家庭已经增长到该区全部家庭的98%。有观察员报告:"租赁办公室有两个窗户,一个是面向米慎山的,另一个是面向米慎山扩展区的。尽管他们并没有像亚拉巴马州的伯明翰那样,立起两块牌子,上面写着'白人'和'有色人种',实际上确实是白人和黑人各排一队缴付房租。"

剑桥是哈佛大学和马萨诸塞州理工学院的所在地,在其住房工程中也要求种族隔离。1935年,剑桥住房管理局和市政工程局合作,拆除了一片经济公寓住宅,此前这里是一片种族融合住宅,租户主要是非裔美国人和欧洲移民。住房管理局在原址上建起了纽敦街(Newtowne Court),只限白人租住。后来,到了1940年,地方政府机构和联邦政府机构再次合作,建造了华盛顿·艾尔姆斯(Washington Elms),这是一个与纽敦街相邻的住宅区,供非裔美国人居住。

"一战"期间,大批非裔美国人来到底特律,希望在兵工厂找到工作,大多数人居住在种族隔离的社区中。1941年美国加入第二次世界大战之前不久,政府在威楼峦(Willow Run)委托修建了一家轰炸机生产厂,该地区此前是一片未开发的郊区,并不存在种族性住房安排。但是,政府为工人兴建新的社区时采取的政策却是只允许白人居住。

同时,联邦工程署(Federal Works Agency)受联邦政府委托,负责为战时工人建设临时住宅。署长克拉克·福尔曼(Clark Foreman)提议在底特律为非裔美国人建造一个住宅小区——索杰纳·特鲁斯家园。这项工程位于民主党议员鲁道夫·特纳罗维茨（Rudolph Tenerowicz）所在的区，他说如果不解雇福尔曼并将索杰纳·特鲁斯的单元房分配给白人，就要中断对工程署的资金支持，由此说服了同事。

联邦住房管理局的领导支持特纳罗维茨，声称非裔美国人会对该地区附近居民的房产价值造成威胁。福尔曼被迫辞职。联邦工程署随后提出，在底特律住房委员会建议的地段为非裔美国人另建一个住宅区，该地段位于工业区，被认为不适合白人居住。不过，他们很快就意识到，这一选址也会激起抗议，因为它离白人社区还不够远。第一夫人埃莉诺·罗斯福（Eleanor Roosevelt）向总统提出抗议。联邦工程署只好再次改弦更张，分配非裔美国人去索杰纳·特鲁斯家园。该社区的白人发动暴乱，导致100人被逮捕（除3人外，其余都是非裔美国人），38人住院治疗（除5人外，其余都是非裔美国人）。

战后，底特律的政客们说公房将会实行种族融合政策，由此制造恐慌，动员白人选民搬出该地区。市长爱德华·杰弗里斯（Edward Jeffries）1945年争取连任的竞选活动非常成功，他提醒选民，如果他的对手迪克·弗兰肯斯蒂安（Dick Frankensteen）获胜，为非裔美国人建设的住宅区有可能会在白人社区中出现。杰弗里斯的宣传资料声明："杰弗里斯市长反对种族混合住房。"一份在白人社区分发的传单假装是在对非裔美国人说话，它暗示，投弗兰肯斯蒂安一票可能会让黑人家庭重回白人社区。它是这么写的：

弗兰肯斯蒂安当了市长，尼格罗人住哪儿都行。

尼格罗人们——11月6号来尽你们的责任吧。

到了20世纪40年代末，随着越来越多的白人家庭前往私有市场寻找住宅，仍然依靠公房的非裔家庭多过了白人家庭。为白人建造的住宅区因此有可能会出现空置的单元，而只有非裔美国人愿意住进这些单元。1948年和1949年两年，底特律市议会就12个拟建工程举行听证会，其中7个将建在城市边远（以白人为主的）地区。如果获得批准，这些工程将使底特律走上难以逆转的居住融合的轨道。但是，杰弗里斯的继任者艾伯特·科博（Albert Cobo）也曾参与反对"尼格罗人入侵"的运动，他否决了这12个工程中的8个，7个白人社区内的工程无一幸免。只有在以非裔美国人为主地区的工程获得了批准，这进一步强化了该市的种族隔离。

在加利福尼亚州北部，里士满并不是唯一由政府造成种族隔离的地区。1942年，旧金山住房管理局建造了一个非常庞大的小区，供猎人角海军造船厂（Hunters Point Naval Shipyard）的1.4万名工人及他们的家人居住，并开始按照一视同仁、先到先得的原则分配公寓。海军提出反对，坚持说种族融合会导致工人之间出现种族冲突，并会影响舰船的修复工作。当地官员俯首帖耳，同意了海军的要求，将非裔美国人租户迁到单独的区域。

房东的歧视使得作为战时工人的非裔美国人移民面临比白人更为严重的住房短缺问题。因此，住房管理局的政策导致白人区域有大量空置单元，而战时黑人工人的住房需求却得不到满足。尽管等待公寓的非裔美国人名单很长，旧金山住房管理局却努力通过在轻轨通勤车上张贴广告的方式来招揽白人租户。这样一幅空置的白人单元和漫长的黑人单元轮候名单相结合的画面，逐渐成为全国范围内公房的特色。

在战争年代里，旧金山共建造了5个住宅区，全部都实施种族隔离政策。其中4个只对白人开放，并位于白人社区——冬青街（Holly Courts）、波特雷罗街（Potrero Terrace）、太阳谷（Sunnydale）和巴伦西亚花园（Valencia Gardens）。第5个是位于西增区（Western Addition）的西区街（Westside Courts），这个住宅区只对非裔美国人开放。

西增区一直是种族混居社区，日裔美国人很多。但是，在联邦政府将日裔家庭迁至集中营之后，他们的住宅就空置起来，非裔美国人可以租住，使此地成为旧金山为数不多的非裔美国人可以找到房子的社区。住房管理局在这个种族融合地区安置了一个种族隔离区，迫使该地区转型为一个几乎为纯黑人的社区。房管局似乎遵循着这样的原则：一个社区哪怕只有几个非裔美国人居民，它也应该变成一个非裔美国人社区。

1942年，旧金山住房管理局一致通过一项决议，以宣告他们维持种族隔离的决心："在租户的选择中……在可能的条件下（我们将）不会实行种族融合，而是要在工程所在的社区尽一切可能维持并保护与目前相同的种族构成。"一名委员因抗议该政策（与哈罗德·伊克斯所采用的社区构成规则一模一样）而辞职。民权组织和非裔美国人居民提出抗议，房管局回应会停止歧视，但到1944年，在西区街的136个单元中只住了5个白人家庭，其他小区中则一个黑人家庭都没有。房管局的一名委员解释道，在西区街"（我）们有意识地允许几户白人家庭住进来，这样就不会形成一个纯黑人社区"。到了"二战"结束的时候，旧金山有超过1/3的非裔美国人要么住在西增区的种族隔离公房中，要么住在暂时性的猎人角营房里。这个城市几乎所有的私有住房都把他们拒之门外。

旧金山湾区唯一的种族融合住宅区在与这个城市隔着一座金门大桥的马林县（Marin County），里边住的是造船厂的工人。该住宅区的种族融合并非有意为之：最早的建筑是为单身汉盖的宿舍，而造船厂飞速扩建，已经没有时间来分离不同的种族。随着工人大量涌入，官员很难跟进，只是给每人发了毯子、枕头，把可用的房间分配给他们。这些官员发现，种族的融合并没有在工人间造成问题，这可能有些出乎他们的意料。因此，在这些工人的家人到来时，这种双种族的特点也保留了下来。但几年之后，该地的白人可以购买私有住房，马林县的住宅区也变成以黑人为主了。

与波士顿及其他地区一样，旧金山选举产生的领导人和住房管理局就是否要对公房区实行种族隔离开始扯皮。只有当这些官员明白，他们所实施的种族隔离政策哪怕不违宪也是错误的，这样的扯皮才会有意义。1949年，旧金山监事会通过一项决议，要求未来的住房工程"无隔离"，并要求在一视同仁的基础上利用空置住房。但该市住房管理局投票抵制这一新政策，结果所有的公房建设都被搁置。最后双方终于达成妥协——住房管理局同意在以后建造的小区中不再搞歧视，但在已经存在种族隔离的小区中保持隔离。1952年，房管局继续建造已经在计划之内、只面向白人的几个工程中的一个，这时，全美有色人种协进会将其告上了法庭。

该案于1953年进行审理。房管局主席作证，称该机构的目的是将西增区"黑人的居住本地化"，同时保证白人居住区域不会有非裔美国人居住。随后该局的行政秘书做出如下让步：虽然白人社区将会继续保持纯白人状态，但是房管局将在几乎为纯黑人状态的西

第2章 公房，黑人聚居区　　33

区街和猎人角（这里的黑人和白人租户按楼宇进行隔离）住宅区中接受更多白种人的入住申请。这样的让步毫无意义，因为白人现在迁到郊外居住的机会越来越多，他们不大可能申请入住西区街。只有将非裔美国人分配到纯白人社区中，才能促进种族融合，但房管局是不可能提出这样的建议的。在战争结束25年之后，仍有非裔美国人住在猎人角的临时性战时单元里。虽然这时大多数白人已经离开了猎人角，仍很少有非裔美国人可以在这个城市或其周边的其他地方找到居所。

法官判全美有色人种协进会胜诉：他裁定住房管理局的政策违反了第十四修正案。加利福尼亚州的一家上诉法院支持这一判决，指示旧金山放弃种族隔离，分配黑人家庭入住西增区之外的住宅区。住房管理局对法院指令的精神颇为不屑，在其他区新建了3个公房区，这些地区当时白人寥寥无几，房管局此举旨在确保这些社区的种族隔离可以得到强化。而且，加利福尼亚州的裁决并没有引来其他地区的普遍效仿。从全国范围来看，公房区中的种族隔离仍在继续。

IV

1945年，罗斯福去世，亨利·杜鲁门（Harry Truman）接任总统。1948年，他凭自身能力连任总统。这时，平民住房短缺的情况已经到了危急的地步。几百万回乡的"二战"退伍军人和他们在婴儿潮中出生的孩子急需栖身之所，住房短缺极为严重。1949年，杜鲁门提议在公房方面进行新的努力。保守的共和党人长期以来一直反对政府以任何形式干预私有住房市场，他们支持作为战时政策的

《兰哈姆法》只不过是因为该法案承诺，所有为战时工人建造的联邦住房都将在战争结束之后拆除或由地方接管。为了否决杜鲁门的议案，他们试图在这一法规之上附加一条修正案，禁止公房中的种族隔离与种族歧视。保守派知道，如果这一修正案通过，南方的民主党人就会否决这一法案。如果没有这条修正案，南方的民主党人则会支持公房。在罗斯福和杜鲁门执政期间，他们曾支持其他的经济革新法案，只要这些议案不对种族隔离政策提出挑战。南方的很多民主党人尤其希望建设公房，供自己选区或本州的白人选民居住。

明尼苏达州参议员休伯特·汉弗莱（Hubert Humphrey）和伊利诺伊州参议员保罗·道格拉斯（Paul Douglas）领导下的自由派则面临着是否制订种族隔离的公房计划的选择。道格拉斯在参议院发表声明："我想让尼格罗兄弟们知道，根据这个法案，他们会得到多么大的一批住房……我已经准备好，要让历史和时间告诉大家，按原定计划执行住房方案，而不是在议案中加入一条必然会使该方案遭到否决的修正案，才是最符合尼格罗种族之利益的做法。"参议院和众议院否决了种族融合修正案的提议，通过了《1949年住房法》（1949 Housing Act），允许地方政府继续为黑人和白人设计独立的公房工程，或在同一住房工程中对黑人和白人进行种族隔离。

这样的隔离是否符合某些人的最佳利益，我们无法确定。但可以确定的是，如果没有公房，成千上万名非裔美国人将不得不继续住在不符合市政建筑和健康法规最低标准的公寓中。但是，一旦住进种族隔离的社区中，非裔美国人与主流社会之间的距离将比往昔更遥远，他们被打包塞进高层的聚居区，那里鲜有社区生活，更难找到工作或享受社会服务，别说对青少年的监管，连装装样子的社区治安都是不现实的奢望。

也有人并不愿意牺牲种族融合来换取更多的住房。尽管1949年种族融合修正案的发起方持嘲笑讽刺的态度，他们仍支持该修正案。全美有色人种协进会就是其中的一员。国会中的一些激进派也持同样的态度，他们的领袖是纽约的维托·马尔坎托尼奥（Vito Marcantonio）。他在众议院提出："你们没有权利用住房来侵害公民权利……住房的提议对全民福利及民主制度的强化都有好处。把公民权利与住房割裂开来将伤及全民福利。"

继国会发表声明，拒绝进行种族融合之后，政府官员重申，要恪守种族隔离原则，坚称他们不能强行制定规则执行国会已明确驳斥的思路。联邦政府贫民区清拆处的处长极力证明使用重建资金拆除黑人社区并代之以白人住宅是合情合理的，他说："从（就修正案进行的）投票所体现的国会意图来看……如果假设我们可以强加一条反种族隔离的要求……那似乎不太合理。"

有了1949年法案的资金，大量高层种族隔离住宅区在全美范围内建立，包括芝加哥的罗伯特·泰勒家园（Robert Taylor Homes）和卡利尼·格林家园（Cabrini Green Homes）、费城的罗森家园（Rosen Homes）和斯库尔基瀑布住宅区（Schuylkill Falls）、纽约市的范戴克公寓（Van Dyke Houses），以及圣路易斯的布鲁特－伊果（Pruitt-Igoe）公寓群。虽然公房很快就要成为专门为非裔美国人建设的工程，但工人阶级白人在有住房需求的地区仍可以租到房子。例如，伊果公寓最初是只为白人保留的，而布鲁特则面向非裔美国人。只有在找不到白人租户来填补空缺时，伊果公寓才会接受黑人家庭入住。

在大约10多个州中（包括加利福尼亚州、艾奥瓦州、明尼苏达州、弗吉尼亚州和威斯康星州），有一些近郊住宅区的官员可能希望开发种族融合的住宅小区，但20世纪50年代通过的州宪法修正案不允许他们这么做。该修正案要求在建设低收入家庭公房工程前进行当地全民公投。于是，中产阶级白人社区有组织地对公共住房计划投了反对票。一家下级联邦法院认为这样的公投要求是违宪的，因为其种族动机十分明显，例如不要求对低收入老年公民住宅的建设进行公投。但是，1971年，最高法院做出了相反的裁定，支持公投条款，理由是公投坚持了民主决策原则。

1952年是杜鲁门执政的最后一年，这一年杜鲁门政府通过了新的"种族平等方案"（racial equity formula），要求住房管理局应在实行种族隔离的地方建设与低收入黑人家庭的需求相应的社区以供其居住，希望以此来应对普遍存在的局面——大量指定给白人居住的单元长期空置，而非裔美国人挤满轮候名单，等得都快不耐烦了。

1953年，德怀特·戴维·艾森豪威尔（Dwight David Eisenhower）接替杜鲁门成为美国总统，他是20年来美国上任的第一位共和党总统。一场政治改组正在进行之中，在种族平等问题上，共和党人变得比北方的民主党人更为保守。罗斯福政府和杜鲁门政府曾向无歧视方向考虑迈出或迈出过犹犹豫豫、蹒跚不决的几步，而新政府很快就开始掉转步子。1954年，最高法院决定废除"隔离但平等"的公共教育。此后，住房与家庭资助局（Housing and Home Finance Agency）的总顾问贝克曼斯·菲茨帕特里克（Berchmans Fitzpatrick）声称，该决议不适用于住房。1955年，艾森豪威尔总统的住房管理局局长告诉国会委员会，政府在从联邦项目中去除种族隔离方面不应该"用力过猛"。住房管理局正式废除了非裔美国人和白人享受同等质量的公房的政策（该政策从未执行过），更有对于地方政府应不论种族、对最贫困申请人予以优先考虑，以及非裔美国人可以享有的住房供应净额不能因拆除项目而减少的要求。房管局已经停止了名义上的坚持。

20世纪50年代，有些住房管理局建起了分散而非集中的住宅单元，他们已经意识到，高层的贫困人口聚居区加重了居民的绝望，导致了更多的犯罪行为。他们还希望，分散的单元可以让白人的反对减少一点儿。到了70年代中期，联邦政府开始建议各城市以此种方式使用其公房资金。但是，大多数城市仍把公房建在以低收入非裔美国人居住的社区为主的地方，芝加哥和费城就是两个典型代表。有几个大都市的确开始把资金用于建设分散的工程，但是这些城市的低收入非裔美国人通常很少。

公房管理局不但继续在为新开发小区选址时实施种族隔离政策，还不遗余力地在已经认可种族融合的现有住宅区中实施种族隔离政策。例如，20世纪60年代，萨凡纳住房管理局将所有白人家庭逐出已经实现种族融合的弗朗西斯·巴托住宅区（Francis Bartow），创造了一个纯黑人的住宅区。房管局方面称，随着全国范围内（及地方）住房短缺情况好转，白人很容易就可以在其他地区找到房子，非裔美国人更需要公房。他们以此来为自己的政策辩护。

1984年，《达拉斯晨报》（*Dallas Morning News*）的调查记者访问了47个大都会地区由联邦政府资助的住宅小区。他们发现，这个国家近千万名公房的租户几乎全部按种族被实施了隔离政策；此外，每个以白人为主的工程，其通用设施、便利设施、服务和维修都优于以黑人为主的工程。

V

到了20世纪60年代，仍居住在市区公房中的白人家庭已经非常少，民权组织也找不到什么理由来挑战这些工程对租户的歧视性分配。于是，他们的焦点转为反对将以非裔美国人为主的小区安置在已经实行种族隔离的社区中，加强居民的隔离。

1976年，下级法院在调查中发现，芝加哥住房管理局与联邦住房机构共谋，在选址中违反宪法规定，维护该市种族隔离的格局。该裁定被最高法院采纳。虽然芝加哥房管局曾建议选择可能与白人社区进行种族融合的住宅区，但是，每个项目在提出来之后，都遭到了所属地区市政会成员的反对。最初审理该案件的地区法官在其判决书中这样写道："除了种族之外，没有任何标准可以合理地解释，最初依据芝加哥住房管理局的专家判断，超过99.5%的在白人地区选址建造的住宅单元被否决，而同时选址在黑人地区的单元中，遭到反对的只有大约10%。"

在最终裁定出炉之前的那些年里，芝加哥市曾阻挠芝加哥住房管理局和住房与城市发展部（Department of Housing and Urban Development）遵守合意判决及下层法院的裁定。例如，1971年，房管局的官员看好了新项目的建筑用地，其中包括一些以白人为主的地区。这些项目和该机构以前所建的高层住宅不同，那些住宅是为了把公房集中在黑人聚居区，而这些施工计划则是低层、分散的住房。但是，他们仍会招募非裔美国人租户。市长理查德·J. 戴利（Richard J. Daley）否决了这项提案，说公房不应建在"不被接受"的地区。

在最高法院为住房与城市发展部辩护时，总统杰拉尔德·福特

（Gerald Ford）的司法部副部长罗伯特·博克（Robert Bork）表达了政府对于在白人地区建设公房的反对意见："这会给很多无辜社区的居民带来非常巨大的现实影响，他们将不得不背负住房的担子，不得不为芝加哥来的一群原告提供住房，而他们并没有委屈过这帮人。"就这样，联邦政府把无歧视住房政策描述成了加诸无辜人群之上的惩罚。

最高法院驳回了博克的异议，支持下层法院的决议，即从此以后住房与城市发展部必须在芝加哥及其近郊以白人为主的地区建设公寓。芝加哥住房管理局和住房与城市发展部对此的回应是完全停止公房建设。但是，就算芝加哥房管局、住房与城市发展部及芝加哥市本身都遵守最高法院的裁定，在该市的白人社区建造单元房很可能也已经为时过晚。这场诉讼拖拖拉拉地持续了很多年，在此期间，白人社区空置的、可以用来建造分散住房的土地大都已经被开发。在最高法院做出裁定之后，非裔美国人家庭与其他家庭的种族隔离越发严重。随着市区已经实现种族融合的社区的白人相继离开去往近郊住宅区，芝加哥地区非裔美国人居住在纯黑人社区的比例越来越大。

联邦法院的其他裁定与调解方案——在巴尔的摩、达拉斯、旧金山、扬克斯和其他地区——也都承认住房与城市发展部或地方政府造成了种族隔离，或使种族隔离持续存在。例如，在迈阿密，有资格申请入住公房的非裔美国人被分配到单独的社区中，而符合条件的白人则会得到租住私人公寓的代金券，这是为了让他们分散到整个社区而给出的补贴。直到1998年，民权组织才争取到向非裔美国人发放的代金券——但为时已晚，该市的种族隔离局面已根本无法扭转。在其他大多数城市中,法院裁定和法律调解也不足以消除联邦、州、地方各级政府造成和支持的种族隔离。

VI

从一开始,房地产业就苦苦反对任何形式的公房,并得到了国会中共和党人的支持。产业说客们坚持认为,住房中的公有制对私有企业是一种威胁。在20世纪30年代到"二战"结束这段时期提出这样的观点可不容易,当时私有企业要么不愿、要么不能为工人阶级或中产阶级家庭建造他们偿付得起的住房。但是,一旦住房短缺的状况得到缓解,房地产业的游说团体就成功地将公房局限在只面向最贫困家庭的保障项目上。新的联邦和地方法规对于申请入住公房的家庭有严格的收入上限规定。大约从20世纪50年代开始,很多中产家庭,无论黑人白人,都被迫根据新规则搬出公房,尽管很多人可能更愿意留在低层、分散、保养良好的社区中——1949年之前建造的公房大多是这个样子的。

这一政策转变在20世纪60年代末期大体完成,使得种族融合的公房已不再可能出现。该政策使得公房转型为面向穷人的仓库体系。公房区的情况迅速恶化,部分因为住房管理局雇用的维修工人在工资提高之后不符合继续住在公房中的条件,因而不得不与家人一起离开供职的建筑;还有部分原因是公房区失去中产阶级的房租之后,维修预算不足。联邦政府要求只向需要大笔补助金的家庭提供公房,而又拒绝提供足额的补贴来将公房建成体面的居所。中产阶级租户搬出公房,同时也带走了有一定政治力量,并可以坚持为自己所在社区争取充足的维修与设施资金的选民。结果，先是住房的状况一落千丈，随后其声誉也轰然倒塌。这种转变到1973年已基本完成。理查德·尼克松（Richard Nixon）总统宣布，不应强行在不愿接受公房的白人社区建造公房。他还向国会报告，很多公房工程都是"怪异并让人压抑的地方——破败不堪、人满为患、充满罪恶"。

在整个20世纪中期，政府的住房工程往往决定了社区的种族特点，而该特点此后会持续很多年。凯里·麦克威廉斯（Carey McWilliams）在第二次世界大战的前几年曾担任加利福尼亚州的住房专员，后来，在回顾该州的公房问题时，他写道："联邦政府打着'尊重地方态度'的旗号，实际上在这个地区的每个角落都播下了吉姆·克罗法（Jim Crow Laws）[*]的种子。"如果当年联邦和地方政府没有在不存在或鲜有种族隔离的地区造成隔离，而是朝着相反的方向努力，利用公房来展示种族融合的生活是多么成功，那么今天我们的城市会是个什么样子？这种事也只能想想了。

---

[*] 吉姆·克罗（Jim Crow）是美国剧作家T. D.赖斯于1828年创作的剧目中一个黑人角色的名字，后逐渐变成贬抑黑人的称号和黑人遭受种族隔离的代名词。从1876年到1965年，美国特别是南部诸州通过一系列法律，在公共场所对非裔美国人及其他有色人种施行种族隔离制度、剥夺其选举权等民主权利。这些法律被统称为"吉姆·克罗法"。——编者注

Chapter Three
第 3 章

种族区划

1916年，圣路易斯。力劝选民通过公投禁止非裔美国人搬入以白人为主的街区的传单

我们喜欢把美国历史看作一个向着更自由、更平等、更正义迈进的历程，但有时候我们也会有倒退，而且是大幅倒退。从19世纪80年代到20世纪中叶，住房种族融合的状况一直在走下坡路，而且从那时起基本已经停滞不前。

I

内战结束之后，获得解放的奴隶遍布美国各地，他们寻求工作机会，同时也想逃离战后南方的暴力。有那么几十年的时间，他们在东部、中西部和西部过着相对平静的生活。但是，到了1877年，前一年秋天颇具争议的总统选举以折中的方式收场，白宫归共和党候选人拉瑟福德·伯查德·海斯（Rutherford Brrchard Hayes）所有。为了回报南方的民主党人对其总统候选人的支持，共和党人同意撤出在战败的南部邦联保护非裔美国人的联邦军队。

于是，这段被称为南方重建（Reconstruction）的黑人解放时期宣告结束。在南方，以前蓄奴的贵族们又开始奴役非裔美国人。南方各州针对刚刚获得解放的奴隶发起暴力运动，在这场运动的支持下，它们通过了种族隔离法规——吉姆·克罗法。南方的非裔美国人没有选举权，在公共交通、学校和私人住宅中遭到种族隔离，受到私刑和其他形式的暴行的迫害，他们再次沦落到低人一等的地位。种植园主给以前的奴隶下了新的定义，称他们为佃农，继续以严酷的条件剥削他们。

在南卡罗来纳州的埃奇菲尔德区（Edgefield District）有个叫汉堡（Hamburg）的非裔美国人小镇，这个小镇所发生的事件典型地代表了整个前南部邦联发生的类似事件——在这些地区，白人准军事团体组织起来，要重新掌控州政府。他们的目的很简单：阻止非裔美国人参与选举。1876年7月，汉堡发生了一场暴力事件，废除了获得自由的奴隶的公民权利，此后不过数月，就发生了把总统之位给海斯的那场选举。有一群白人至上主义者自称"红衫军"（Red Shirts），杀死了6名非裔美国男子，然后这群人又残忍杀害了另外4名被他们抓住的非裔美国人。红衫军领袖是本杰明·蒂尔曼（Benjamin Tillman），这场屠杀让他开始了长达24年的美国参议院最刻薄的种族隔离主义者的生涯。

屠杀过后，恐怖气氛并没有消散。同年9月，一个由500多名白人组成的"步枪协会"（rifle club）从佐治亚州越过萨瓦娜河，在汉堡城外安营扎寨。当地一名法官恳请州长保护非裔美国人群体，但这纯属徒劳。接着，步枪协会转移到附近一个叫埃伦顿（Ellenton）的小村子，杀害了多达50名非裔美国人。于是总统尤利西斯·辛普森·格兰特（Ulysses Simpson Grant）派来了联邦军队，但他们只是暂时性地让事情平息下来，持续危险并未根除。

埃奇菲尔德区的雇主告诉非裔美国人，他们会被解雇；土地所有者威胁黑人佃农，如果他们投票支持双种族的州政府，就会被赶走。1876年大选时，出现了很多欺诈性的白人选票，埃奇菲尔德区的选票总数大大超过该区所有的投票年龄人口。全州各地都是这样的结果，这样一来，持种族隔离主义的民主党人就获得了所需的票数优势，从自南部重建时期以来一直执政的黑白联盟手中夺回了对南卡罗来纳州政府的控制。后来，参议员蒂尔曼吹嘘说，"埃奇菲尔德的白人领袖"早就决定"抓住黑人可能释放出来的第一个机会，挑起暴乱，给这些尼格罗人一个教训"。

尽管验尸陪审团以杀人罪起诉蒂尔曼和另外 93 名红衫军成员，但是他们从未被依法处置，并一直对非裔美国人构成威胁。不只是南卡罗来纳州如此，整个美国南部地区都在遵循埃奇菲尔德这场运动的模式。

随着非裔美国人失去公民选举权，白人种族至上主义者大权在握，南卡罗来纳州建立了一种隔离和剥削的体系，其在下个世纪仍持续存在。1940 年，州议会在议会大厦的空地上建立起一座雕像，来表达对蒂尔曼的景仰；1946 年，为纪念蒂尔曼，南卡罗来纳州的公立大学克莱姆森大学将该校主礼堂重新命名。正是在这样的环境下，20 世纪上半叶，几十万名非裔美国人逃离了前南部邦联。*

II

随着南方的吉姆·克罗氛围越来越浓重，对非裔美国人的恐惧（正在转变为仇恨）开始向该地区外蔓延。在全国范围内，白人开始

---

* 直到 2015 年，在查尔斯顿发生了一名白人种族至上主义青年杀害 9 名黑人教会成员的事件之后，克莱姆森大学的理事会成员们才通过一项决议，割断了与蒂尔曼"在南卡罗来纳州展开的、针对非裔美国人、包括恐吓和暴力的恐怖运动"的联系。但是，除非州议会批准，这些理事会成员不能摘掉礼堂上蒂尔曼的名字，而州议会还没批准呢。

想当然地认为黑人又邪恶又低下。让我们来看看蒙大拿州这样一个看似不可能出现这种局面的州——蒙大拿州的非裔美国人在内战之后的年月里一直朝气蓬勃。20世纪早期，该州有计划地将非裔美国人从以白人为主的社区驱逐出去。对于这种新的种族秩序，政府官员持支持、推广的态度。

让非裔美国人迁走是个渐进的过程。1890年时，蒙大拿州的每个县还都有黑人定居。但是到了1930年，全州56个县中，有11个县已经根本没有非裔美国人居住，而其他各县剩余的非裔美国人也很少。该州首府海伦娜的非裔人口在1910年达到顶峰，为420人（3.4%）。到1930年，这个数字减至131，到1970年，就只剩下45人了。到2010年，海伦娜共有113名非裔美国人，占这个城市人口的比例不足0.5%。

在19世纪末20世纪初，海伦娜的非裔美国人不但包括来到这里的劳工、在铁路或蒙大拿州矿区工作的人，而且包括一个已经建立起来的中产阶级社区。被派去在海伦娜最富裕的白人社区之一进行巡逻的警官就是非裔美国人。海伦娜的非裔卫理会圣公会教堂（African Methodist Episcopal Church）非常重要，1894年主办了该教派的西部地区大会。这个城市有黑人报纸和黑人拥有的公司，还有一个黑人文学社，有时这个文学社能吸引100多人来听诗人、剧作家和散文家的讲座。但是在1906年，海伦娜的检察官表达了政府当局的新态度，他宣布："这个社区体面的白人发挥威力、捍卫权利的时候到了。"海伦娜的报纸称，检察官的声明气势逼人、语言流畅。3年后，蒙大拿州禁止黑人和白人通婚。

这个时期全国上下很多城镇都出台政策，禁止非裔美国人居住，甚至禁止他们在天黑之后出现在城镇边界之内。虽然这些政策很少以条例的形式正式出现，但警察和有组织的团伙一直在执行。有些城镇在太阳落山时会敲钟，警告非裔美国人离开。另外一些城镇则会在边界竖起牌子，警告非裔美国人不要在太阳落山后仍滞留在城里。

1915年，蒙大拿州格伦代夫（Glendive）的一家报纸发表头条文章《格伦代夫已划下种族分界线》。文章指出，该城的政策是"不允许太阳光照在任何一个尼格罗人头上"，并且夸口说现在该城的黑人人口为"负数"。朗达普（Roundup）镇则立起牌子，禁止非裔美国人在城内过夜。迈尔斯城（Miles City）过去曾有相当多的非裔美国人口，现在他们在白人暴徒的武装攻击下不得不逃往他处。1910年，迈尔斯城的81名非裔美国人占该城人口的2%。现在，该城只有25名非裔美国人，占全城人口的0.3%。

Ⅲ

强迫非裔美国人重新接受从属地位的做法最后也蔓延到了联邦政府。在19世纪末和20世纪初，华盛顿特区中担任联邦文职官员的非裔美国人有了非常大的进步，有些升了职，职责包括管理白人办公室职员和体力劳动者。在伍德罗·威尔逊（Woodrow Wilson）于1912年当选总统之后，这一切都结束了。虽然威尔逊总统做过新泽西州普林斯顿大学的校长，然后又成为该州州长，但他出身于南部，而且毫不动摇地信奉种族隔离主义，坚信黑人是劣等民族。例如，在普林斯顿的时候，他就拒绝招收非裔美国学生。

1913年，威尔逊及其内阁成员批准在政府机构实行种族隔离政策。办公室里装起了幕帘，用来隔开黑人职员和白人职员。单独的餐厅也建起来了，并且为非裔美国人在地下室单独建了厕所。为了确保不会有非裔美国人监管白人雇员，黑人主管被降职。负责实施种族隔离政策的官员之一就是当时还是海军助理部长的富兰克林·德拉诺·罗斯福。他对于种族隔离可能热衷，也可能不太起劲，但这确实是变化中的美国政治文化的一个侧面，他正是在这种文化中成熟起来，而且他并未对此提出挑战。

IV

　　在20世纪初的这段时间里，南方的非裔美国人面对恐怖，不得不继续保持屈服。在全国范围内，曾经让他们享受到了一点点种族融合和安全感的小镇把他们往外赶，联邦政府已经抛弃了非裔公务员，所以，如果我们知道，政府官员再度致力于确保将白人家庭从大城市中的非裔美国人身边迁走，也没什么好惊讶的。

　　公房首先是联邦政府的工程，地方政府也有一定的参与。与此不同的是，将白人隔离在纯白人城市社区的政策是从地方开始的。在蒙大拿州那样的中西部和西部小型社区驱逐非裔美国人的时候，很多其他城市，特别是南方各州和边境各州，已经有了数量相当大的、无法驱赶的黑人人口。于是，这些城市大都采取了种族区划的规则，为黑人家庭和白人家庭划定了不同的生活区域。

　　第一个这么做的城市是巴尔的摩，该市在1910年通过法令，禁止非裔美国人在白人占多数的街区购买住房，反之亦然。起草巴尔的摩法令的律师是弥尔顿·戴舍尔（Milton Dashiel），他这样解释：

> 一般来看，黑人喜欢和同族人聚集在一起，因为他们本性喜群居，好交际。但是，那些境遇在同族人之上者，似乎急于将伙伴丢诸身后，亦不妨说，他们欲摆脱与伙伴之关系，并且，只要环境许可，他们愿尽最大努力向白人靠拢。

他说，需要种族隔离法令来防止这样的情形出现。

巴尔的摩在实施该法令的过程中遇到了一些困扰，反映出该市有些地区的种族融合程度已经很深。在法令颁布后不久，该市就提起20起诉讼，驱逐种族不符的居民。法官不得不尽力解决这样的问题：在白人和黑人各占一半的街区，到底该不该允许非裔美国人购房？一个白人房主在房屋维修时搬了出去，但是他搬不回来了，因为现在这个街区的黑人人口比例为51%。有一家教堂有非裔会众，该教堂的非裔牧师向市长抱怨，因为这家教堂所在的街区大都是白人，接替他的牧师会被禁止进入牧师住所。最后，该法令调整为只适用于纯白人或纯黑人的街区，这样一来，巴尔的摩已经实现种族融合的街区则不受影响。

很多南方城市和边境城市紧随巴尔的摩的脚步，采取了类似的分区规则，如亚特兰大、伯明翰、戴德县（迈阿密）、查尔斯顿、达拉斯、路易斯维尔、新奥尔良、俄克拉何马城、里士满（弗吉尼亚州）、圣路易斯及其他一些城市。北方城市中这么做的则寥寥无几。在第一次世界大战引发的大迁徙（Great Migration）开始之前，大多数北方城市中城区的黑人人口仍然很少。但是，白人政治领袖和意见领袖则普遍对这些种族隔离法令表示支持。1915年，《新共和》（The New Republic）仍处于摇篮期，但已是进步运动（Progressive Movement）颇有影响的杂志。它支持实施居住种族隔离，直到黑人不再希望与白人"混合"——也就是说，不再希望进入可能导致生下混血儿童的关系。这篇文章的作者显然没有意识到，美国的种族混合早已有之，这都是拜白人奴隶主频繁强奸奴隶所赐。

1917年，最高法院宣布肯塔基州路易斯维尔市的种族区划法令无效，当地很多社区在20世纪的种族隔离开始之前都兼有两个种族。这个案子，即布坎南诉沃利案（Buchanan v. Warley），涉及的是一名非裔美国人试图在一个种族融合街区购买房产，该街区已经有两个黑人家庭和8个白人家庭。法院多数派坚信，第十四修正案的核心目标并不是要保护获得自由的奴隶的权利，而是一条商业规则："契约自由"。根据这一解读，法院宣布最低工资和工作场所安全等法规无效，理由是这些法规干扰了工人和企业所有人在不受政府干涉的前提下协商个人受雇条件的权利。同理，法庭裁定种族区划法令干扰了产权人自由转移房屋产权的权利。

很多边境城市和南方城市对布坎南一案的判例阳奉阴违。1922年，全国最为知名的城市规划师之一罗伯特·惠滕（Robert Whitten）在一篇专业期刊中写道，尽管有布坎南一案的判例，"（建）立有色人种居住区排除掉了最有可能导致种族冲突的因素之一"。他补充道："这已经构成进行种族区划的充分理由……合理的种族隔离非常正常，无可避免，亦有可取之处。"随后，惠滕更进一步为亚特兰大设计了区划条令，建议市政府官员"必须保护房产所在社区，不能再因不合理的使用而造成价值受损，包括被有色人种侵占"。惠滕起草的区划方案于1922年由亚特兰大城市规划委员会公布，该方案解释道："种族区划对于公共和平、秩序和安全至关重要，而且将提升白人与有色人种双方的福利，促进共同繁荣。"区划法将该城市分割成"R-1白人区"和"R-2有色人种区"，还有一些社区待定。

在法庭面对质疑时，亚特兰大声称布坎南案判例只适用于与路易斯维尔一模一样的法令，以此来捍卫自己的区划法。律师称，亚特兰大和路易斯维尔不同，因为它把整个社区要么分配给黑人居住，要么分配给白人居住，不考虑任何特定街区此前占多数的是什么人种。这些律师还称，路易斯维尔的裁决并不适用，因为亚特兰大的法规只管非裔美国人和白人可能住在何处，不涉及何人可以购买房产。1924年，佐治亚州最高法院驳回这一观点，认定惠滕的规划违宪，但是，在以后的几十年里，亚特兰大官员继续使用种族分区地图来指导其城市规划。

布坎南判决案之后，其他城市继续通过种族区划法令，坚持认为因为他们的规则与路易斯维尔的略有不同，因此法院的禁令并不适用。1926年，印第安纳波利斯通过一条法规，允许非裔美国人搬进白人地区，条件是必须有超过半数以上的白人居民出具书面同意证明，尽管该市的法律人员已经提出警告，说该法令不符合宪法精神。1927年，最高法院废除了一条类似的、要求对与自身种族不同的邻居进行多数票表决的新奥尔良法律。

弗吉尼亚州的里士满试图狡猾地避开布坎南判例。1924年，该州通过一项法律，禁止不同种族之间通婚，因此，如果一个人没资格与某条街上过半的现有居民结婚，里士满市就禁止此人居住在这条街上。该市律师告诉联邦法院，布坎南判例不适用于他们这里的情况，因为该市的种族区划法唯一的目的是防止不同种族通婚，只是附带妨碍到住宅产权。1930年，最高法院对这一推论不予采纳。

和亚特兰大一样，伯明翰也在为自己的种族区划法辩护时声称，布坎南判例禁止的是向其他种族的人口出售住宅，而不是居住在其他种族所属区域；该市还说，如果非裔美国人和白人住在同一社区，对和平的威胁既迫切又严重，维护社会秩序的必要已经超越了其所涉及的宪法权利。1947年，在一家下层法院取缔了伯明翰的法令之后，该市声称禁令只适用于法庭案件中所涉及的单个房产，随后加重了对未来违法事件的刑事处罚。该市委员会（市议会）主席发表声明，称"此事超越了成文法，是出于……种族融洽的考虑"。伯明翰继续执行其种族区划法令，直到1950年联邦上诉法院宣布其无效。

1929年，佛罗里达州通过了一项西棕榈滩种族区划法令，此时距布坎南案已有12年，该法令一直持续到1960年。奥兰多郊区的阿波普卡（Apopka）通过一项法令，禁止黑人居住在铁路轨道以北、禁止白人居住在铁路轨道以南，该法令直到1968年才失效。其他城市，如奥斯汀和亚特兰大，在没有具体法令的情况下继续实行种族区划，在政府规划文件中指定黑人住宅区，并以其指导具体地点的区划决定。在堪萨斯城和诺福克，这种做法至少持续到1987年。

但是，也有一些城市把布坎南判例视作法律来遵循，这些城市的种族隔离主义官员面临两个不同问题：如何不让低收入的非裔美国人住在中产阶级白人附近，如何不让中产阶级非裔美国人购买房产进入白人的中产阶级社区。针对每种情况，联邦和地方政府都想出了单独的解决方案。

V

2014年,警方杀死了圣路易斯郊区弗格森的一名年轻非裔男子迈克尔·布朗(Michael Brown),此事随后引发抗议,有些属于武装抗议。接下来的调查发现,警方和政府有组织地对该市非裔社区居民进行凌辱。这篇报道让我忍不住想问,圣路易斯的大都会地区是怎样发展出如此严重的种族隔离的。结果我发现,经济区划起了重要作用,而在经济区划之上,则是几乎毫不掩饰的种族歧视。

为了防止低收入非裔美国人住在中产阶级白人居住的社区附近,地方政府官员和联邦官员于20世纪10年代开始推广区划法令,将中产阶级社区预留为独户住宅之用,无论哪个种族的低收入家庭都负担不起这样的住房。当然,让公寓大楼止步于独户社区之外,这样的区划规则有一个很重要,而且可能是占首要地位的动机,那就是本身可能并不带有种族歧视色彩的社会阶层精英主义。但是,排斥性区划背后的种族目的也相当明显,这是构成法理上的种族隔离不可或缺的一部分。这样的经济区划在第一次世界大战之前的美国非常罕见,但是布坎南案引发了对区划的迫切关注,以此来规避这一裁定。

1911年,圣路易斯任命了该市第一个规划委员会,5年后聘用哈兰·巴塞洛缪(Harland Bartholomew)为其全职规划师。巴塞洛缪的任务是要对该市所有的建筑进行分类——独户住宅、多户住宅、商业建筑、工业建筑,然后提出规划条例和地图,防止将来多户住宅、商业建筑和工业建筑对独户社区产生影响。如果某一社区都是独户住房，并且有条款禁止非裔美国人占用，那么在规划委员会的会议上，他们会把这一点纳入考虑，而且几乎肯定会把该社区划为"一类住宅区"，并禁止在将来进行独户单元之外的任何建设，以保持其纯白人的属性。

按照巴塞洛缪的说法，圣路易斯区划的一个重要目标就是阻止"有色人种"进入"更高级的住宅区域"。他提到，由于过去没有区划法，这样的社区已经开始衰败，"房产贬值，房屋要么空置，要么被有色人种占据"。在起草区划法令之前，巴塞洛缪指导了调查，标出每幢建筑中住户的种族。巴塞洛缪试图预估非裔美国人可能会侵占哪些地方的白人社区，这样规划委员会可以做出应对，通过限令来控制其扩散。

最后，圣路易斯的区划法令于1919年通过，此时距最高法院的布坎南案禁止种族化的分配已经过去了两年；该法令只字不提种族，假装遵从判例的要求。它以巴塞洛缪的调查为指导，把有大量非裔美国人口的社区内或社区附近的土地指定为未来的工业建筑用地。

这样的规则甫一生效，规划委员会会议就接到了大量要求区别对待的申请。种族是一个频繁出现的因素。例如，1919年的一次会议就讨论了把一块独户物业从一类住宅区改划为商业区的提议，因为该物业的南侧已经"遭到尼格罗人的入侵"。巴塞洛缪劝说委员会成员拒绝给予区别对待，因为保持一类住宅区的名头可以保护这个地区的房产，让非裔美国人买不起，由此终止他们的入侵。

在另外一些情况下，如果非裔美国家庭开始搬入一个区域，委员会便将该区的区划从住宅区改为工业区。1927年，委员会打破其常规政策，批准将一片工业区而非住宅区建成了公园和操场，希望以此吸引非裔美国家庭在附近居住。类似的决策贯穿了整个20世纪中期。在1942年的一次会议上，委员们解释说，他们把商业带上的一处区域划为多户住宅区，是因为这样该区就可以"发展成有色人种喜欢的居住区"。1948年，委员们则称，他们划定了一块U形的工业区，这样就可以在U形内的非裔美国人和U形外的白人之间制造一个缓冲区。

除了推广种族隔离之外，种族区划的决定还加速了圣路易斯的非裔美国人社区沦为贫民窟的进程。规划委员会不但允许工业甚至污染性工业进入这些社区区划，还允许在非裔社区开办酒馆、酒类专卖店、夜总会和妓院，而这些在白人居住的社区是违反区划并会被禁止的。按照法律规定，独户居住区的住宅不能被分割，但工业区的则可以，由于非裔美国人被限制在很少的几个社区中，分租房开始涌现，以为过多的非裔美国人口提供栖身之地。

到了20世纪后期，联邦住房管理局出台了分期摊还保险按揭，以这种方式在全国范围内调动置业积极性。这些区划措施使得非裔美国人没有资格申请这样的贷款，因为银行和联邦住房管理局认为，附近分租房、商业建筑和工业的存在会给独户住宅区的物业价值带来风险。得不到这样的抵押贷款，非裔美国人在住房方面的实际花销比白人社区的类似住宅要高，致使业主剩不下太多的余钱来维修房屋。因此，非裔美国人的住宅破败的可能性更大，进一步使他们所在的社区陷入贫民窟般的境地。

VI

其他城市的地方官员也和圣路易斯的一样，并不是在孤军奋战地进行区划尝试。1917年布坎南案之后，联邦官员对经济区划的热情迅速高涨，这也可以造成种族隔离。1921年，沃伦·甘梅利尔·哈丁（Warren Gamaliel Harding）总统的商务部长赫伯特·胡佛（Herbert Hoover）组建了区划咨询委员会（Advisory Committee on Zoning），编撰手册来解释为什么每个市政当局都应该制定区划法令。该咨询委员会向全国官员发放了几千本手册。数月后，它又出台了区划示范法。手册并没有把创建种族同质的社区作为区划成为城市重中之重的理由，但是咨询委员会是由显而易见的种族隔离主义者构成的，他们的言论和著述表明，种族是其区划倡议的依据之一。

其中一位比较有影响力的委员就是小弗雷德里克·劳·奥姆斯特德（Frederick Law Olmsted, Jr.），他是美国城市规划研究院（American City Planning Institute）和美国园林建筑师协会（American Society of Landscape Architects）的前任主席。第一次世界大战期间，小奥姆斯特德指导联邦政府房产部门的城镇规划，为国防工厂的工人安排建造了超过10万个种族隔离的住宅单元。1918年，他在全国城市规划会议上说，好的区划政策必须要和"法律及宪法问题"（指布坎南判例）区别开来，他对后者并不关心。就政策方面，小奥姆斯特德称，"任何想要获得成功的住宅小区……都必须把……种族区划……考虑在内……（如果）强迫还没做好交往准备也不想交往的人们去互相交往"，这个小区就不可能取得经济上的成功。

咨询委员会的另一位成员是阿尔弗雷德·贝特曼（Alfred

Bettman），他是全国城市规划联合会的负责人。1933年，罗斯福总统派他去领导全国土地利用规划委员会，该委员会帮助全国各州、各城市成立规划委员会。贝特曼和他的同事们说，规划亦即区划，对于"维护这个国家和这个种族"很有必要。

胡佛委员会的种族隔离主义共识得到了在全国房产局联合会（National Association of Real Estate Boards）中占据领导职位的人士的支持，包括联合会主席欧文·B.希特（Irving B. Hiett）。1924年，在咨询委员会出版其第一本手册和区划示范法令两年之后，联合会也紧随其后，通过了一套道德规范，其中有这样的警示："任何种族或民族……如果其出现显然会给社区的房产价值带来有害影响，则房地产经纪人永远不能介绍该种族或民族成员进入社区。"

对于希望区划可以成为种族排斥的有力手段的想法，其他权威区划专家也丝毫不加掩饰。哥伦比亚大学法学院教授恩斯特·弗罗因德（Ernst Freund）是美国20世纪20年代行政法方面的权威，他注意到，比起创建独户居住区这个冠冕堂皇的说辞，防止"有色人种进入某一区域"是过去10年里推广区划"更有力的"理由。弗洛因德说，因为布坎南裁定使得种族隔离"找不到恰当的合法说辞"，经济手段伪装之下的区划就成了实现同样目的最为合理的方式。

胡佛部长、他的咨询委员会的成员，以及全国上下的城市规划师都坚信，并未公开提及种族的区划规则从法律上来讲应该是可以持续下去的——他们是对的。1926年，最高法院首次断定禁止在独户社区盖公寓大楼的区划规则是符合宪法的。这一裁定起因于克利夫兰郊区的一条区划法令。对于限制业主如何处置房产的条例的否决，这一裁定显然是个例外。法官乔治·萨瑟兰（George Sutherland）为最高法院出言辩护，他解释道："公寓住宅往往只不过是种寄生物，建造的目的是利用这个地区的住宅特点所造成的空地和迷人的周围环境。"他还说，独户居住区的公寓住宅"离麻烦已经非常近了"。在做出这一裁定时，最高法院不得不推翻一位地方法官的判决，这位法官很想支持区划法令，但没法假装无视其真正的种族目的——这是违反布坎南判例的行为。该名法官解释道："只要有色人种或某些外国种族入侵某一居住区域，就会使房产价值受损并造成人口拥塞，这种情况尽人皆知，应该纳入司法认定的范围。"

在1926年最高法院做出裁定之后的若干年里，全国各个城镇中，有数不清的白人近郊住宅区通过了排斥性的区划法令，阻止低收入家庭与他们住在一起。阶级势利和种族偏见往往交织在一起，当近郊住宅区通过这样的法令时，已无法理清他们的动机，证明区划规则违反了宪法关于禁止种族歧视的规定。但是，在很多案例中，各地和胡佛部长麾下的专家们一样，并不总是小心谨慎地隐藏起他们的种族动机。

利用区划来实现种族隔离的目的，这种做法一直持续到20世纪晚期。在1970年俄克拉何马州的一个案例中，实行种族隔离的劳顿镇（Lawton）在居民分发了表达反对意见的请愿书之后，拒绝允许在纯白人社区建设多单元公寓楼。他们利用种族情绪迫使市民签署了请愿书，尽管请愿书本身在行文中并未言及种族。这幢公寓大楼的发起方接到了表达种族对抗的匿名电话。在随后的官司中，规划委员会中唯一投票允许建设该项目的委员在法庭作证时说，偏见是其他委员会成员提出反对意见的出发点。尽管该委员会并未以种族作为不发放许可证的理由，但联邦上诉法院认为，所有公开提出的理由都是托词。"如果违反公民权利的证据取决于有歧视倾向的官员的公开声明，那么第十四修正案恐怕给不了那些寻求庇护的人们多少安慰。"法院在结论中如是说。

但是，上诉法院的意见在其他案例中并未占到上风。几年之后，1977年，最高法院对芝加哥近郊区阿灵顿高地（Arlington Heights）的一条区划法令表示支持，该法令禁止在除边远商业区附近的任何地方建造多单元公寓楼。该法令确保即使有非裔美国人居住在住宅区，其数量也寥寥无几。在一次会议上，公众出于种族歧视的原因，催促市议会采取行动，市议会在这次会议上通过了区划法令。公众给当地报纸写信，强烈要求他们支持该法令作为将非裔美国人排除在白人社区之外的一条途径。虽然公众情绪有明显的种族特点，最高法院却说，该法令是符合宪法规定的，因为没有任何证据表明，市议会成员在通过这条法令时，特意要排斥非裔美国人，而非不计种族地排斥所有低收入家庭。

但是，我的目的并不在于论证法庭取证的标准。我感兴趣的是，我们是怎样逐步形成如今在大都会地区所发现的、系统性的种族隔离，而政府在造就这样的居住模式中又扮演的是什么角色。我们没法证明阿灵顿高地或其他任何地区的市议会成员们心里到底是怎么想的，但是，在太多的区划裁定中，都有种族动机的旁证，而且这些证据颇具说服力。我想，也许可以这样说，如果不是因为地方官员有着不符合宪法规定的意愿，不想让非裔美国人与白人家庭为邻，而且国家领袖也有这样的意愿并鼓励地方官员的做法，那么，今天我们将会看到的实行种族隔离的近郊住宅区，要比现实情况中少很多。

VII

利用工业区划甚至是有毒废弃物区划，将非裔社区变为贫民窟，这样做的绝不止圣路易斯一座城市。随着20世纪向前推进，城市地区的制造企业越来越多，这种做法也越发普遍。美国审计总署（U.S. General Accounting Office）1983年的分析证实了这一模式，分析报告在结论中指出，在全国各地，商业垃圾处理设施和毫无控制的废料堆都更容易出现在非裔社区附近，而不是在白人住宅区附近。

大约与美国审计总署报告同期，基督教联合会的种族平等委员会与绿色和平组织也进行了研究，他们得出结论，在哪里会发现危险废弃物设施这个问题上，种族是非常强的统计预测指标，这些地点的种族分布随机出现的概率只有万分之一，而居住在焚化炉附近的少数族裔的比例比全国中位数高89%。对这些数据持怀疑态度的人士揣测说，非裔美国人是在这些设施出现之后搬到附近社区的。有些情况确实如此，但是这并不能充分说明问题，毕竟非裔美国人的住房选择极为有限：在尚未建有但计划建造焚化炉的社区中，少数族裔人口所占的比例远远高于其他社区。

允许在非裔美国人居住区建设有毒废弃物处理设施的计划本意并非打算进一步强化这些社区的贫民窟处境，但结果确实如此。这些选择中具有种族性的一面是，当有非裔美国人居住区作为替代地点时，人们希望避免白人社区的环境恶化。在这一决策过程中，非裔美国人的福利无足轻重。就像圣路易斯那样，区划委员会往往会在住宅社区规则中明确给出例外条款，允许危险或有污染的工业活动在非裔美国人居住区选址。

例如，在洛杉矶，有一群黑人自20世纪40年代起就定居在该市的中南部地区。该社区有一些工业，但当该市开始对商业和工业设施进行"定点"重新区划之后，该社区非住宅区的属性进一步确立。废旧汽车堆积场也是非裔美国人社区司空见惯的。1947年，这一新近发展起来的聚居区的一家电镀厂发生爆炸，导致5名当地居民身亡（另有15名该厂白人工人丧生），并毁坏了100多幢房子。这一年晚些时候，一家非裔美国人教堂的牧师对将其所在教堂附近的房产改划为工业用途的做法表示抗议，这时，负责此次区划的洛杉矶市议会规划委员会主席答复，这个区域现在已经成了"商业社区"，他还加了一句："你们这些人为什么不另找地方买座教堂？"

在大多数情况下，如果没有证据表明有毒处理场选址中有明确、公开的目的，欲因非裔美国人的种族原因对其构成伤害，法庭是不会驳回选址决定的。在1979年休斯敦的一个案例中，一个非裔社区已经有了多到不成比例的危险废弃物处理场，该社区提出抗议，反对再建一个处理场。一名联邦法官认为增建计划"令人遗憾，麻木不仁"，但拒绝在没有明确种族动机证据的情况下禁止该计划。1991年，北卡罗来纳州的沃伦县（Warren County）出现了这样一个案例：该县的白人和非裔美国人大约各占总人口的一半，现有的3个垃圾填埋场全部位于非裔美国人口居住区域。当有人提议在白人地区建一处新的垃圾填埋场时，居民提出抗议，当地官员没有发放许可令。但是，当提议另建一个垃圾场并且这次是建在非裔美国人居住区时，当地官员却无视居民的抗议，批准了垃圾填埋场的选址。一名联邦法官支持该县的决定，他裁定其中有歧视因素的影响，但没有明确的种族目的。

1991年，美国环境保护署（Environmental Protection Agency）发布报告，证实了在全国范围内，非裔社区所发现的有毒废弃物处理设施数量均高到不成比例。于是总统比尔·克林顿（Bill Clinton）颁布行政命令，要求在未来决策中避免这样的差异性影响。但是，该命令并没有要求对现有的有毒设施部署做任何补偿。

非裔社区中往往有污染性工业企业和有毒废弃物处理工厂，再加上房屋分租和出租公寓，如果某个社区有种族融合的可能，那么在居于其中的白人看来，非裔美国人就有了贫民窟居民的形象。而这反过来又促使白人在非裔美国人试图搬入近郊住宅区时逃离。

所以区划有两个方面。一方面是给非裔美国人为数众多的低收入家庭设下重重障碍，让他们无力搬进昂贵的白人社区，以此将非裔美国人排除在白人社区之外。之所以这样做，部分原因是为了规避政府对于有明确种族性质的区划下达禁令。另一方面则是为了努力保护白人社区的环境不发生恶化，具体做法是确保工业或者说是从环境方面来讲不安全的企业不会定址于白人社区。在这样的禁令下，污染性工业别无选择，只能落户非裔美国人居住区附近。第一个方面促成了白人专享的近郊住宅区，第二个方面则造就了城市的非裔美国人贫民窟。

Chapter Four
第4章

"居者有其屋"

1941年，底特律。联邦住房管理局要求一名开发商砌一道墙，将其所开发的纯白人住宅区与附近的非裔住宅区隔开

在拒低收入非裔美国人甚至所有低收入家庭于中产阶级社区门外这个问题上，排除性区划法令不但有成功的可能，而且确实取得了成功。但是，对那些希望在美国实施种族隔离政策的人士来说，区划只解决了一半的问题。区划带来了只有独户住房的社区，但无法将中产阶级非裔美国人排除在外。赫伯特·胡佛（Herbert Hoover）貌似中立的区划建议无法阻止有能力居住在昂贵社区的非裔美国人住进去。

试图开辟一条融入白人中产阶级社区之路的非裔美国人通常比白人邻居的社会地位更高，地位较低的情况极为罕见。1910年发生的一件小事促使巴尔的摩通过了种族区划法令，当时一位知名非裔律师搬进了白人占多数的街区。不含有种族排斥的经济区划并不能阻止弗兰克·史蒂文森或其非裔同事搬进米尔皮塔斯的住宅区，很多同属于福特工会的白人兄弟正在这些小区安顿下来。

拦住弗兰克·史蒂文森和他的朋友需要不同的手段。联邦政府完全无视自身的宪法义务，想出了各种花招。首先，政府制订计划，尽可能劝说更多白人家庭搬出城区的公寓，搬到近郊区的独户住宅中。然后，一旦郊区化进程开始，政府就会出于明显的种族意图杜绝非裔美国人跟着走上这一步的可能。

I

联邦政府的种族排斥政策起源于20世纪早期，最初的几步是威尔逊政府迈出的。政府官员被1917年的俄国革命吓破了胆，他们开始相信，如果能让尽可能多的美国白人成为业主，就可以在美国打败共产主义——他们的想法是，资本主义制度可以让房产拥有者得到一些好处。于是，1917年，联邦政府劳工部大力提倡"居者有其屋"运动，向小学生派发写着"我们自己有房子"的圆形小徽章，还分发小册子，称停止租房、建造独户单元是一种"爱国责任"。劳工部印制了200多万张海报，贴在工厂和其他企业中，并在全国范围内刊登报纸广告，提倡拥有独户住房——每个广告中都有白人夫妇或白人家庭的形象。

商务部长赫伯特·胡佛在此事中也扮演了重要角色。1921年，他甫一上任便发起一场鼓励种族排斥性区划的运动，并且犹嫌不足，牵头成立了新的美国美好家园（Better Homes）组织作为补充。该组织名义上属于私人性质，但胡佛做了主席。执行理事是詹姆斯·福特（James Ford），第一次世界大战期间，小弗雷德里克·劳·奥姆斯特德设计纯白人公房工程时，他曾做过监督工作。该组织的顾问委员会主席是副总统卡尔文·柯立芝（Calvin Coolidge），其中一个成员是美国建筑理事会（American Construction Council）主席富兰克林·德拉诺·罗斯福。

胡佛夸口说该组织"实际上由劳工部领导"，劳工部出了一本小册子——《怎样拥有自己的住房》，并做了其他一些推广活动。该组织还在全国各地主办社区论坛，讨论购置房产的好处，包括如何避免"种族冲突"。美好家园的代表可能会对观众说,搬进独户住宅、远离城区的非裔美国人就可以避免这样的冲突。1923年,劳工部又出了另一本小册子,提倡民族与种族同质性,力劝潜在的购房者在购买之前考虑"社区居住人口大体属于哪类"。

后来,在胡佛成为总统之后,他断言"拥有住房是每个节俭家庭的固有权利",认为这一点"不言自明"。他召开了住房建设和住房所有权总统会议,希望在大萧条时期复兴住房的建设和销售。在开幕词中,他对与会人员说,独户住宅是"种族渴望的表达","我们的人民应该住在自己的房子里,这是我们这个种族内心深处的情感"。

在大会召开的前夜,美国美好家园出版了《美好家园手册》,这是该组织领导人在住房建议方面的纲要。詹姆斯·福特解释说,因为非裔美国人和欧洲移民"无知的种族习惯",公寓往往人满为患,这是最糟糕的住房形式。这次总统会议的主持人约翰·格里斯(John Gries)和商务部住房处处长詹姆斯·S. 泰勒(James S. Taylor)列出了有意购房者应该考虑的30条建议。在诸如使用可靠的房地产专家、确保上班交通便利等种种建议中,第19条这样写道:"取得这个社区的伙伴关系。如果限制条件并非暂时的,而是真正得到执行,'限制性居住地区'可以为你的家庭提供保护,让你远离不想与之产生联系的人。"至于想避开的人可能是谁,简直一点疑问都没有。

会议文件由这个国家声名最盛的种族隔离主义者撰写并签署,清楚地说明了限制性居住地区要实现什么样的目的。弗雷德里克·埃克(Frederick Ecker)是这次会议策划委员会的成员之一,他是大都会人寿保险公司的董事长,担任一个为购房提供资助的委员会的主席。他的报告被联邦政府采纳并得以发表。在报告中,他建议用文契约束作为对区划法的补充,来防止"获得不相容的所有权"——通常情况下,这个说法的意思是防止向非裔美国人出售房产。在埃克的领导下,这次总统会议结束几年之后,大都会人寿保险公司开发了这个国家面积最大的规划社区——位于纽约市的帕克切斯特(Parkchester),非裔美国人被拦在大门之外。当其中一间公寓转租给一个黑人家庭后,埃克让人把他们赶了出去。

胡佛大会的新住宅小区规划委员会中包括罗伯特·惠滕,1922年,他设计了蔑视最高法院布坎南裁定的亚特兰大种族区划方案。另一位成员是劳伦斯·史蒂文森(Lawrence Stevenson),全国房产局联合会的候任主席,该联合会刚刚通过了伦理规则,禁止经纪人将白人社区的房产出售给非裔美国人。该委员会由哈兰·巴塞洛缪牵头,此人10年前就率领圣路易斯的规划委员会用区划的方式避开了布坎南判例,强化了种族隔离。

总统大会的31个委员会中有一个是负责黑人住房的。该委员会的报告是由著名的社会科学家查尔斯·S.约翰逊(Charles S. Johnson)撰写的,其他非裔专家也提供了帮助。这份报告记载了针对想住进此前为白人专享社区的非裔美国人的暴力行为,但并没有提出防止此类事件发生的任何措施。报告描述了法庭允许通过区划或其他法律手段来强制实施种族隔离政策,在描述中仅暗示了一丝丝的不赞成。报告在结论中建议"消除在黑人居住方面的立法限制""让黑人跟随城市社区的大流,搬出市区,搬进可以建设现代家庭的住宅小区"。报告并没有提到这些建议与总统大会对居住隔离的认可相矛盾的问题。约翰逊报告的大部分内容都是关于如何提高市区公寓质量的建议，在北方城市中，非裔美国人被迫住在这些公寓中。

约翰逊关于黑人住房的报告所得到的关注微乎其微，在新政期间，联邦政府越发旗帜鲜明地坚持把非裔美国人排除在独户社区之外。随着市政工程局开始公房计划，联邦政府的购房倡议与种族隔离政策已经无法分割。

II

联邦政府力劝中产阶级家庭购买独户住房，尽管这种努力已达14年之久，到1933年罗斯福上台的时候，这场运动仍收效甚微。昂贵的房价让工人阶级和中产家庭望而却步：银行抵押贷款所要求的付款方式一般为首付50%，只付利息，全款在5~7年后付清。到了偿付期限，买家将不得不重新贷款或再找一家银行，银行会以类似的条款发放新的抵押贷款。住在市区的工人家庭或中产阶级家庭中，没几个的经济能力能达到银行的要求。

大萧条进一步加剧了住房危机。很多买了房子、有抵押贷款的家庭无法偿还贷款，面临着住房被法院拍卖的窘境。其他人则绝大多数根本没有能力购买住房，在这种情况下，建筑业停顿下来。新政设计了一个计划来支持已经置业、无力支付的家庭，还设计了另一个计划使第一次置业对中产阶级来说成为可能。

1933年，为了帮助无法履约的家庭摆脱困境，罗斯福政府成立了房主贷款公司（Home Owner's Loan Corporation）。这家公司买下了即将被拍卖的抵押贷款，然后重新发放抵押贷款，还款期限长达

15年（后来又延长至25年）。此外，房主贷款公司的抵押贷款为分期偿还，意味着每个月的还款额不但包括利息，还包括一定的本金，这样一来，当贷款还清时，买家就可以拥有住房。就这样，工人阶级和中产阶级的房主们第一次在房产仍处于抵押状态时就逐渐有了赎回的权利。如果一个有分期偿还抵押贷款的家庭出售住房，那么抵押资产的净值（包括任何增值）都属于这个家庭。

房主贷款公司的抵押贷款利率很低，但购房者仍须定期偿付。因此，该公司在评估购房者能力时必须非常慎重，以免出现违约的情况。为了进行风险评估，房主贷款公司希望了解房屋以及社区内周边房屋的情况，以便判断房产是否能够保值。公司聘请当地的房地产经纪人进行评估，并据此决定是否重新贷款。这些经纪人的国家道德规范要求他们维持种族隔离，因此，房主贷款公司在评估风险时会考虑社区的种族构成，这并不出人意料。该公司绘制了美国每个大都会地区的彩色编码地图，最安全的社区被标为绿色，而风险最高的则被标成红色。如果一个社区有非裔美国人居住，即使这是一个货真价实的中产阶级独户住宅社区，也会被标成红色。

例如，在圣路易斯，白人中产阶级近郊住宅区拉度镇（Ladue）被标为绿色，因为按照房主贷款公司评估人在1940年的说法，该镇"一个外国人或黑人都没有"。而与之相似的中产阶级近郊社区林肯街（Lincoln Terrace）则被标成红色，因为它"现在价值甚小，或者说毫无价值……出于目前有色人种控制了该地区之故"。虽然房主贷款公司并不总是一味拒绝援助在地图上被标成红色的社区（拒贷社区）的业主，但这张地图的影响颇大，它将联邦政府的行径记录在案——仅仅由于种族，非裔美国人就被断定风险很大。

为解决中产阶级租客在首次购买独户住宅时能力不足的问题，1934年，国会和罗斯福总统成立了联邦住房管理局。联邦住房管理局为额度高达购买价格80%的银行抵押贷款提供保险，为期20年，全部都是分期偿还。在是否有资格获得该保险的问题上，联邦住房管理局坚持自己对房产进行评估，以确保贷款的违约风险较低。因为房管局的评估标准中包含纯白人的要求，种族隔离成了联邦抵押贷款保险计划的官方要求。房管局认为，如果房产位于种族混合社区，甚至即使位于白人社区，但附近有黑人社区，未来存在种族融合风险，则风险太高，不能提供保险。

当银行请求联邦住房管理局为拟发放贷款提供保险时，该机构会进行房产评估，这很可能也是由房管局聘用的当地房地产经纪人来操作。随着申请数量越来越多，房管局会聘用自己的评估人，他们通常聘用的是过去曾经担任承包商为房管局工作的私家房地产经纪人。为了指导这些经纪人的工作，联邦住房管理局给他们提供了一本《保险手册》（Underwriting Manual），该手册于1935年首次发行，其中有这样的说明："如果一个社区要维持稳定，房产应该继续由同一社会阶层、同一种族的人持有，这一点非常必要。所有权人的社会阶层或种族发生变化，往往会导致不稳定，也会降低房产价值。"他们告诉评估人，如果一个地方"提供保护来对抗不利影响"，则应该给这个地方更高的评级；他们还说，"不和谐的种族或民族团体的渗透……在不利影响中占据重要位置"。该手册得出结论："在可能范围内，保护所有房屋抵押贷款不受这些不利因素的影响，这会赢得高分。"

联邦住房管理局阻止银行向城内所有社区发放贷款，但并不阻止他们向新建的近郊住宅区发放贷款；按照《保险手册》的说法，"旧房子……有加速转为由下等阶层入住的趋势"。联邦住房管理局愿意给那些有林荫道或大路，能把非裔家庭和白人家庭隔开的地区的抵押贷款提供保险，声称"自然存在或人为建起的屏障在保护社区及社区内地点不受不利影响方面效果显著……包括防止某种渗透……如下等阶级人员的入住及不和谐的种族团体"。

联邦住房管理局特别注意防止学校的去隔离化。它在手册中提出警告，如果孩子"不得不去的学校中，大多数或相当一部分学生代表了更为低下的社会阶层或互相排斥的种族因素，相较于不存在这种情况的社区，这个正在考虑之中的社区会很不稳定，不那么令人满意"，给这样的社区发放抵押贷款，风险会很大。

20世纪40年代《保险手册》后来的版本中一直重复这些指导方针。1947年，联邦住房管理局去掉了手册中"不和谐的种族团体"这样的字眼，但是并没有勉强假装这代表着政策的改变。手册还明确指出，如果"社区住户的相容性"不够，则会降低估值。此外，为了确保在这个问题上不会产生任何误解，房管局的领导跟国会说，该机构没有任何权利要求在其抵押贷款保险计划中遵循非歧视原则。在1952年版的《保险手册》中，房产的估值仍部分取决于它们是否坐落在"住户具有相容性"的社区中。

联邦住房管理局在这方面的政策具有一致性。1941年，新泽西州有一位房地产经纪人，他代表的是近郊住宅区凡伍德（Fanwood）一处新开发的物业，大概在纽瓦克（Newark）西部约32千米处。这位经纪人打算把12幢房子卖给中产阶级非裔美国人。这些人的信用评级都非常好，而且，如果联邦住房管理局批准，银行也愿意给他们发放抵押贷款。但是房管局称:"不得向有色人种住宅小区发放任何贷款。"银行告诉这位经纪人,没有房管局的背书,他们不能发放抵押贷款,于是这位经纪人去找普天人寿保险公司。保险公司也说,虽然这些申请人都有资格接受信用贷款,但未经房管局批准,他们不能发放抵押贷款。现在,凡伍德的人口中仍只有5%的黑人,而它所在的县黑人人口大约占全县人口的25%。

1958年,旧金山的一位白人教师杰拉尔德·科恩(Gerald Cohn)以联邦住房管理局提供保险的抵押贷款,在伯克利的埃尔姆伍德(Elmwood)区购买了一套住房。到了截止日期,科恩先生还没有准备好,不能入住。他一边继续支付抵押贷款,一边把这幢房子租给了一位名叫阿尔弗雷德·西蒙斯(Alfred Simmons)的非裔美国人同事。伯克利的警察局长要求联邦调查局调查西蒙斯先生如何进入这个纯白人社区。联邦调查局询问了杰拉德·科恩在旧金山的邻居,但没有发现任何证据可以表明科恩先生是蒙混过关获得抵押贷款的——换句话说,没有任何证据表明他从头至尾就没打算搬进伯克利的房子,而是一直计划着把它租给一位非裔美国人。联邦调查局把这个案子转给了美国联邦检察官,但后者拒绝起诉科恩先生,因为没有任何人触犯法律。但是,联邦住房管理局却把科恩先生列入黑名单,告诫他说,他会被"取消加入联邦住房管理局保险计划的资格",并再也不能获得由政府担保的抵押贷款。联邦住房管理局在旧金山的办事处给科恩先生写信:"此函系通知您,您所提交的任何属于我部门计划之内的抵押贷款保险申请,或您所占股权超过10%的公司提交的任何此类申请,都将依据我办事处于1959年4月30日做出的不合格风险判定予以驳回。"

第4章 "居者有其屋"

在凡伍德和伯克利两地之间有几千个住宅小区，联邦住房管理局的政策都是一样的，鲜有例外：不为面向非裔美国人的抵押贷款提供担保，也不给可能将房屋出租给非裔美国人的白人提供抵押贷款担保，无论申请人是否有资格接受信用贷款。

III

几年前我收到帕姆·哈里斯（Pam Harris）写来的便条，她是佐治亚州的一名教师，收听到了我谈论社区种族隔离的广播节目。哈里斯女士的家族可以寻根至南卡罗来纳州的汉堡，这个小镇上白人的恐惧迫使非裔美国人到北方寻求安全与庇护。她的家族史和弗兰克·史蒂文森的一样，揭示了"法律上的"种族隔离如何造成了今天我们所看到的种族隔离。

哈里斯女士给我讲了她的一位叔祖父勒罗伊·梅里戴（Leroy Mereday）的故事。梅里戴先生出生在汉堡，彼时距红衫军大屠杀已经过去了14年。他的父亲在一家砖厂工作，而勒罗伊本人则成了铁匠。第一次世界大战期间，他在法国为骑兵的马匹钉蹄铁。在法国的这段日子里，他吸引了铁路大亨奥古斯特·贝尔蒙特二世（August Belmont II）的注意，后者当时就职于美国陆军采购部。贝尔蒙特二世是个狂热的赛马选手，他在纽约长岛建起了贝尔蒙特赛马场（Belmont Race Track）。梅里戴的技术深深打动了他，于是贝尔蒙特邀请勒罗伊去他的赛马场工作。梅里戴在那里继续他的事业，并且做得很成功，给战神（Man o'War）和其他知名纯种马钉蹄铁。

他在亨普斯特德（Hempstead）找到了住处，这里离赛马场不远，很快他又叫来了弟弟查理，而查理又劝说另外两个兄弟阿瑟、罗伯特及妹妹莉莉和他们的父母北上。查理又招募了几名同学加入他们的队伍。梅里戴大家庭和汉堡的其他难民最初都住在亨普斯特德的同一条街上，这条街是长岛较早的非裔美国人定居地。

罗伯特·梅里戴（Robert Mereday）是几兄弟中年龄最小的一个，他吹萨克斯，在20世纪30年代是一个知名爵士乐团的成员。"二战"期间，联邦政府成立了美国劳军联合组织来支持军队及国防工厂的工人。罗伯特加入了一个劳军联合组织乐队，在长岛贝斯佩奇（Bethpage）的格鲁曼飞机制造厂（Grumman Aircraft）为工人们表演。梅里戴与该公司有了接触，于是后来公司聘用第一批非裔雇员时，他也是其中的一员。格鲁曼和加利福尼亚州里士满的福特汽车公司一样，招遍了能招到的所有白人工人，但仍无法满足军方合同的需求，于是开始首次聘用非裔美国人。

在格鲁曼工作期间，梅里戴攒了一些钱，战争结束后开了一家载重汽车运输公司。他买下价格低廉的剩余军用卡车，自己改装成重载卡车。1946年，威廉·莱维特（William Levitt）在长岛的罗斯林（Roslyn）为退伍军人建造住房，梅里戴公司得到了拖运修建小区污水池所需水泥砖的工作。莱维特很快就开始开发附近大型的莱维敦（Levittown）住宅小区，罗伯特·梅里戴拿到了往建筑工地运送石膏板的合同。他的公司规模扩大到6辆卡车。几个侄子结束兵役之后也加入了公司。

到了20世纪40年代后期，罗伯特·梅里戴有着名副其实的中产阶级收入，可以给他的侄子们开出体面的工资。他结了婚，有孩子嗷嗷待哺，但无论是莱维特还是其他的住宅小区开发商都不会把房子卖给梅里戴家族的任何人，也不会卖给其他帮助建造美国近郊住宅区的非裔美国人。非裔美国人并不缺必要的资格条件，梅里戴一家的经济条件和白人工人及成为莱维敦居民的退伍老兵大体相当。但是，梅里戴的儿子后来回忆，他父亲和大多数亲戚并没有费事去填申请表，虽然莱维敦的房子很漂亮，设计很好："大家都知道，黑人不能买房搬进这个小区。如果你在一个地方长大，住在那里，你就知道规则是怎么样的。"

但是，有一个在卡车公司工作的侄子去试了。和很多搬来莱维敦的人一样，文斯·梅里戴（Vince Mereday）也是退伍军人。"二战"期间他在海军服役，他所在的军队驻扎在芝加哥城外的五大湖海军训练中心（Great Lakes Naval Training Center）。就在战争开始之前，海军部长弗兰克·诺克斯（Frank Knox）对罗斯福总统说，如果海军不得不让非裔美国人接手提供传统的饮食服务和担任军官贴身仆人之外的任务，他就要辞职。但是，众所周知，珍珠港事件中最英勇的美国水手是列兵多里·米勒（Dorie Miller），他是一名非裔美国人厨师。他穿过油料燃起的熊熊大火，把他所在船只的舰长送到安全地带，然后操纵起高射炮，击落了日本飞机——此时，舆论的压力迫使诺克斯做出让步。但是，在五大湖训练中心，非裔新兵不能和白人一起训练，因而海军为他们建了相互隔离的训练营。文斯·梅里戴通过了测试，成为一名飞行员，但是，因为非裔美国人被禁止进行飞行训练，在战争期间，他被派去做机修工。

1945年日本投降以后，文斯·梅里戴去给他的叔叔打工，往莱维敦运送物资。当他想在这个小区买房的时候，他的申请遭到了拒绝。于是他在附近一个几乎纯黑人的居住区——湖景街买了房子。

莱维敦居民可以在没有首付的情况下，以退伍军人管理局低息抵押贷款的方式购买房产，但文斯·梅里戴却不得不支付大笔的首付款来购买湖景街的住房，并且只能贷到市场利息更高的无保险抵押贷款。他在海军及住房市场所经历的歧视使他终生心怀怨愤。

威廉·莱维特拒绝把房子卖给文斯·梅里戴，这反映的不仅仅是一名建筑商的偏见。假如莱维特的想法完全不同，选择在莱维敦进行种族融合，联邦政府就会拒绝为其提供资助。在"二战"过后的几十年里，整个国家的近郊住宅区都是这样建设起来的——米尔皮塔斯、帕洛阿尔托、莱维敦都一样，联邦住房管理局实施明确的种族政策，在每一个大都会地区强化种族隔离。

IV

第二次世界大战过后，新成立的退伍军人管理局也开始为返乡的军人提供抵押贷款担保。它采纳了联邦住房管理局的住房政策，而且退伍军人管理局的评估人也以房管局的《保险手册》为工作指南。到了1950年，联邦住房管理局和退伍军人管理局为全国范围内半数以上的新增抵押贷款提供保险。

联邦住房管理局对种族隔离所产生的最大的影响，并不在于它对抵押贷款申请人进行的评估带有歧视性，而是在于它资助整个住宅小区，很多情况下是整个近郊区，使其成为具有种族排斥性的、被包围的白人领土。联邦住房管理局拒绝为弗兰克·史蒂文森提供个人抵押贷款保险，但这并不会剥夺他在米尔皮塔斯继续工作的机会。退伍军人管理局的评估员认为文斯·梅里戴的个人购买行为风险太大，拒绝为其提供抵押贷款担保，这并未剥夺他在莱维敦继续居住的机会。实际上，在这些地方，在成千上万的其他地方，大规模建筑商建起了整个近郊区，联邦住房管理局和退伍军人管理局提出的条件是，这些近郊住宅区必须为纯白人社区。按照弗兰克·史蒂文森和罗伯特·梅里戴的理解，非裔美国人根本没必要费事去申请。文斯·梅里戴后来也明白了这一点。

莱维敦是个非常庞大的工程，一个有 17 500 套住房的小区。对于解决回乡退伍军人的住房问题，这项工程颇有先见之明——批量生产、面积约为 70 平方米的两居室房子，售价为每套 8 000 美元，没有任何首付要求。威廉·莱维特建造这个住宅区是出于投机心理；这项工程并不属于潜在购房者给公司提供资金、公司用这笔钱建造住房的情况。实际上，莱维特先建好了房子，然后再寻找客户。如果没有联邦住房管理局和退伍军人管理局，他可能永远也无法积聚起如此庞大的建房所需资金。但是，在第二次世界大战期间以及随后的年月中，政府得到国会授权，为莱维特这样的大规模建筑商提供贷款担保，他们拟兴建的住宅小区几乎可以获得全额银行贷款。1948 年，美国全国的大多数住房都是在这样的政府资助下兴建起来的。

莱维特完成对莱维敦的规划和设计之后，他的公司就向联邦住房管理局提交图纸和施工说明书，请求批准。在房管局为其规划进行背书之后，他就可以拿着批文与银行进行交涉，申请低息贷款，用以支付建筑和土地征用方面的开支。银行也很乐意为莱维特和其他大规模建筑商提供优惠贷款，因为联邦住房管理局的预批准意味着接下来银行不需要对房产做出进一步评估就可以向实际购房者发放抵押贷款。当地的联邦住房管理局评估员不用拿着《保险手册》，出门去逐一审查需要进行抵押贷款担保的房屋——毕竟，除了空地，也没什么可供审查的。联邦住房管理局批准了预施工方案，就几乎自动为这些房子的最终买主提供了抵押贷款保险。因此，银行发放这类抵押贷款所面临的风险极小。

对于莱维敦和全国各地类似的小区来说，需要由联邦住房管理局审核的方案包括核准的建筑材料、设计规格、拟销售价格、社区的区划限制（如禁止工业或商业用房），以及不向非裔美国人出售住房的承诺。甚至哪怕是附近社区的非裔美国人有融合进来的可能，联邦住房管理局也会不予批准。简而言之，联邦住房管理局为莱维敦提供资金，条件是莱维敦要像战时的里士满郊区罗林伍德一样，为白人专享，其种族构成不能有任何可预见的改变。

1950 年，退伍军人管理局在洛杉矶东南部资助建起了"新奇士花园"（Sankist Garden）小区，只面向白人退伍军人

联邦住房管理局的参与无处不在,在莱维敦或类似项目的建设过程中,政府的全职督察员需要驻扎在建筑工地上。正如威廉·莱维特1957年在国会作证时所言:"我们百分之百依赖政府。"

1960年,新泽西州一家法院判定,莱维特在该州的项目对联邦住房管理局依赖颇重,已经成为"公共协助住房",因此,根据新泽西的法律,该项目不能拒绝向非裔美国人出售。法庭意见中有非常详尽的描述,历数联邦住房管理局管理该项目的设计、施工和资金筹措的种种方式,而且莱维特也承认对政府的介入颇为依赖。这个案子并未造成全国性的影响,因为向非裔美国人销售的命令是基于新泽西州法律,而非联邦法律。

尽管后来莱维敦成为战后郊区化的象征,但莱维敦既不是第一个,也不是唯一一个由联邦住房管理局和退伍军人管理局资助、面向白人家庭的社区。全国上下,各大都会地区都是按照这一政府政策进行郊区化的。第一个是奥克·福里斯特(Oak Forest),1946年建于休斯敦的西北方向。不久之后,堪萨斯城的大草原村落(Prairie Village)如雨后春笋般涌起,也得到了由联邦住房管理局担保的资助。"二战"后的几十年里,加利福尼亚州和西部地区发展速度非常快,联邦政府在种族限制的基础上对这些地区进行了资助:韦斯特雷克(Westlake)建于1950年,是旧金山南部戴利城(Daly City)的一个小区;莱克伍德(Lakewood)位于旧金山南部,建于1949年到1953年间,只比莱维敦规模略小;韦斯特切斯特(Westchester)也在旧金山南部,开发商是凯泽社区家园(Kaiser Community Homes),是战时造船公司的一个分支机构;还有圣费尔南多谷(San Fernando Valley)的巴诺拉马城(Panorama City)——这些都是联邦住房管理局的白人专享小区。

V

圣路易斯的一个故事可以说明联邦住房管理局的政策有多么刻板。查尔斯·瓦特洛特（Charles Vatterott）是一名地基营造商，他得到联邦住房管理局的预付款退还担保，在圣路易斯西部建造了一个独户住宅小区。瓦特洛特给他的小区起名叫圣安（St. Ann），打算把它建设成一个面向中低阶级天主教徒，特别是回乡退伍军人的社区。1943年他开始施工，尽管他为吸收天主教徒做出了特别的努力，但他并不禁止向非天主教徒的白人出售住房——他只对黑人下了禁令，而这是联邦住房管理局要求的。

在种族问题上，瓦特洛特的态度比较中庸，他认为，非裔美国人的住房需求也需要得到解决，但应该以独立的社区来解决。因此，圣安完工之后，他为非裔美国人建了一个住宅区——德波雷斯（De Porres），这个小区建在布雷肯里奇希尔斯镇（Breckenridge Hills），离圣安只有几千米。他打算把这里的房子卖给与圣安的购房者收入及职业相当的非裔美国人，有卡车司机，也有药剂师。如果这些潜在购房者是白人的话，他们可以买房搬进圣安或圣路易斯战后开发的很多其他小区中的任何一个。

但是因为德波雷斯是面向非裔美国人的，瓦特洛特得不到联邦住房管理局的资助。结果，相对于圣安，这个小区不但施工更为粗陋，房子的尺寸设计也不足。因为潜在买主拿不到联邦住房管理局或退伍军人管理局的抵押贷款，很多房子只能出租。瓦特洛特推出了一个特别储蓄计划，没有联邦住房管理局或退伍军人管理局抵押贷款的家庭可以存钱购买住房。但是，与圣安的居民不同，德波雷斯的储户们在存钱过程中并不能积累产权。面向非裔美国人的德波雷斯小区也缺少社区设施，如公园和操场，而这些设施在圣安都建了起来。

VI

当联邦住房管理局驳回像德波雷斯这样可能有非裔美国人入住，或以其他方式引发未来种族融合风险的工程计划时，这个机构并没有掩饰其决定的种族基础。例如，1940年，底特律的一家建筑商在紧挨着非裔社区的地方开发了一个社区，联邦住房管理局拒绝为其提供保险。于是他就垒起了一面约805米长、1.8米高、0.3米厚的水泥墙，将两个社区隔开，然后联邦住房管理局就批准了他的贷款。持有联邦住房管理局抵押贷款的购房者偶尔也会出现违约的情况，这时房子就由房管局收回并再度出售。为了确保这样的二次销售不会破坏其种族隔离政策，房管局与拒绝向非裔美国人出售住房的地产经纪人签有合同。

在极偶然的情况下，联邦住房管理局会批准隔离的非裔住宅区的贷款。1954年，为了应对非裔美国人住房的极度短缺，同时也希望抑制民权运动，新奥尔良市长德莱赛珀斯·S.莫里森（DeLesseps S. Morrison）恳求联邦住房管理局为一处面向黑人中产阶级专业人士的住宅小区提供保险，并向房管局承诺，一个单元也不会卖给白人。全美有色人种协进会新奥尔良分会抗议建设种族隔离的住宅小区。房产局无视他们的抗议，最后这个小区建成了1 000套只面向非裔美国人的住房，把一个公园和一个高尔夫球场围在里边，紧挨着一个类似的、由联邦住房管理局提供保险的白人专享小区。1955年,联邦住房管理局的一位发言人在50个城市进行巡回演讲,演讲对象是非裔美国人。他到处吹嘘新奥尔良的成就,对听众说这样的种族隔离住宅区正是"联邦住房管理局想要的那种东西"。

从这些案例中可以看到一种模式。1877年以后,对南方各州的重建遭到武力镇压,此后政府就开始在全国范围内按种族对居住区域进行隔离。尽管最高法院在1917年挡住了第一波政策浪潮——通过区划法令进行种族隔离,但是联邦政府开始给各城市提供可以规避这一裁定的建议,这种做法并非局限于南方和边境各州,而是延伸到了全国各地。20世纪20年代,哈丁的一个管理委员会推广区划法令,将独户区域与多户区域进行区分。虽然政府出版物并未就此多言,但是委员会成员毫不掩饰此举的重要目的就是防止种族融合。与此同时,在整个20年代及胡佛执政期间,政府发起了面向白人中产家庭的宣传活动,劝说他们搬出公寓,搬进独户住宅。到了20世纪30年代,罗斯福政府则为每个大都会地区绘制地图,将其划分为不同的止赎风险区,居住者的种族是区划的部分依据。如果白人房主住在纯白人社区,非裔美国人搬进来的危险极小,政府就会为他们的抵押贷款提供保险。第二次世界大战过后,联邦政府更进一步,通过向大规模建筑商提供银行贷款担保来加速各大都会地区的郊区化进程,这些建筑商将环绕美国城市建起纯白人的住宅小区。

1973年,美国民权委员会得出结论:"房屋建筑业在政府的帮助与煽动下,必须承担造成种族隔离的住房传统之首要责任……政府和私人企业合力打造了居住隔离的体系。"

Chapter Five
第 5 章

私人协议，政府执行

1949年，加利福尼亚州戴利城。联邦住房管理局地方主管D. C. 麦金尼斯（D. C. McGinness）在一个购物中心的施工开幕典礼上钉下一根长钉，该购物中心是实行种族隔离政策的韦斯特雷克住宅区的一部分

20世纪中期，联邦住房管理局提出了白人专享的郊区化政策，在此之前，城市很多社区已经出现了种族排斥的现象。产权人和建筑商在个人房产契约和邻里公约中均明文禁止日后向非裔美国人转售房产。此类限制性规定的提议者相信，这会提高其房产的价值，而且，虽然宪法禁止带有种族歧视的政府行为，但是这样的契约只是私人协议，与宪法的规定并无冲突。对于这两种思路，联邦住房管理局都欣然接受。

1948年最高法院规定，如果房产契约及共同约定中的种族歧视条款确属私人性质，则不可依赖政府力量来强制执行，但是这时，联邦住房管理局和其他联邦机构则回避并推翻了这一裁定，又继续将政府支持下的种族隔离政策实施了至少10年。

I

早在19世纪，马萨诸塞州布鲁克莱恩市（Brookline）的房产契约就禁止将房产转售给"黑人或爱尔兰人"。到了20世纪20年代，这样的条款在全国传播开来，成为规避最高法院1917年布坎南种族区划判例的首选方式。

这些房契条款是通常意义上的"限制性契约条款"的一部分，

其所列出的内容是房产买主必须承担的责任。这些责任曾包括（现在仍然包括）诸如房主承诺将外窗盖缝条漆成何种颜色、在房前种植何种树木等。20世纪上半叶，在这个长长的承诺清单中，司空见惯的一条就是保证永不向非裔美国人出售或出租房屋。下文是1925年新泽西州北部郊区一处房产的房契，其中的限制性文字比较典型：

> 如无甲方书面许可，不得在上述房产处搭建或存放屠宰场、铁铺、锻造炉、蒸汽机、铜铸件、钉子、铁器或其他铸件，不得生产火药、胶黏剂、清漆、硫酸或松节油，不得用于毛皮、皮革及皮革制品的鞣制或备料，不得从事任何有毒、危险或厌恶性行业；所有室外厕所必须进行适当遮蔽，上述房产之任何部分不得用作精神病院、戒酒所或其他收容所，亦不可用作公墓或墓地，只可供高加索人种居住之用。

几乎所有此类文件都将住家佣工或儿童保育人员视为例外，下面这段文字摘自1950年加利福尼亚州戴利城韦斯特雷克住宅小区的房契：

> 上述不动产及其中任何部分，均不得为非白人或非高加索人所占据、使用、居住，除非作为佣仆受雇于高加索白人房主、房客或租赁人。

房契中如含有种族歧视条款，其有效性会受到限制。假如一户白人家庭将房产出售给一名非裔美国人，邻居很难（虽然并非全无可能）让法庭承认其原告资格，撤销房产转让并驱逐黑人家庭，因为这样的房契只是现任房主与前任房主之间的合同。如果有违反合同的行为出现，直接受害方是前任房主，而不是邻居。最初在房契中加入这一条款的小区开发商也许有起诉资格，但大多数情况下，只要房子卖了出去，他也没多少兴趣去管后来的买主都是些什么人。

因此，到了20世纪，种族限制性契约条款更多地以社区所有业主共同签署的合同形式出现。在这样的情况下，如果有非裔家庭购买了房产，邻居就可以提起诉讼。有时候业主自发创建这样的合同，并劝说所有或大部分邻居签署。但是，这仍不能完全令人满意，因为无论是谁，只要没有签名，就可能把房子卖给非裔美国人，而且几乎不用担心邻居会起诉成功。

为了解决这一问题，很多小区的开发商在房子建好首次出售之前，先成立了社区联合会，把会员身份作为购买该小区住房的条件之一。联合会的内部章程中通常会含有仅限白人的条款。到了20世纪20年代，这一策略风靡全国，当时，开发商J. C.尼克尔斯（J. C. Nichols）在堪萨斯城建起了乡村俱乐部住宅区（Country Club District），其中包括6 000套住房、160幢公寓大楼和35 000名住户。尼克尔斯要求每位买主都加入社区联合会。联合会的规定不但禁止向黑人家庭出售或出租房屋，而且，除非持赞成意见的业主所拥有的房产达到小区面积的一半以上，否则这一种族排斥政策不得进行修正。对于堪萨斯城的其他小区来说，尼克尔斯的小区提供了一种种族范式，这些小区很快也都签署了此类协议。

在东北部地区，布鲁克莱恩的模式比较普遍。例如，在纽约市郊，对昆斯县、拿骚县和韦斯特切斯特县于1935年到1947年间建造的 300 个住宅小区进行的调查发现，其中 56% 的小区有种族限制性契约条款。对更为大型的小区（75 个单元及以上）的调查发现，85% 有这样的契约。

中西部大城市的情况也一样。到 1943 年，芝加哥大约有 175 个社区联合会强制签订禁止向非裔美国人出售或出租房屋的房契。到 1947 年，除非裔美国人聚居的地区外，该市约一半住宅区有这样的房契限制。在底特律，1943 年到 1965 年间，白人房主、房地产经纪人和开发商组织了 192 个联合会来维持种族排斥的局面。

大平原地区也是同样的情况。1942 年，俄克拉何马州最高法院不但判一位非裔美国人购买受种族契约限制的房产无效，还要求他偿付所有诉讼费用和律师费用，包括应由白人售房一方承担的部分。

西部城市及其近郊区也在种族契约的覆盖范围之内。1935 年到 1944 年间，波音公司的创始人威廉·爱德华·波音（William Edward Boeing）对西雅图北部近郊区进行了开发。在此期间及第二次世界大战以后，南西雅图地产公司（South Seattle Land Company）、皮吉特制造公司（Puget Mill Company）及其他一些公司建起了更多的近郊住宅区。这些建筑商全都在房契中加入了种族限制性文字。结果，西雅图成了一座非裔人口被纯白人近郊住宅区全面包围的城市。例如，波音公司在房契中明确规定："上述土地中任何房地产，在任何时候，均不得以全部或部分形式出售、让渡或租赁给白种人或高加索人之外的任何个人或群体。"但是，非裔家庭佣工可以居住在上述房产中。20 世纪上半期，西雅图市区也成立了数不清的社区联合会，支持种族限制性契约条款。

在加利福尼亚州的奥克兰，有一位颇受人尊敬的非裔医生德威特·白金汉（Dewitt Buckingham），第二次世界大战期间他曾是陆军军医队的一名上尉。战争结束后，他开了一家诊所，为这个城市的非裔社区服务。1945年，一位白人朋友买下了克莱蒙特（Claremont）的一处房产，又转售给他。这是伯克利的一个社区，加州大学很多教授和行政人员都住在这里。当房屋真正买主的身份曝光之后，克莱蒙特促进会（Claremont Improvement Club）提起了诉讼。克莱蒙特促进会是一个社区协会，其手上有一份契约，规定该区域仅限"纯高加索血统"之人居住。州法院命令白金汉医生搬离这里的住宅。

在1937年到1948年间，洛杉矶有100多起诉讼案件力图执行限制性契约条款，把非裔美国人逐出家门。1947年，一名非裔男子因为违反契约购买住房且拒绝搬离而被关进了监狱。

紧挨着加州大学洛杉矶分校校园的韦斯特伍德（Westwood），就是通过这样的方式进行种族隔离的。1939年，乔治·布朗年仅19岁，是加州大学洛杉矶分校的一名学生，后来他成了国会议员。当时他是一个住房合作协会的主席，该协会正在寻找地皮。不过，一个拒绝把非裔美国人排除在外的组织是得不到任何土地权的。但是，这个协会继续努力，买下了一块有种族契约的地皮，和通常的种族契约一样，住家的佣工可以例外。布朗的合作社有一条规矩：每个学生每周都必须拿出5个小时的时间来打扫、烹饪、购物，这样一来，这个学生组织就拿到了法律意见书，认定该合作社的每名学生实际上都是佣工，于是非裔学生也可以加入进来。但是，这个花招对于消除韦斯特伍德整体上的种族隔离并没有任何帮助。

第5章 私人协议，政府执行

II

各级政府都开始参与限制性契约条款的推广和执行。全国上下多家法院要求把非裔美国人从他们所购的住房中赶出去。在这种做法遭到质疑时,亚拉巴马州、加利福尼亚州、科罗拉多州、堪萨斯州、肯塔基州、马里兰州、密歇根州、密苏里州、纽约州、北卡罗来纳州、西弗吉尼亚州和威斯康星州的最高法院均对其表示支持。在成百上千个这样的案例中,法官都支持限制性契约条款并不违宪的观点,因为这些只是私人协议。

地方政府以一种咄咄逼人的态度推进这样的契约,渐渐动摇了此类契约纯属私人法律文件的认识。例如,1917年的布坎南裁定出来之后,巴尔的摩市市长组织了一个官方的"种族隔离委员会",由该市的首席法务官来领导。这个委员会的活动之一就是组织并支持采纳此类协议的社区委员会。卡尔弗城(Culver City)是洛杉矶的一个纯白人近郊住宅区,1943年,该社区召集防空队员开会——他们的工作是要确保晚上家家户户要么熄灯,要么装上遮光窗帘,以免日军轰炸机借此发现目标。地方检察官指示参与集会的防空队员,当他们走家串户的时候,也应该发放文件,要求房主承诺不会把房子出售或出租给非裔美国人。队员们得到指示,要特别注意那些还没有签署长期契约的房主。

但是,最强有力的支持并非来自各州或地方市政当局,而是来自联邦政府。1926年,美国最高法院对种族排斥性区划表示支持,同年,它也同时对限制性契约条款表示支持,裁定其为自愿的私人合约,而非政府行为。有了这样的裁定作为依靠,接下来几任总统在任期内都欣然接受契约，将其作为对这个国家进行种族隔离的手段。

在胡佛总统1931年主持召开的置业大会上，哈兰·巴塞洛缪的住宅小区规划委员会建议，所有新社区都应该有"适当的限制"。在定义何为"适当"时，巴塞洛缪在报告中让与会代表参考一份较早的文件，即1928年的一份契约审查报告。该报告表明，在最新开发的40个住宅区中，有38个要么禁止向非裔美国人出售，要么禁止非裔美国人入住。该报告指出，种族限制条款"在近年来经历了大量有色人口涌入的东部和北部较大城市附近颇为寻常"。它解释道，这些禁令对开发商和房主双方均有好处，前者受益之处在于其工程对有意购房者更具吸引力，后者得到的好处是其财产有了保障，免遭"不受待见的邻居造成的恶性影响"。这份1928年的评论让规划师更加确信种族条款是合法的，因为这些条款中只对私人行为有所要求，政府并未牵涉其中。

这种信心的引人注目之处在于，它承认政府参与任何种族隔离行为都会违犯宪法。最高法院的最新裁定是，具有"私人"性质的种族行为和语言为宪法所允许，这显然有一定的防御性。这也解释了为什么巴塞洛缪的报告只是转弯抹角地提倡种族排斥，让与会代表去参考1928年的报告，而报告本身却并没有逐字重复这条建议。不过，当大会报告采纳了一条建议，同意新住宅小区的"适当"规则中包括种族排斥时，这样的委婉并不能掩盖联邦政府向参与种族隔离迈出了一步的事实。然而，到罗斯福开始执政时，这样的建议变成了要求。

Ⅲ

自联邦住房管理局成立之初,其评估人就对那些所在社区内或社区附近没有非裔美国人的抵押贷款申请人评级很高,不仅如此,对于有限制性契约条款的个人房产,评估人还会降低其风险评估。该机构最早的保险手册建议,这样的评级应面向"通过制定、实施合理的区划规则和恰当的契约限制来提供保护、对抗不利影响"的地区,并补充道,"不和谐的种族或民族团体的渗透……在不利影响中占据重要位置"。

手册中解释,如果一处房产位于排斥性区划法令覆盖范围之内——例如,只允许在附近建设独户单元,则该处房产很可能会获得较高的评级。但是只有这样的法令是不够的,因为它无法阻止中产阶级非裔美国人在该社区购房。于是,联邦住房管理局建议,由它提供抵押贷款保险的房产,应该在契约中明令禁止向非裔美国人转售。1936年的手册对给评估人的操作指南做了如下概述:

> 284(2)认真编写的区划规则是最有效的,因为这些规则不仅可以约束标的房产,还可以约束周围地区。但是,这样的规则往往不够完善,无法形成对种族同质、和谐社区的保障。

> 284(3)登记在案的房契限制条款应该构成对区划法令的强化和补充……推荐限制条件包括……禁止目标种族之外的人群入住该处房产及恰当的实施条款。

联邦住房管理局所谓的"恰当的实施条款",指的是邻居有权利申请法院命令,驱逐非裔购房者或租房者。

在联邦住房管理局为建筑商提供资金进行开发的社区中,该机构建议——很多情况下其实是在要求——接受了由它赞助的施工贷款的开发商,要在其住宅小区的房契中加入种族限制性条款。当联邦政府委托大卫·博安农在加利福尼亚州的里士满郊外建设白人专享的罗林伍德住宅小区时,该机构不仅禁止博安农向非裔美国人出售住房,还要求他在每套房子的房契中都加入种族排斥性条款。联邦住房管理局的种族政策使华莱士·斯特格纳的半岛住房联合会不得不解散其种族融合的住房合作社,而买下拉德拉土地财产权的私人开发商则得到了联邦住房管理局的批准,成功申请银行贷款,贷款要求他必须在销售中加入限制性契约条款。当圣路易斯的开发商查尔斯·瓦特洛特为他的圣安近郊住宅区寻求联邦住房管理局的赞助资金时,他必须在契约中加入相应的文字,声明"每一块土地、每一块土地的任何部分或这些土地之上建造的房屋,均不得向非高加索人种出售、出租或任其居住"。而且,当这家机构批准为莱维敦的施工发放生产贷款时,其标准就包括每份房契中均含有种族限制性条款。

在联邦住房管理局的融资方案中,得到了预批准贷款的生产建筑商通常会在房契中加入一些文字,开头如下:"鉴于联邦住房管理局要求上述房产中已有的抵押贷款应符合上述限制性条例……"退伍军人管理局在"二战"过后也开始为抵押贷款提供担保,这家机构也建议并往往要求享受其所提供贷款担保的房产,要在地契中加入种族条款。

IV

随后最高法院做出裁定，该裁定给住房政策带来的剧变，类似6年后布朗诉教育委员会（Brown v. Board of Education）一案对教育界的冲击。1948年，最高法院正式否认其1926年对限制性契约条款的背书，承认州级法院的强制执行是违宪的。法院在对谢利诉克雷默（Shelley v. Kraemer）一案的判决中认为，私人歧视是一回事，但只有在州级法院强制执行、命令黑人家庭搬出在白人社区所购住房的情况下，禁止向非裔美国人出售住房的契约才会生效。种族契约的影响力来自司法系统的配合，此举违反了第十四修正案，该修正案禁止州政府参与种族隔离。

法院在当天判决的一例相伴案件中，也禁止通过联邦法院在华盛顿哥伦比亚特区这样的联邦直辖区强制执行种族契约。该裁定的一个逻辑后果就是，如果联邦法院在种族歧视中的共谋构成了"法律上的"种族隔离，那么，联邦住房管理局这样的执行分支机构的歧视，当然也是如此。但是，联邦政府对谢利案及其联邦相伴案件的回应是想方设法暗中破坏最高法院的裁定。

正如后来布朗案所遇到的情形一样，最高法院的裁定面临巨大的阻力。但是，在谢利一案中，阻力则更多地来自联邦机构，而非各州。

法院宣布其裁定两周后，联邦住房管理局局长富兰克林·D.理查兹（Franklin D. Richards）发表声明，称谢利案的判决"对本机构的计划不会有任何影响"，联邦住房管理局"不会在基本理念和程序上做出任何改变"。理查兹还补充道，"政府的政策"并不"要求个人放弃以自己（认为）合适的方式处置自身财产的权利，这并非享受国家住房法案之福利的条件"。6个月后，时任全美有色人种协进会法律顾问的瑟古德·马歇尔（Thurgood Marshall，后任最高法院大法官）对联邦住房管理局要求大型住宅小区莱维敦在房契中加入限制性条款这一政策提出质疑，理查兹的回应是："我认为，（谢利判决案中）没有任何迹象表明，在没有法定授权的情况下，政府或其下属的任何机构有权收回对契约已经生效，但并未寻求司法实施之人士正常的保护或补贴。"

谢利判决案过去一年以后，联邦住房管理局的主办机构——住房与家庭资助局的总顾问贝克曼斯·费茨帕特里克（Berchmans Fitzpatrick）表露了联邦官员对该裁定的不屑。他解释道，特定社区的房产所有人不会再因为居住者的种族被认定为没有资格享受联邦住房管理局的保险，但声明从此以后"必须要有一套具体、客观的标准，允许据此标准出于种族因素减少房产账面价值"。费茨帕特里克顾问没有解释什么样的客观标准可以"出于种族因素"名正言顺地拒绝抵押贷款，但是，毫无疑问，他指的是联邦住房管理局关于有非裔家庭在附近居住则房产价值必然贬值的理念。

联邦住房管理局的现场工作人员完全理解费茨帕特里克是怎么想的。1948年，一些家庭组成了合作社，在伊利诺伊州朗博德（Lombard）建造了60幢房子，并住了进去。这是一处近郊住宅区，大约在芝加哥西部32千米处。和华莱士·斯特格纳在加利福尼亚州参与领导的合作社一样，这个朗博德组织秉持种族兼容的原则，其成员中有两户非裔家庭。但是，联邦住房管理局的态度与面对斯特格纳及其同事的恳请时一样，因为该组织不把非白种人排除在外而拒绝为合作社的抵押贷款提供担保。联邦住房管理局的助理局长威廉·J.洛克伍德（William J.Lockwood）给合作社写信，说房管局无法为他们的工程提供担保，因为"当地房地产市场无法接受（尼格罗人的）渗入"。瑟古德·马歇尔在给杜鲁门总统的一份备忘中指出，允许当地房地产市场凌驾于宪法权利之上，这与20年前被判违宪的种族区划法令并无二致，根据当时的法令，街区居民的投票结果可以决定黑人家庭是否能入住。

1949年，在最高法院对谢利案做出裁定之后，朗博德合作社的领袖试图劝说联邦住房管理局再考虑一下。他们与联邦住房管理局芝加哥地区办公室的主管及该机构在该地区的主承销商会晤。合作社领袖提出抗议，认为联邦政府正在制造谢利案力图阻止的那种隔离。官员们则回应，他们对"社会政策不负有任何责任"，他们"只是一个企业组织"，只能考虑"冷冰冰的事实和风险因素"，而"跨种族的社区风险很大"，联邦住房管理局不能为其提供保险。

1949年12月2日，此时距谢利判决案已过去了一年半之久，美国司法部副部长菲利普·珀尔曼（Philip Perlman）宣布，联邦住房管理局将不再为有限制性契约条款的抵押贷款提供保险。但是，他说新的政策只适用于1950年2月15日以后生效的贷款——在他的声明发出两个半月之后，距最高法院做出裁定已近两年。之所以设计这样两个半月的延期，只能是因为要让房产所有人赶在最后期限之前，在以前没有限制条款的房契中赶快加上。副部长声称，新的规则将"不会影响已经生效的抵押贷款保险，只适用于讨论中的契约和抵押贷款保险在（两个半月的延期）过后才进行登记的房产"。得知副部长的声明之后，联邦住房管理局的执行委员会宣布将对此不予理睬，正式决定"应该完全清楚，违反（有限制性契约条款的抵押贷款保险新禁令）并不会使保险失效"。

珀尔曼发表声明之后的第二天，联邦住房管理局局长理查兹给所有外勤办事处发送了备忘，强调如果新的限制性契约条款并没有被各县记录在案，而是按照他的说法，只是"绅士间的约定"，那么他们应该继续为含有这些契约的房产提供保险。他还说，新政策并不适用于联邦住房管理局承诺并已提供的保险，也不适用于已提出申请、有待处理的房产。然后，为了强调房管局对新规则的精神是多么的抗拒，理查兹的备忘中还加了一句，说房管局"不会试图在房屋所有人决定接受什么人做租客或把房子卖给谁的问题上对他们施加任何影响"。官员对最高法院裁定的蔑视是显而易见的。《纽约时报》上一篇报道这一备忘的文章标题为"联邦住房管理局的工作不考虑做任何改变"。

1950年2月，联邦住房管理局开始悄无声息地遵从谢利判决案，此时它仍继续为含有种族契约条款的房产提供保险，只是这些契约的表述不那么直白而已。实际上，这些协议须经邻居或社区委员会批准才能出售房产，这样的设计就是为了规避最高法院的初衷。一年半以后，联邦住房管理局的一位副局长声称，"这些规则的目的并不是要禁止种族隔离，也无意阻挠那些在选择购房对象或租户时不愿无视种族、肤色、信仰的人享受全国住房法案的福利"。

当副部长珀尔曼先生1949年发表声明时，不愿透露姓名的"联邦住房管理局官员"告诉《纽约时报》，该机构将会超越谢利判决案的要求，即使开发商没有限制性契约条款，如果他们拒绝向非裔美国人出售或出租住房，就不会为之提供保险。这显然不是真话，因为在整个20世纪50年代期间，联邦住房管理局一直在为将非裔购房者拒于门外的多个小区（加利福尼亚州戴利城的韦斯特雷克就是一个例子）提供资金。直到1962年，肯尼迪总统颁布行政命令，禁止使用联邦资金支持住房中的种族歧视，联邦

> **DECLARATION OF RESTRICTIONS OF**
> **HENRY DOELGER BUILDER, INC.**
>
> The undersigned, HENRY DOELGER BUILDER, INC., a corporation, being the owner of those certain lands in Daly City, San Mateo County, State of California, described as follows, to wit:...
>
> being desirous of making and maintaining said property as a desirable residential neighborhood, does, in consideration of that object and all its mutual promises, covenants, agree that for the term beginning on the date hereof and ending January 1, 1975, at which time said covenants shall be automatically extended for successive periods of 10 years, unless by vote of the majority of the then owners of the lots subject thereto, it is agreed to change or abandon said covenants in whole or in part, said lots and each and all of them thereof, shall be subject to the following restrictions and covenants and limitations, to wit:...
>
> (a) The real property above described, or any portion thereof, shall never be occupied, used or resided on by any person not of the white or Caucasian race, except in the capacity of a servant or domestic employed thereon as such by a white Caucasian owner, tenant or occupant.
>
> If any owner of any lot or plot in said tract sells, conveys,. leases, or rents his property to a person not of the Caucasian race the owner of the eight lots situated most closely to the lot so sold, conveyed, leased, or rented, regardless of any intervening streets or ways, shall have a cause of action for damages against such owner so selling, conveying, leasing or renting his property. Inasmuch as it would be impracticable or extremely difficult to fix and ascertain the actual damages suffered by such neighboring owners, it shall be conclusively presumed that the amount of damage sustained by each such neighboring owner is the sum of Two Thousand Dollars ($2,000.00) for each and every sale, conveyance, leasing or rental to a person not of the Caucasian race.

在最高法院禁止执行限制性契约条款之后，有些住宅区仍会惩罚将房屋售与非裔美国人的卖房人，联邦住房管理局继续对这些工程提供资助。在加利福尼亚州戴利城的韦斯特雷克，罚金总额达1.6万美元，高过一般房屋的销售价格

住房管理局才停止资助公开拒绝向黑人购房者出售住房的建筑商所开发的住宅小区。

虽然1948年谢利案的裁定禁止法庭下令收回住房，限制性契约条款的当事人继续在接下来的5年时间里对处于相同情况、违反协约的签约人提起诉讼，要求损害赔偿，而两个州级最高法院对此类损害赔偿金的合理性表示支持。其中一个是密苏里州最高法院，谢利案就发生在该州。法庭的意见是如果某位房屋所有人违反了限制性契约条款，其邻居可以起诉售房者，要求损害赔偿，尽管他们无法再申请到驱逐买房者的法庭命令。另一个是俄克拉何马州最高法院，这家法院更进一步，认为谢利案并不妨碍邻居起诉售房者和买房者合谋导致该社区的房屋贬值。在俄克拉何马州的这起官司中，起诉的白人业主提出，"众所周知……（非裔美国人）购买、租住或租用房地产总会导致同一街区其他房产的价值降低50%~75%"。

在有些情况下，联邦住房管理局继续为有明文种族性契约的住宅小区提供保险，这些契约并不要求撤销房屋销售并驱赶非裔住户，而是规定违约人要支付昂贵的损害赔偿金。在韦斯特雷克住宅小区的案例中，第一批房子于1949年售出，售价约为1万美金。到了1955年，通常的价格约为1.5万美金。契约要求违约人向8名最近的邻居每家支付2 000美金的损害赔偿，这一额度已经超过了房产本身的价值，无异于禁止。

1953年，最高法院终止了对谢利案的规避行为。它做出裁定，根据第十四修正案，州级法院不但不能将非裔美国人从无视限制性契约条款购买的房屋中驱逐出去，而且如果有人起诉将房屋出售给非裔美国人的业主，要求损害赔偿，州级法院也不能进行判决。但是，最高法院仍拒绝宣布这样的私人契约是不合法的，甚至拒绝宣布应该禁止各郡县书记官接受含有这些契约的房契。

又过了19年之后，才有一家联邦上诉法院裁定这些契约本身违反了公平住房法案，对含有这些条款的房契进行登记构成违反第十四修正案的州政府行为。正如法庭所言，如果登记的房契默认种族禁令，从官方层面对购房者不得居住在不受欢迎之地的信息给予认可，这些条款即使没有效力，也会导致黑人购房者不愿在白人社区购房。自20世纪50年代以来，新的限制性契约条款很少进行登记，但是，在大多数州中，旧的契约虽然没有法律效力，如果不花费巨资打官司，仍难以从房契中除去。

最高法院在谢利诉克雷默一案中的裁定禁止法院执行限制性契约条款，这一裁定以6∶0的结果通过。9名大法官中有3名未参与投票，因为可能会有人对他们能否保持客观提出质疑——他们所住的房子就在种族限制性契约条款的覆盖范围之内。

Chapter Six

第 6 章

白人群飞

1970年，芝加哥。当联邦政策拒绝为非裔美国人提供抵押贷款时，他们不得不以分期付款的方式购买住房，这导致很多人被逐出家园

联邦住房管理局与房地产行业及州法院联合为其种族政策辩护——既包括其评估标准，也包括关于限制性契约条款的建议。它声称，非裔美国人在白人社区购买住房，或非裔美国人出现在这样的社区中或附近，均可能导致白人所持有的房产价值降低。这反过来也会加重联邦住房管理局本身的损失，因为社区的白人业主不按期偿还抵押贷款的可能性会大增。但是，在执行该政策的30年间，这家机构从来没有提供，也拿不到任何证据来支持关于种族融合会使房产贬值的说法。

它能拿得出手的充其量也不过是霍默·霍伊特（Homer Hoyt）于1939年发表的一篇报告。霍伊特是联邦住房管理局的首席房地产经济学家，这篇报告陈述了"公房和私有住宅与健全的家庭资助政策"的原则。霍伊特解释说，种族隔离显然是必需的，因为这是一个世界性的现象。他用来支撑这一论断的也不过是他注意到，在中国，美国传教士和欧洲殖民官员等小团体的住所都与中国人社区有一定距离。基于这一观察，他得出结论："在不同种族成员的聚居地……种族混合往往对土地价值造成抑制性影响。"

I

联邦住房管理局臆断,非裔美国人的出现会导致白人的房产价值下降,而统计数据恰恰与之相反。种族融合往往会使房产价值上升。政府政策将工人阶级及中产阶级非裔美国人排除在大部分近郊住宅区之外,但他们逃离人口密集的城市环境的愿望非常强烈,这在全国范围内激发了他们在城市聚居区的外围寻找独户或双联式住宅的需求。这些中产家庭几乎没有其他的住房选择,因此他们愿意承担远远高于市场合理价值的价格。简而言之,联邦住房管理局不允许非裔美国人进入大多数社区,这一政策本身所造成的局面,可以在非裔美国人真的出现时阻止房产价值下滑。

在1942年一项非同寻常的裁定中,哥伦比亚特区的联邦上诉法院拒绝支持一份限制性契约条款,因为其条款破坏了该契约本身保护房产价值的目的。法庭认为,执行这一契约,将愿意承担比白人更高价格的非裔美国人驱逐出去,会抑制房产价值。1948年,联邦住房管理局的一位官员公布了一份报告,断言"尼格罗人作为所有人或占有人的渗入,有提升房产价值和社区稳定性的倾向"。1952年旧金山的一份销售研究比较了种族正在发生改变的社区的房价与对照组中具有种族稳定性的社区的房价。该研究发表在《估价》杂志(*The Appraisal Journal*)上,房地产的从业人员,包括联邦住房管理局的官员,应该都很熟悉这一期刊。文章得出结论:"这些结果并未显示,在种族模式发生变化之后,市场价格逐渐下降。"实际上,该研究证实,对于同类住房,由于非裔美国人愿意承担比白人更高的价格,在非裔美国人可能购买住房的社区中,房产价值往往会上升，而非下降。联邦住房管理局无视这些研究的结论，继续实施其种族政策，至少又是10年。

II

但是，有一个方面，联邦住房管理局的房产价值理论是可以自圆其说的。非裔美国人涌入可能会导致一个社区的房价下跌，这是联邦住房管理局政策的直接结果。非裔家庭无法申请到抵押贷款来购买近郊住宅，这为投机商和房地产经纪人创造了机会，他们合谋制造街区房地产抛售风潮。他们曾在帕洛阿尔托东部进行过这样的牟利，后来这种阴谋又蔓延到全国：投机商买下种族界限不甚明朗的地区，将其以高于市价的价格出租或出售给非裔美国人，告诉居住在此地的白人，他们所在的社区马上就要沦为非裔美国人的贫民窟，房产价值将大幅降低，然后在白人乱成一团的时候，以低于房屋价值的价格买下他们的房子。

房地产欺诈的战术包括雇用非裔妇女推着婴儿车、带着孩子走过白人社区，雇用非裔男子开车穿过白人社区，车载收音机大鸣大放，付钱让非裔男子陪着地产经纪人逐户敲开房门，询问房子是否出售，或者随机给白人社区的住户打电话，要求跟一个名字一听就是典型的非裔美国人（类似"尊尼·梅"）的人讲话。投机商还在非裔美国人的报纸上刊登房地产广告，尽管广告中所展示的房屋并不出售。广告的目的在于吸引潜在的非裔购房者来这些已经被定为房地产跌涨牟利目标的白人社区走走。在1962年《星期六晚邮报》（*Saturday Evening Post*）的一篇文章中，一位化名为诺里斯·维特夏克（Norris Vitchek）的房地产经纪人声称，已经安排在白人社区进行入室盗窃，以便吓唬白人，让他们相信自己所在的社区已经变得不安全。

随后，房地产公司就把他们刚弄到手的房子，以飞涨的价格卖给非裔美国人，不断扩大他们的居住界限。根据联邦住房管理局和银行的政策，大多数非裔美国人没有资格获得抵押贷款，因此，房地产经纪人通常以分期付款的方式出售这些房屋，类似查尔斯·瓦特洛特在德波雷斯开发的小区，按照这种付款方式，缴纳首付和月付并不能累积产权。这种协议被称作合约销售，规定15年或20年后，所有权会转移到购房者一方，但是，一旦出现拖欠月租的情况，哪怕只有一次，投机商就会把并没有积累产权的准房主逐出门外。飞涨的房价使得无法按期付款的可能性越来越大。作为房产拥有人的投机商就可以把这些房子再度出售给新的合约买主。

完整的周期是这样的：当一个社区开始进行种族融合时，房产价值上升，因为非裔美国人需要支付比白人更高的购房款。但是，如果在投机商的恐吓下，很多白人以极低的价格卖掉住房，则房产价值会下降。

在房地产欺诈制造了白人恐慌的社区中，房产价格会降低，联邦住房管理局认为，这证明了如果非裔美国人搬入某一社区，房产价值会降低。但是，如果该机构没有违犯宪法，实行歧视性的种族政策，非裔美国人就会像白人一样，可以在大都会地区的任何地方定居，而不必想方设法进入仅有的几个抛售社区，白人就无须日夜担忧自己所在的社区很快会由"白"转"黑"，而投机商自然也就无从下手。

III

由于联邦住房管理局的贷款歧视，对于无法获得常规抵押贷款的黑人购房者来说，合约销售系统成为必然，由此产生的局面导致了社区环境的恶化。马克·赛特（Mark Satter）是芝加哥的一名律师，20世纪60年代他作为面临房屋被收回的合约买主的代理人出庭，多数情况下他都未能胜诉。他的女儿贝利尔（Beryl）现在是罗格斯大学（Rutgers University）的历史系教授。她在回忆录《家族房产》(*Family Properties*)中描述了她父亲所遭遇的局面，对当时的情形概括如下：

> 因为黑人合约买主都知道，他们很容易就会失去自己的房子，所以他们拼命努力来支付飞涨的月供。夫妻双方都上双班。他们顾不上房屋的基本维护。他们把公寓打上隔断，塞进更多的租客，而且只要可能，就收取高额租金……白人观察到，他们新的黑人邻居住得过于拥挤，对自己的房子一点儿都不讲究。人满为患的社区意味着人满为患的学校。在芝加哥，官员的应对之策是让学生"双班倒"（一半上午上学，一半下午上学）。孩子无法享受全日制的学校教育，在放学之后的时间里只能自己照顾自己。这些情况犹如火上浇油，导致帮派四起，而这反过来又让店主和居民都感到恐慌。
>
> 最后，白人逃离了这些社区，不仅仅是因为黑人家庭的涌入，也因为过度拥挤的环境、日渐衰败的学校、愈演愈烈的犯罪让他们颇为烦恼……但是黑人合约买主在完全偿付房款之前

是没有这样的选择的,他们不能离开每况愈下的社区——如果他们这么做了,他们会失去迄今为止对这处房产所做的一切投资。白人可以离开,黑人则不得不留下。

这种合约协定非常普遍,不但芝加哥如此,巴尔的摩、辛辛那提、底特律、华盛顿哥伦比亚特区,很可能还有其他地方,均是如此。在马克·赛特的时代,非裔美国人在芝加哥购买的全部房产中,大约有85%是按合约方式买下的。他所工作的社区在该市西区的朗代尔(Lawndale),当这个社区从以白人为主转为以黑人为主时,半数以上的住房是以合约方式买下的。

在芝加哥的朗代尔社区,居民强烈反对驱逐合约买主,以至于经常需要治安官和警察出面来防止房主和邻居把东西搬回来

银行和储蓄贷款协会虽然拒绝向非裔美国人社区或种族融合社区的普通购房人发放抵押贷款，但是会给这些社区的房地产掮客提供抵押贷款，而且都得到了联邦银行监管机构的认可，这些监管机构未能尽到宪法所赋予的职责。州级房地产监管机构给进行房地产欺诈的掮客发放执照，同样未能履行它们的责任。相反，当房产管理局开除在稳定的白人社区向非裔美国人出售住房的中间商时，监管机构却装作没看见。

　　房地产欺诈，投机商制造恐慌后随之产生的房产价值损失，非裔美国人不得不为住房承担过高价格造成的社区质量恶化，以及由此导致的非裔美国人居住区域等同于贫民窟的境地，为逃离此类境地的可能而出现的白人群飞现象，凡此种种，根源皆在联邦政府的政策。房地产欺诈能够奏效，只因联邦住房管理局确保了没有几个社区能让非裔美国人以合理的市场价格买到住房。

Chapter Seven
第 7 章

国税局的支持及监管机构的姑息

1961年，丹佛。当少数非裔美国人搬进中产阶级白人住宅区时，投机商吓唬白人业主，让他们以极其低廉的价格卖掉房子

公房工程把非裔美国人塞进城区，联邦贷款保险则补贴白人家庭，让他们分散到近郊住宅区的独户住宅中。联邦、州和地方政府的其他种族政策也在催生、强化大都会地区的种族隔离中起了类似的作用，其中之一就是美国国税局（Internal Revenue Service）对教堂、医院、大学、社区联合会及其他推进种族隔离的组织实行免税。另外，在歧视行为中，监管机构与作为其监管对象的保险公司和银行之间存在共谋关系。

本书并不认为，仅仅因为政府监管一家私有企业，该企业的活动就成了政府行为，如果具有歧视性，就构成"法律上的"种族隔离。这样的断言会抹杀公共领域与私有领域的区别，对自由民主的社会有害无益。但是，因为奴隶制的遗留，宪法给非裔美国人提供一定程度的特殊保护。内战之后通过的3个宪法修正案——第十三、十四、十五修正案，专门用来保障非裔美国人的平等地位。当政府监管的侵入性很强，对系统性的种族排斥表示赞同时，监管机构就违背了宪法赋予它们的责任，助长了"法律上的"种族隔离。

仅凭州政府下发的一纸执照，房地产掮客是无法成为政府代理人的。但是，当州房地产委员会给那些公布允许种族歧视发生的国家和地方房管局成员发放执照时，就产生了形成"法律上的"种族隔离的行为。同理，即便大学、教堂和其他非营利性机构可以免税，我们也不能把它们看作国家行为体。但是,当这些非营利性机构明目张胆、确定无疑地推广种族隔离并且影响范围颇大的时候,我们有权希望国家税务局特别提高警惕,取消它们的免税资格。

I

美国国税局一直有义务拒绝给有歧视性的组织税收优待,但它几乎从未采取过这样的行动。它的规则特别授权对"清除偏见与歧视"及"捍卫受法律保护的人权及公民权"的机构进行慈善性税收减免。1967年,美国国税局的领导层意识到了这一点,当时该机构运用其权威,收回给一家排斥非裔美国人的娱乐设施公司的免税待遇。但是,直到1970年,即布朗诉教育委员会一案过去16年之后,美国国税局一直都对整个南部地区为了规避该案裁定建起的只面向白人的私立高等院校实行免税。只有在民权组织拿到法院禁令之后,作为一种回应,国税局才驳回免税申请。

1976年,美国国税局取消对鲍勃琼斯大学(Bob Jones University)的免税政策,因为该校不允许学生跨种族约会。该大学将国税局告上法庭,当此案送达最高法院时,里根政府拒绝为国税局提供辩护。因此,最高法院指定了一名外部律师小威廉·T.科尔曼(William T. Coleman, Jr.)来陈述本该由政府自己表达的观点。科尔曼在辩护状中强调:"确实,如果(对美国国税局章程中慈善组织条款的)解读是给持有种族歧视的学校提供免税待遇,那么,根据第五修正案,这一条款是违宪的。政府肯定负有避免为此类学校提供大笔援助的宪法责任。"

在广受关注的1983年裁定中,最高法院支持美国国税局的决定,判定"希望获得免税资格的机构必须为公众服务,不能与既定的公共政策相左"。法庭在阐明观点时并没有采纳科尔曼提出的宪法责任的说法,但也没有驳斥这种说法。首席法官沃伦·伯格(Warren Burger)在判决书中写道,很多在该案中递交辩护状的人,包括科尔曼在内,都"认为持种族歧视观的学校不应享受免税资格是第五修正案中平等保护部分的单独要求。根据对这场诉讼的判决来看,我们并没有涉及这个问题"。但是,科尔曼的观点理据充分,展现了美国国税局的免税政策如何强化居住隔离,并由此隐晦地谴责了其几十年来的不作为。支持跨种族约会禁令无疑触犯了宪法,但是,比起非营利性组织推广限制性契约条款或参与其他活动来阻止非裔美国人搬进白人社区,这一做法对国家政策的影响简直微不足道。

教堂、犹太会堂及其中的神职人员在这样的行为中往往起了领导作用。在谢利诉克雷默一案中,1948年最高法院的裁定终止了法庭对限制性契约条款的强制执行,该案可以清楚地折射这一现象。此案的起因是圣路易斯的两位白人业主——路易斯·克雷默(Luis Kraemer)和弗恩·克雷默(Fern Kraemer)反对非裔美国人J. D. 谢利(J. D. Shelley)和埃塞尔·谢利(Ethel Shelley)在其所在社区购房。这个地区在限制性契约条款的覆盖范围之内,契约是由白人业主组织马库斯大道促进联合会(Marcus Avenue Improvement Association)安排的,为该联合会提供资助的是科特布里连特长老会教堂(Cote Brilliante Presbyterian Church)。教堂的托管人从教堂财库拿出资金,资助克雷默夫妇打官司,把非裔美国人家庭赶走。附近的另一家教堂——瓦戈纳地区南方卫理公会教堂（Waggoner Place Methodist Episcopal Church South）也签署了限制性契约条款；该教堂牧师曾在1942年的一场官司中为限制性条款进行辩护。这场官司源于斯科维尔·理查森（Scovel Richardson）在附近购买了住房，此人是一位知名律师，后来成为全国首位在联邦司法部任职的非裔美国人。

类似上述两例教堂参与业主联合会并在其中起领导作用的情况比比皆是，这些联合会成立的目的就是维持社区的种族隔离。1942年，在费城北部，一名牧师带头发起阻止非裔美国人在其所在社区居住的运动。同年，纽约州水牛城波兰裔美国人教区的一名牧师领导了一场运动，反对为作为战时工人的非裔美国人提供公房，导致一个拟建中的住宅区拖延了两年之久。就在这个城市的南部，联邦政府为白人营建的住宅区中有600个单元空置，而非裔战时工人却找不到足够的地方住。

在洛杉矶，上流社会的威尔希尔长老会教堂牧师W. 克拉伦斯·赖特（W. Clarence Wright）领导了保持威尔希尔地区由白人独享的运动。他以个人名义提起诉讼，驱逐一位1947年搬进限制性区域的非裔"二战"退伍军人。这场官司以赖特败诉告终，在谢利案之前，州法院判定契约违宪的次数屈指可数，这是其中一例。在一例广为流传的判决案中，法官说："再没有比根据'优等种族'理论把公民从自己的家中驱逐出去更应该遭到谴责、更不'美国'的行为了。"但是，美国国税局置之不理，因为赖特的行为并没有危及其所在教堂的税收补贴。

底特律为非裔美国人建设的索纳杰·特鲁斯公共住宅区遭到强

烈抵制,这是由总部在圣路易斯国王天主教会的业主联合会组织的,该教堂的神父是康斯坦丁·德金克(Constantine Dzink),他代表业主联合会向美国住房管理局发出请求,要求取消该项目。德金克写道:"在附近……为有色人种……建设低成本住宅区对很多已经将住房抵押给联邦住房管理局的人来说意味着彻底的毁灭,不仅如此,这还会使我们很多白人姑娘的安全受到威胁。"他还补充提醒道:"为了避免将来发生种族骚乱而反对这项工程是所有住在附近的人共同的想法。"

在芝加哥南区,圣安瑟伦天主教堂(St. Anselm Catholic Church)的神父、贝丝雅各圣会(Congregation Beth Jacob)的拉比和这个地区业主联合会的执行理事一起,挨家挨户地教唆诱惑,为1928年的一份限制性契约条款征集签名。三一公理教会(Trinity Congregational Church)也是协议的一个签署方。1946年,帕克庄园(Park Manor)的公理教会资助当地一家促进联合会,要求一名非裔医生退掉此前在白人专享社区购买的住房。

在芝加哥的近北区,享受免税待遇的宗教机构于1933年执行了一份限制性契约条款,这些机构包括慕迪圣经学院(Moody Bible Institute)、路易斯维尔大学长老会神学院(Louisville Presbyterian Theological Seminary)、卫理圣公会教堂外方差会(Board of Foreign Missions of the Methodist Episcopal Church)。其他非营利性组织也参与进来,包括纽贝里图书馆(Newberry Library)和艺术学院(Academy of Fine Arts)。

享受免税政策的学院和大学,有些有宗教背景,有些没有,它们也积极推广种族隔离。在洛杉矶的近郊住宅区惠特尔(Whitter),

附属于贵格会的惠特尔学院（Whittier College）就加入了覆盖其所在社区的限制性契约条款。

为防止黑人家庭搬到附近，芝加哥大学组织成立了业主联合会，并指导该联合会的活动。这家大学不但给联合会提供补贴，而且在1933年到1947年间，还支付了10万美金的法律服务费来捍卫限制性契约条款，驱逐进入其所在社区的非裔美国人。当这些行为招致批评时，芝加哥大学校长罗伯特·梅纳德·哈钦斯（Robert Maynard Hutchins）于1937年写道，这所大学"必须努力保持其所在社区的稳定，使其成为可以令学生和教师满意的居住之所"。他还说，因此，这所大学有"权利"在其周围地区"援引并维护"种族性契约。

II

保险公司也参与到种族隔离中来。他们有大量的储备基金可用于投资，由于保险公司的监管严格，州级决策者需要频繁参与承保人拟建的住房项目计划。

1938年，大都会人寿保险公司的董事长弗雷德里克·埃克打算在纽约市建起拥有1.2万个单元的帕克切斯特公寓，他若想继续行事，必须在该州保险法中加上一条修正案，允许保险公司投资廉租房。州议会通过了这一修正案，并且他们非常清楚，他们批准的是一个把非裔美国人排除在外的住宅区。

1942年帕克切斯特完工，之后大都会人寿保险公司又启动了一项新工程——有9 000个单元的斯泰森特镇（Stuyvesant Town）建筑群，位于曼哈顿的东岸。为了建设这个小区，纽约市征用了18个方形街区，将这些街区清空，地产转移给保险公司。该市还同意给大都会减税25年，这个额度意味着投资到这项工程上的公共资金远高于私人资本。尽管大都会人寿声明，这项工程和帕克切斯特一样，"只面向白人"，他们仍拿到了补贴。埃克向纽约城市建设评审委员会进言，称"尼格罗人和白人不能混居。如果我们把他们带进这个小区……那将使周围所有房产价值受损"。因为这项工程拒绝接受非裔美国人，评审委员会在是否同意其继续进行上意见不一。最后，评审委员会批准了该项工程，同时颁布法令，禁止在需要地方政府参与进行"贫民窟清拆"的工程中实行种族隔离。公众对大都会人寿将非裔美国人排除在斯泰弗森特镇之外的政策提出抗议，该公司的回应是建起了里弗敦小区（Riverton Houses），这个小区略小，位于哈莱姆区，是为非裔美国人建造的。该小区遵循新的法令，向白人开放，但实际上几乎所有房子都出租给了非裔美国人。

1947年，纽约州一家法院驳回了对斯泰弗森特镇种族排斥政策的质疑。1949年，上诉法院维持裁定，美国最高法院则拒绝重审此案。在接下来的一年里，纽约州议会制定法规，禁止任何以免税、土地低于成本出售或依法征用土地等方式接受州援助的住宅小区实行种族歧视政策。同年，大都会人寿最终同意将史蒂文森镇的"一些"公寓出租给"符合条件的尼格罗人租客"。但是，截至彼时，该小区已住满。根据纽约市的房租管制法律，现有的租户所支付的房租远远低于市价，这有助于保证房屋周转较慢。已经腾空的公寓房租上涨飞快，中产阶级家庭越来越支付不起。这些情况叠加在一起，导致史蒂文森镇最初实行的种族隔离几乎成为永久性的。从

2010年的人口普查来看，斯泰弗森特镇的居民中，只有4%为非裔美国人，但是整个纽约大都会地区的非裔美国人口比例达到15%。

和很多其他例子的情况一样，该市为兴建斯泰弗森特镇而夷为平地的低收入社区，都是种族融合且稳定的社区。房屋被收回的人口中，约40%是非裔美国人或波多黎各人，其中很多人没有其他选择，只能搬进种族隔离的社区，这些社区有的在该市其他地区，有的已不在该市范围之内。尽管纽约不允许接受公共补贴的工程未来继续实行歧视，但是，对于已经造成的种族隔离，这个城市也没有做出任何努力去补救。

Ⅲ

甚至在联邦住房管理局和退伍军人管理局还没有为抵押贷款提供保险的时候，银行和储蓄机构就已经在奉行种族歧视政策。但是，银行和储蓄机构都是私人机构。如果认为它们的歧视性借贷行为促成了"法律上的"种族隔离，是否公平？我认为是的。

政府的储蓄保险项目保障了银行和互助储蓄机构的利润，反过来，它们也对贷款行为进行全面监督。美联储、货币监理署（Comptroller of the Currency）、美国联邦存款保险公司（Federal Deposit Insurance Corporation）及储蓄机构监理局（Office of Thrift Supervision）都派出检察官，定期审查银行及储蓄、贷款机构的贷款申请还有其他财务记录，以确保贷款操作健全合理。银行和互助储蓄会之所以可以拒绝为非裔美国人提供服务，完全是因为联邦和州监管机构允许它们这么做，而且这种许可一直持续到最近。

例如，联邦住宅贷款银行委员会（Federal Home Loan Bank Board）从新政开始的头几年就为住房储蓄贷款合作社发放执照、提供保险，并对它们进行监管，但直到1961年，它才开始反对这些合作社拒绝为非裔美国人提供抵押贷款的做法。不过，它并未强制执行新的无种族歧视政策——也许是因为新政策和委员会的一贯做法有冲突。委员会认为，抵押贷款资格是个"经济"因素。和联邦住房管理局一样，该委员会声称，因为非裔美国人是黑人而判定他们的信用风险比较大，这并非种族判断，而是经济判断。因此，该委员会职员并没有纠正这个行业一直以来支持种族隔离的做法。

1961年，美国民权委员会就监管机构在贷款歧视中的共谋行为对其提出质疑。时任货币监理署（负责给国家银行发放许可，对其进行监督、监管和监察）署长的雷·M. 吉德尼（Ray M. Gidney）做出回应："在国家银行发放房地产贷款的过程中，我部门所秉持的政策与种族歧视无关。"美国联邦存款保险公司主席厄尔·科克（Erle Cocke）则强调，他监管下的银行拒绝向非裔美国人提供贷款是恰当的做法，因为如果有了黑人邻居，白人的房产价值就会下降。美联储主席威廉·麦克切斯尼·马丁（William McChesney Martin）声称："无论是美联储还是其他银行监管机构，都没有、也不应该有权力强迫任何一家银行的放款人或主管违背他们的判断发放贷款。"马丁的意见是，联邦监管机构应该只禁止批准不良贷款，不能要求在批准合理贷款时没有种族歧视。马丁强调，如果一个黑人家庭因为种族原因贷款被拒，"竞争的力量"可以保证另一家银行会自告奋勇为其提供贷款。所有属于美联储系统成员的银行，马丁都有权监管，而这些银行全部都进行大同小异的种族歧视性操作，因此马丁肯定知道（或说应当知道），他的说法是不真实的。

在这些案例中，当被监管机构有组织地进行种族歧视时，当政府监管严密细致时，当监管机构公开为其所监管行业的种族歧视行为背书时，监管机构无视他们发誓捍卫的公民权利，促成了法律上的歧视。正如最高法院在提到联邦政府批准成立的银行时所说："国家银行是联邦政府的工具，其成立是为公众服务的。"

IV

带有种族歧视的政府行为并没有在 50 年前结束。相反，有些行为延续到了 21 世纪。这些行为中尤其让人担忧的是监管机构对银行的"逆向歧视"——对在非裔美国人社区进行剥削性贷款的过度营销——坐视不理。这是 2008 年金融危机的一个重要原因，因为这些被称为次级抵押贷款的贷款注定会出现无法偿还的情况。当贷款真的出现拖欠时，下层中产阶级非裔社区就会荒废，住户无法赎回自己的房子，被迫回到低收入区域。21 世纪初期，银行监管机构容忍逆向歧视，有时甚至假装看不见。

银行、储蓄机构及抵押贷款公司为违约风险较高的借款人设计了次级贷款，作为风险补偿，他们向次级贷款的借款人收取更高的利息。这一操作就其本身而言并无违法之处。但是，联邦政府监管下的银行及其他放贷机构提供的很多次级贷款都附加了烦琐的条件，设计这些条件的目的就是造成偿还困难。这些贷款的手续费很高，提前还款的罚金也很高，最初具有"诱惑性"的低息在借款人被锁定之后就会像坐着火箭一般飞涨。有些次级贷款还有本金的负摊还，即最初要求的月还款额较低，不足以覆盖利息成本，而差额会被加到未偿还本金中。

对于自己不能理解，或者不在自己的合理偿付能力范围之内的贷款，借款方在接受时本应更仔细些，但是这个市场并不透明——有些情况是蓄意为之，有些不是，总之，借款人成了受害者。例如，按揭经纪补偿制度中就包括一些刺激机制，经纪人会怂恿借款人接受次级贷款，但他们并不会透露此举的后果。如果经纪人说服客户接受的贷款利率高于银行在正式的利率表上为情况类似的借款人定下的利率，经纪人就会拿到奖金，实际上是回扣，即"贷款溢价收益"（yield spread premiums）。银行和监管机构从市场经营者手上买下这些抵押贷款，但他们并不要求按揭经纪人向借款人透露这些利率表的具体规定。2010年出台的多德－弗兰克（Dodd-Frank）金融改革和消费者保护法案禁止贷款溢价收益。过了一年的时间，美联储才发布章程，实施该禁令，但因为回扣系统而上当受骗的借款人并没有追索权。然而，即使能够早几年禁止这种行为，也没有什么会阻拦美联储。

经纪人和放款人让借款人相信，抵押的房产净值会持续上涨，他们可以利用这一点，在初始优惠利率到期之前为自己的贷款进行再贷款，并从增长的净值中提现（一定份额要留给放贷机构作为利润）。他们以此来操纵借款人。但是，这样的抵押贷款往往会被推销、出售给非裔美国人，他们所在社区贫困窘迫，抵押资产净值上升的可能性很小，甚至几乎为零——即使房地产泡沫不破裂也不过如此。这些地区的房产价值不太可能出现增值，就算全国范围内的地产繁荣一直持续，这样的计划也不可能像它所承诺的那样进行下去。

至少从20世纪90年代末期开始,整个行业内都遍布此类歧视性操作,州和联邦监管部门对此几乎没有任何对策。放贷差异性数据显示,这样的歧视是基于种族而非经济水平。2000年,在次贷泡沫不断膨胀的时候,进行二次贷款的房屋所有人中,低收入非裔美国人接受次级贷款的可能性是低收入白人的两倍,而高收入非裔美国人接受次级贷款的概率则是高收入白人的3倍。最极端的情况出现在纽约的水牛城,该地发放给非裔美国人的全部二次贷款中,有3/4属于次级贷款。在芝加哥,以非裔美国人为主的人口普查区的借款人,其得到次级贷款的可能性是以白人为主的人口普查区借款人的4倍。

2000年,持有次级贷款的借款人中,41%有资格获得低息普通贷款,2006年这个比例上升到61%。到了这一年,接受次级贷款的

2008年的房地产泡沫破裂之前,借贷机构在次级贷款二次贷款市场中瞄准了非裔和拉美裔房屋所有人。当经济垮掉的时候,很多房子的赎回权被取消,整个社区都处于荒废之中,就像芝加哥西南区这条街上门窗用木板钉死的房子一样

非裔美国人所占比例是白人借款人的 3 倍。高收入非裔美国人持有次级贷款的比例是高收入白人的 4 倍。2005 年，美联储自己的调查也显示了类似的种族差异，但它并没有采取任何措施。因其未能遏制自身数据所揭示的歧视，美联储侵犯了非裔美国人的合法权益和宪法所规定的权利。

2010 年，司法部承认："一个有色社区的隔离程度越高，房屋所有人面临抵押品赎回权被取消的可能性就越大，因为贷方在兜售毒性最大的贷款时，瞄准的就是这些社区。"在审理起诉全美抵押贷款公司（Countrywide，后来成为美国银行的一家子公司）的一场官司时，住房与城市发展部部长肖恩·多诺万（Shaun Donovan）提到，由于全美公司和其他贷款机构的做法，"从纽约昆斯县的杰梅卡到加利福尼亚州的奥克兰，颇有实力的中产阶级非裔美国人社区目睹了 20 年的收益在不是几年，而是几个月的时间内发生逆转"。对于那些在抵押品赎回权被取消后失去产业的人来说，有更多的人无家可归，更多的人和亲戚挤在一个屋檐下，更多的人租住不稳定社区的公寓，这些社区的穷人和少数族裔家庭越来越密集。

在对全美公司提起的诉讼中，政府提出，种族和抵押贷款条款之间的统计关系太过极端，银行高层官员一定意识到了其中的种族动机。而如果银行高层官员有所察觉，那么政府监管机构肯定也同样清楚。实际上，司法部门之所以介入，就是因为全美公司在 2007 年修改了其政府许可证，这样储蓄机构管理局就从美联储手上接过了监管责任。管理局注意到了带有种族色彩的统计数据，向司法部门对贷款机构提起诉讼。在美联储的监管下，歧视性行为已经进行了多年。

多座城市起诉银行，因为强加于非裔美国人的抵押品赎回权取消危机造成的破坏极为严重。在孟菲斯市起诉富国银行（Wells Fargo Bank）一案中，银行职员在证人证言中说，他们将次贷称为"聚居区贷款"。银行监管人员指示市场营销人员，将邮政编码明显属于非裔美国人的地区作为诱惑目标，因为那里的居民"不够精明"，不知道他们被利用了。有一个营销小组专门搜寻上了年纪的非裔美国人，觉得他们尤其容易在压力之下申请高成本贷款。

巴尔的摩市也发生了一场类似的诉讼，其所提交的证据表明，富国银行设了一个部门，全部职员都是非裔美国人，主管指示他们去黑人教堂推销次级贷款。这家银行并没有通过白人机构推销这些贷款的类似行为。

2008年，克利夫兰市对多个次级贷款放贷机构提起诉讼，包括花旗银行（Citicorp）、美国银行、富国银行和其他机构。该诉讼案提出，这些机构不应该在克利夫兰贫困的黑人社区推销任何次级贷款，因为放贷机构很清楚，一旦最初较低的"优惠"利率到期，这些社区的高贫困率、高失业率及不景气的房产价值将使借款人无从获得足够的升值来承担他们所面临的更高的可调利率。

克利夫兰的起诉书认为，银行应该对它们所造成的伤害负责，这些伤害包括税收减少，以及在丧失抵押品赎回权的废弃房屋众多的社区中，毒品交易和其他犯罪行为增多。该市指控这些金融机构造成了妨碍公众利益的行为。一家联邦法院驳回这桩诉讼，认定因为抵押贷款的发放是在联邦和州政府严格监管之下的行为，"毫无疑问，克利夫兰发生的次级抵押贷款放贷是'法律允许的'行为"。

根据种族来决定次级抵押贷款的放贷目标，这种行为的后果继续叠加。随着房地产泡沫破裂，非裔美国人置业的比例急剧下降，远远甚于白人。如果一个家庭之前曾因无力支付过高的月供而违约，那么它就不再有资格申请普通抵押贷款；对于这些家庭，20世纪60年代的合约购买系统又卷土重来。在次贷危机中曾对非裔美国人进行盘剥的那些公司，有些现在重新把止赎房屋卖给中低收入家庭，要求高利息、高首付，在合同期结束前不能累积产权，而且一旦无法支付月供就将面临房屋被收回的可能。

银行因其公共用途而获准成立，监管机构未能确保银行履行了其公共责任，因此也应该在对非裔美国人的逆向歧视中承担部分责任。对于那些明目张胆实施种族歧视政策的银行和储蓄机构，联邦和州监管机构也未能履行自身的宪法义务。

Chapter Eight
第 8 章

地方策略

1966年，迈阿密。市长查克·霍尔（Chuck Hall）在市中心附近的非裔美国人住宅启动第一架落锤破碎机，完成了该市在偏远聚居区重新安置非裔美国人的计划

当弗兰克·史蒂文森和与他拼车的伙伴需要在新的福特工厂附近寻找住房时,由联邦住房管理局和退伍军人管理局提供的住宅小区飞快地填满了米尔皮塔斯与里士满和奥克兰的非裔美国人社区之间的土地。其中最积极的开发商就是大卫·博安农,1943年,就是他在里士满郊外不远的地方建起了只供白人居住的罗林伍德小区。第二年,他在奥克兰边界向南约8千米处,创建了大型的白人专享社区圣洛伦佐村(San Lorenzo Village)。圣洛伦佐村有5 000多个单元,1.7万名居民,是全国最大的政府提供保险的战时社区,为海军造船厂和配套工厂的工人而建。和罗林伍德的房子一样,这里每幢房子都有一个卧室另有入口,这样房主就可以把这间卧室出租给战时工人。

这项工程的资金来自联邦住房管理局批准、美国银行和美国信托公司(American Trust Company)发放的700万美金的银行贷款。和联邦住房管理局开发的其他项目一样,这个小区的房子售价比较低,在战时工人的支付能力范围之内,而且房契中包含限制性契约条款,禁止将来转售给非裔美国人。圣洛伦佐村到米尔皮塔斯的交通非常方便,是福特工厂工人的理想居所。20世纪50年代初到50年代中期是福特的工人们在该地区寻找住房的时期,当时的售楼说明书向潜在购房者保证,该村是"安全投资",因为"有远见的保护性限制条件……永远保障投资安全"。

I

1955年,博安农开始开发阳光山丘（Sunnyhills），这个住宅区就在米尔皮塔斯。在西太平洋公司宣布要创建新的工业区之后,其他建筑商也拿到了联邦住房管理局提供的保险,开始在这个地区建设白人专享的独户住宅小区。其中有个小区叫米尔福德村（Milford Village）,该小区有1 500个单元,就建在米尔皮塔斯镇界之外一块偏僻的土地上。小区由退伍军人管理局提供保险,对退伍军人几乎没有或根本没有首付的要求,月付也很低。

后来事情变得明朗起来——米尔皮塔斯地区现有的小区是不会向黑人工人出售或出租的,这时美国公谊服务委员会(American Friends Service Committee)主动提出要给福特工厂的工会住房委员会主席本·格罗斯（Ben Gross）帮忙。该委员会是一个贵格会组织,致力于推动种族融合,他们愿意帮忙找一个同意建设跨种族住宅小区的开发商。美国公谊服务委员会正在进行一项运动,极力要求（但未成功）里士满取消公房的种族隔离,为该镇由于联邦战时项目拆迁而背井离乡的非裔美国人口寻找足够的、种族融合的住房。这个组织还在里士满北部开了一家社区服务站,提供课后辅导、舞会和其他供年轻人娱乐的机会,为妈妈们开办了健儿门诊,为父母均为上班族的孩子提供日托服务,为学步的孩子准备了小型游乐场,还有一间会议室供社区组织使用。所有活动都有福特工厂工人参与其中。

米尔皮塔斯地区的快速增长导致了一定程度的房屋建造过剩,

有几个新的小区有一些尚未售出的单元，都在福特工厂工人的支付能力之内。尽管房屋的库存过剩，美国公谊服务委员会仍未能成功劝说任何一位现有的开发商把房子卖给非裔美国人。

美国公谊服务委员会招募的第一家建筑商在山景城（Mountain View）南面的偏僻地区选了一块地皮，这是圣克拉拉县（Santa Clara County）的一个社区，位于米尔皮塔斯西部大约16千米处，离硅谷其他正在发展中的工业区也不远。但是，美国公谊服务委员会找了又找，旧金山湾区或圣何塞地区却没有任何一家金融机构愿意为允许非裔美国人入住的社区提供资金。几个月后，服务委员会的一名官员飞往纽约，会见了大都会人寿的一位贵格会副总裁。这位副总裁对于在近郊住宅区建造种族融合社区持怀疑态度，不过他同意发放一笔贷款作为最初的施工经费。若不是有这么一点儿贵格会的关系，美国公谊服务委员会根本就找不到任何机构来承担经费。纽约市和州立法机构能够推翻大都会人寿的种族隔离政策，使这家公司多少有所节制，这一点儿贵格会的关系可能也起了一定作用。

但是，当建筑商把既卖房给黑人又卖房给白人的打算公之于众后，圣克拉拉县监事会对该地重新进行规划，从居住用途改为工业用途。建筑商又找了一块地皮，这时山景城的官员告诉他，他们绝不会给他必要的批文。这位建筑商于是在离福特工厂不远的另一个镇上又找了一块地；当官员们发现该工程不会实行种族隔离之后，该镇通过了新的区划法，把最小占地面积从约557.4平方米扩大到743.2平方米，如此一来这项工程就不适合工人阶级购房者了。建筑商还想去开发一下他可以选择的第4块地，但是，在出售地皮的一方得知其工程将实行种族融合之后，便不肯卖了。此时，这名建筑商彻底泄了气。

于是本·格罗斯又招募了一名建筑商,这名建筑商向工会提出,他可以开发两个住宅区,一个是种族融合住宅区,另一个是纯白人住宅区。因为他们会引导白人购房者入住纯白人住宅区,所以另一个名义上的种族融合住宅区显然最终会成为一个纯黑人住宅区。这名建筑商提议在近郊地区建设白人住宅区,把种族融合住宅区建在没那么吸引人的地方——一块夹在福特工厂和两片重工业规划用地之间的地皮。

福特工厂的工人也是汽车工人联合会的会员,他们在是否接受这个计划的问题上意见不一。在接下来地方工会的选举中,反对这一思路的候选人对那些持赞同意见的候选人提出质疑。这是个非常艰难的决定,因为工会面临的选择是要么接受种族隔离住房,要么所有工会成员,无论黑人白人,都没有新的住房。这有点儿像休伯特·汉弗莱和国会中其他自由派议员在试图执行杜鲁门总统的住房计划时所遭遇的两难局面。但是,工会的决定和国会中的自由派人士不一样。尽管工会成员中白人占压倒性优势,但工会通过决议,只支持承诺建设种族融合住房的开发商。

圣何塞一名从事肉类加工业的商人之前没有任何做开发商的经验,他拿到了一块紧挨大卫·博安农的纯白人社区阳光山谷的地皮,并提出在此地开发一个纯黑人住宅区。当汽车工人联合会和美国公谊服务委员会得知这些计划之后,他们劝说这名开发商建一个种族融合小区,而且承诺,不但向非裔美国人成员推销小区的住房,而且会向白人工会成员进行推销。这名商人花了半年的时间寻找资金,但他去的每家银行或储蓄机构在得知联邦住房管理局不会给他支持之后，要么拒绝给一个向非裔美国人开放的工程贷款，要么要求他付更高的利息才同意放款，这是一笔利率从 5.5% 到 9% 不等的额外费用，是为种族融合支付的。这样一笔款项将使该工程的成本大大增加，导致这些住房超出工会成员的承受能力。这名商人告诉汽车工人联合会，他将不得不放弃自己的计划。工会如果想劝说他继续干下去，只能承诺由工会自己接过寻找贷款人的责任。汽车工人联合会和美国公谊服务委员会的代表再次去往纽约，请求大都会人寿提供施工资金，这家保险公司同意了。

1955 年 1 月，汽车工人联合会终于可以告诉里士满的黑人会员，米尔皮塔斯地区将会有一个无歧视的住宅区，叫作阿古瓦·克莱恩特（Agua Caliente）。此时距福特通知里士满的工人工作地点将迁至米尔皮塔斯已过去了一年多的时间，距预定的汽车装配线转移只有一个半月的时间。到了这个时候，很多白人工人已经在实行种族限制政策的圣克拉拉县各小区找到了住房。

但是，大卫·博安农的公司仍强烈反对在毗邻阳光山谷的地方建设种族融合的住宅区。在旧金山一家报纸发表文章，透露要建设"旧金山湾区第一个不带任何歧视、向尼格罗人家庭出售住房的小区"之后，该公司开始向新成立的米尔皮塔斯市议会施加压力，要求不给阿古瓦·克莱恩特污水管线使用权，以此阻止该小区的施工。

米尔皮塔斯的卫生局主席是圣克拉拉县监事会的成员，其他成员包括米尔皮塔斯市市长和一位米尔皮塔斯市议员。卫生局告诉阿古瓦·克莱恩特的建筑商，考虑到该项工程预计将会使用污水管道容量的 3%，该小区铺设污水管道的费用将是每英亩 100 美元。工会和建筑商在这个数字的基础上对成本进行估算，确定销售价格。

大都会人寿也以此为基础提供资金支持。在博安农公司的压力之下，卫生局理事会召开紧急会议，通过一项法令，把铺设污水管道的费用提高到原来100美金的10倍以上。

新的收费标准使建筑商不得不暂时搁置该工程。他试图与卫生局和博安农的公司沟通、达成妥协，但未能成功，卫生局和博安农的代表承认，这个法令的目的就是阻止少数族裔住在紧邻阳光山谷的地方。但是，米尔皮塔斯的市长否认他投票同意增加污水处理费用是出于歧视，不过他补充说，他觉得即便这个小区永远得不到开发也没多大损失，并强调这是因为福特工厂工人的这块地会使米尔皮塔斯的房产价值下跌。这名市长本人也是房地产经纪人，他声称打听住房的尼格罗人告诉他，他们并不想去自己不受欢迎的地方。他说，他拒绝向他们展示城内的物业，只不过是在遵从这些顾客的心愿。

汽车工人联合会的建筑商表示，虽然铺设污水管道的费用较高，他仍将继续建设阿古瓦·克莱恩特工程。甚至在他如此表态之后，问题依然存在。博安农集团接下来又提起诉讼，不让该项工程使用这块地皮旁边的排水沟。这一诉讼纯属无聊之举，因为排水沟属于县里，不属于博安农集团。于是汽车工人联合会发起群众行动，抗议阳光山谷工程。工会成员不仅不购买住房，还在开放参观日大批涌入，影响了面向白人的房屋销售。同时，汽车工人联合会和美国公谊服务委员会还联系了加利福尼亚州首席检察官埃德蒙德·C.布朗（Edmund C. Brown），布朗派一位助手到米尔皮塔斯调查排污费用的纠纷，答应帮助"解决可能发现的任何由政府部门造成的种族歧视"。

阿古瓦·克莱恩特的建筑商再也耽搁不起了，而且也承受不了坚持下去可能产生的法务开销。可能是受首席检察官含蓄威胁的影响，博安农公司也厌倦了官司。公司陷入房子已经盖好但卖不出去的局面，恐怕是工会的联合抵制造成的，至少有部分影响。1955年11月，阿古瓦·克莱恩特的建筑商和博安农公司将房子全部卖给了汽车工人联合会新招募的一家开发商，这样一来，铺设污水管道的问题就有了讨论余地，联合小区也最终建了起来。

联合小区用的是当初博安农工程的名字，仍然叫阳光山谷。加利福尼亚州的银行和储蓄机构仍拒绝在没有联邦住房管理局提供保险的情况下，向居住在种族融合住宅区中的购房者提供个人抵押贷款，除非收取极高的利息。一开始汽车工人联合会自己的养老基金会愿意为非裔工人还款提供担保，最后联邦住房管理局同意为享受优惠利率的抵押贷款提供担保，条件是该住宅区必须转型为合作公寓，房屋所有人拥有整个工程的一定份额，而不是只拥有自己的住房。工会和购房的会员同意了，在此基础上，该住宅区第一批的500个单元中，有20个出售给了非裔家庭。

但是，到了这个时候，米尔皮塔斯的福特工厂已经运转了近一年，几乎所有希望搬到该地区的白人工人都已经搬过来了。种种拖延、官司费用及资金问题抬高了阳光山谷联合小区的成本，高到除了技艺精湛的高收入福特工厂工人之外谁也买不起的地步。很多非裔工人对米尔皮塔斯地区的住房机会大失所望，他们像弗兰克·史蒂文森一样和别人拼车，每天一同往返于里士满和各自的工作地点。汽车工人联合会和其他工会没有别的选择，只好向政府当局施加压力，把这些房子改造为租赁房屋，但这个想法遭到了当地金融和房地产业的强烈反对——当地储蓄和贷款联合会称其"给美国式生活带来了危险",而圣克拉拉县也拒绝这么做。

在随后的几年里,非裔美国人在米尔皮塔斯的居住范围仍局限在阳光山谷和另一个相对不怎么讨人喜欢的住宅区中,后者是于20世纪60年代建起来的,位于两条高速公路和一条交通拥挤的购物干线之间。福特工厂于1984年关门。米尔皮塔斯也不再是一个纯白人住宅区——现在这里有了很多拉美裔和亚裔家庭,但是早期种族隔离的影响仍清晰可见:非裔美国人只占该地人口的2%。

随着米尔皮塔斯地区的发展,其他工厂也从奥克兰-里士满一带迁到这里。其中有一家生产拖车的公司是1955年从伯克利迁至此地的。之后不久,工厂经理宣布了用人政策的变化:这家工厂将只接受住在附近的新工人,而这些人当然几乎都是白人。他说,非裔美国人试图从奥克兰地区通勤到这里,他们在漫长的驾驶过程中发生事故的概率太高,会导致旷工的情况出现过多。在特雷尔汽车公司(Trailmobile)从伯克利搬过来之前,非裔美国人占其总劳动力的16%。到1967年,这个比例跌至6%,这6%的人主要是开始实施新的聘用政策之前遗留下来的老员工。

II

米尔皮塔斯的故事向我们展示了各级政府官员在积极阻止非裔美国人搬进白人社区时所表现出来的无与伦比的创造力。造成"法律上的"种族隔离的,并不仅仅是大规模的联邦政府公房计划和抵押贷款。小规模政府行为也起了一定作用,这样的政府行为即使没有上千种，也有数百种。其中有些行为非常琐碎，比如不让非裔美国人使用公共设施，只要非裔美国人想盖房，就决定他们的地皮终究还是要用作公共场地，或者发现某条通往非裔美国人家门的路是"私人的"。这样的行为也包括通过设计州际公路的路线形成种族边界，或改变非裔家庭的居住安排，还包括通过选择学校校址来迫使某些家庭搬进种族隔离社区，如果他们希望自己的孩子受教育的话。

如果孤立地来看这些手段，我们可能很容易就把它们当成偶然情况。但是，当把它们看作一个整体时，我们可以看到，这一切都是国家体系的一部分，通过这个体系，州政府和地方政府补上了联邦政府行动中的不足，利用住房隔离继续保持奴隶制的特征，让非裔美国人一直处于低人一等的地位。

Ⅲ

米尔皮塔斯和周边地区用来排斥非裔美国人的手段在"二战"过后是全国各地常见的种族隔离策略。在数不清的案例中，地方政府通过征用土地或重新对房产进行区划等方式阻止非裔美国人住在那里。

例如，1954年，宾夕法尼亚大学的一名教授和他的妻子在斯沃斯莫尔（Swarthmore）买了一块地皮，这个小镇就在费城城外，他们计划在这里开发一处住宅区，共有28套中产阶级住房，既卖给非裔美国人，也卖给白人。这对夫妻的目的是证明"不同种族、不同肤色、不同宗教信仰的家庭可以在一起和睦相处"。斯沃斯莫尔的业主联合会向当地议会请愿，说他们不希望这个小镇成为社会实验的"实验室"。市议会对此的反应是，如果没有注册工程师制图，将拒绝考虑该住房计划，这个条件所费不赀，之前并未加诸其他小区之上。

在这对夫妻上交房屋平面图之后，市议会又给出了一连串的反对意见，这些意见在考虑近期的其他工程时从来没有提出过：它妨碍了通往某些人家的私家车道的施工，而且需要价格高昂的新排污系统。教授和妻子决意把这项工程进行下去，削减了住房方案的规模，这样就可以避免需要修建私家车道。附近的业主明确表示，这项工程不能进行下去，因为进入这个小区的主路也是私家道路，当然，过去当地政府对这条路进行市政改良的时候，可没有任何人提出过这样的问题。当邻居们以这些理由提起诉讼，要求叫停该项工程时，地方官员支持邻居们，并没有进行干预。如此重重障碍，不知何时方可终止，在看不到任何希望的情况下，教授和妻子选择了放弃。

伊利诺伊州的迪尔菲尔德（Deerfield）也出现了类似的情况。该地是芝加哥的一个白人近郊住宅区。1959年，一名开发商买下两块空地，打算把它们分成几块宅基地，营建51幢房子，并计划把其中10幢出售给非裔美国人。他特别选择迪尔菲尔德来进行这项工程，是因为这个地方离现有的非裔社区非常远；他希望不会引起地产投机者的注意，因为在这些人的刺激下，可能会出现恐慌抛售和白人群飞现象。迪尔菲尔德并不知道这名开发商打算建的是种族融合小区，因此批准了他的计划，水、排污系统及道路改良都有条不紊地进行。两幢示范住房的工作已经开始，这时，迪尔菲尔德的官员发现了他的打算。

投机商几乎是马上就赶了过来，企图在迪尔菲尔德居民中制造恐慌，提出以低至合理市价一半的价格购买他们的房产。居民们组织起了市民委员会，当时一家学校的体育馆正在召开镇委会会议，600名示威者来到这里游行。人群通过举手表决的方式，发誓要毫不妥协地反对融合。警方无法，或许也不愿阻止有人故意损坏示范住房。对迪尔菲尔德居民的调查显示，持反对意见的人与持赞成意见的人之比几乎达到了8∶1。

调查结果宣布之后的第二天，迪尔菲尔德园区宣布要征用这块土地。这个想法并不是刚刚才有的。几个月前，选民驳回了园区拿下这些地皮的提议，但是现在他们一边倒地同意为这一目的发行债券。一家联邦法院认为，公园局利用社区对种族融合的敌意而获利，这并没有触犯法律，因为公园局并没有种族动机；在非裔购房人可能出现之前，他们试图获得选民的认可，但并未成功。法庭认为，不能强迫选民在投票时表达无种族歧视的动机。不过，按照这样的逻辑，民主投票就可以使所有种族歧视行为免于接受法律的质疑。《权利法案》和《重建修正案》的制定，正是为了限制这样的压倒性多数派意见。

IV

在这样一个时候，对于纯白人社区来说，以公园建设征地为由否决拟建非裔美国人居住区的方案是个很有用的手段，因为只要征地是出于公共目的，司法系统就不能调查土地征用的动机，而公园显然是出于公共目的。同样是在1959年，密苏里州一家上诉法院的判决也是如此。在该案中，一对非裔夫妻打算在圣路易斯的白人近郊住宅区克里尔库尔（Creve Coeur）盖房。这一次，又是在许可证已经发放、工作已经开始之后，镇上的居民才发现购房者是非裔美国人。于是，匆忙中成立起来的市民委员会募集捐款，来购买这处房产。在面对种族融合的时候，白人业主组织常耍这样的花招：在洛林·汉斯贝里（Lorraine Hansberry）1959年的剧本《阳光下的葡萄干》(*A Raisin in the Sun*)中，芝加哥白人社区的一个业主组织对非裔邻居进行了同样的收购。和汉斯贝里剧中的情形一样，克里尔库尔的这对夫妻拒绝了收购提议。然后市政当局就征用了这块土地以供娱乐。

通过征用建房用地、操纵区划设计来阻止非裔美国人建设住房，这样的情形在20世纪50年代和60年代经常发生。但是有一个案例吸引了全国上下的注意。1969年，一家受卫理公会教堂资助的非营利性组织打算在布莱克杰克（Black Jack）为中低收入家庭建一片由联邦政府补贴的种族融合住宅群。布莱克杰克是尚未形成建制的圣克拉拉县的一处纯白人近郊住宅区。该区选民对此的反应是马上在社区形成建制，通过了一项区划法令，禁止再建每英亩超过3幢住房的小区。这条法令使得新建中等收入住宅区完全没有了可能，虽然新城市的边界之内已经有了类似规模的住房单元。圣路易斯县的几名非裔美国人提起诉讼。他们说，他们无法在聚居区之外找到像样的住房，因此，在工作机会日益郊区化的情况下，他们几乎找不到工作。这一事件引起了全国的注意，对于是否由联邦政府提起诉讼禁止该条区划法令，尼克松政府斟酌了好几个月。

最后，联邦政府还是提起了诉讼，一家联邦上诉法院命令布莱克杰克允许倾向种族融合的组织继续建设住房。法庭注意到，"不断有人从种族角度表达"对融合小区的敌意,"说这些话的人中,有的经地区法院发现是建制活动的领袖,有的是分发请愿书的人,有的自己就是区划委员会委员"。法庭继续陈述:"公共集会表达了(对拟建小区)的种族批评并为此喝彩。有证据表明,在不同层面的反对意见中,种族起了非常重要的作用,无论是建制的动力还是重新区划的决定均如此。这样的证据并未有人提出反对。"

法庭又援引国内其他地区的类似案例,认为布莱克杰克的行为"不过是把黑人限制在城市中心的低收入住宅中的另一个因素,证实了一个无法改变的进程,通过该进程,圣路易斯大都会地区在种族形态方面形成了一个甜甜圈,尼格罗人在中间的洞里,环形部分则主要为白人占据"。法庭进一步提到,布莱克杰克的行为使居住隔离进一步恶化,而这样的隔离"很大程度上是房地产业和联邦、州及地方政府的相关机构蓄意在住房市场实行种族歧视的结果"。

但是,直到1974年,这家卫理公会组织才打赢官司,此时距其第一次提出种族融合项目的计划已经过去了5年。到了这个时候,他们已经拿不到资助,利息也有了攀升,联邦政府对于补贴种族融合住宅也不那么热衷了。这家教会组织的律师说,尽管有了法庭的裁定,"没有哪个精神正常的开发商"会在这样的敌意之下继续这项工程。该项工程一直都没有建成。"迟来的正义非正义",不得不靠打官司在聚居区之外找到住房的非裔美国人往往遭遇的就是这样的经历。

V

很多"法律上的"种族隔离政策目的在于让非裔美国人远离白人住宅区，但政府官员也会把聚居区迁到远离市中心商业区的地方，这样白人通勤者、购物者和商界精英就不用接触黑人了。

达成这一目的的方式就是"贫民窟清拆"。到了20世纪中期，很多人都明白，"贫民窟"和"衰落"是非裔美国人社区的代名词。政府一旦成功阻止黑人家庭加入近郊住宅区的白人同伴当中，并把他们集中在有限的几个内城区域，他们所在社区就真的开始衰败了。在很多情况下，"贫民窟清拆"应该是个好主意。如果低收入非裔美国人的居住环境脏乱不堪，那么拆毁不达标建筑，在种族融合社区提供新的、像样的住房之类的计划会非常合理。但是，决策者多半没有考虑过这样的重新安置。实际上，"贫民窟清拆"进一步加剧了非裔美国人在地域上的隔离，也加剧了他们的贫困。而这反过来又使种族隔离更进一步，因为非裔美国人越贫困，中产阶级社区就越不欢迎他们。

"贫民窟清拆"的手段就是建设联邦州际公路系统。很多时候，州政府和地方政府在联邦政府的默许下，设计公路路线来破坏城区的非裔美国人社区。公路规划者并不掩饰他们的种族动机。[*]

这样的公路规划历史始于1938年，当时联邦政府首次考虑资助州际公路。农业部长（随后做了副总统）亨利·华莱士（Henry

---

[*] "城市改造"（urban renewal）工程清除贫民窟，既是为了给公路让路，也是为了给医院、大学、中产阶级住宅和办公室等工程让路，该工程的运作大体也是如此。"城市改造意味着尼格罗人迁走"是20世纪民权组织抗议这种搬迁时经常提出的口号。

Wallace）向罗斯福总统建议，穿过城市的公路路线也可以实现"清除有碍观瞻、危及健康之地区"的目的。在接下来的 20 年里，公路建设和非裔美国人迁移之间的联系，频频成为可能从联邦公路建设工程中获益人士的主题。他们发现，要论证公路开支合理的一个有效方法就是强调公路建设能够使商业区和附近区域为白人专享。市长和其他城区政治领袖也加入进来，抓住公路建设的机会，把这视为克服宪令的一种途径——宪法禁止通过区划使非裔美国人远离接近市中心的白人社区。

1943 年，美国混凝土协会（American Concrete Institute）督促以"清除贫民窟和衰败地区"的目的建设城市高速公路。1949 年，美国筑路商协会（American Road Builders Association）写信给杜鲁门总统，称如果州际公路规划合理，穿过大都会地区，可以"在清除贫民窟和衰落地区方面做出相当大的贡献"。城市土地协会（Urban Land Institute）对国内立法和公路系统的管理颇具影响力，该协会在 1957 年的简报中提议，地方政府应调查"衰败地区在多大程度上可以为公路提供合理路线"。1967 年，美国公路研究委员会（Highway Research Board）夸口说，州际公路正在"吞没贫民窟""挽救衰败地区"。

阿尔弗雷德·约翰逊（Alfred Johnson）是美国各州公路官员协会（American Association of State Highway Officials）的执行董事，在撰写 1956 年公路条例的国会委员会中，他也是最为投入的说客。他后来回忆道："有些地方官员在 20 世纪 50 年代中期表达了这样的观点，认为城市州际公路可以给他们一个绝好的机会，清除掉当地的'黑鬼小镇'。"他的期望并未落空。

例如，密歇根州哈姆特拉米克市（Hamtramck）是一片被底特律包围、波兰裔美国人占压倒性多数的地域。1959年，该市的总体规划呼吁执行"人口流失计划"，人们认为此处的"人口"指的是该地为数不多的非裔美国人居民。1962年，在联邦政府城市改造基金会的支持下，该市开始清拆非裔美国人社区。第一项工程为克莱斯勒汽车制造厂的扩建清理出了用地。接下来，在联邦政府的资助下，又有更多的房屋被夷为平地，为通往这家工厂的克莱斯勒高速（I-75）让路。此前美国民权委员会曾提醒，这条高速将会使4000个家庭流离失所，其中87%是非裔美国人。

12年后，一家联邦上诉法院做出裁决，认为住房与城市发展部的官员很清楚，因为这条公路而毁掉的非裔美国人住房会多到离谱，但没有就帮助他们重新寻找住所做出任何规定："根据记录，可以得出如下结论：住房与城市发展部肯定对（哈姆特拉米克市）私有住房市场的歧视性做法了然于胸，他们肯定也很清楚，该市城市改造工程中涉及的部分人士有明显的歧视表现。"法庭指定的补救措施是在该市建造新的住房，只面向那些当年被迫搬迁、目前能联系得上并表示愿意回来的家庭。因为这场官司拖延的时日太久，这些人在所有遭受伤害的人群中只占很小的比例，大多数人别无选择，只好搬进底特律的聚居区。

联邦州际公路给全国范围内各个城市的种族隔离提供了支持。1956年，佛罗里达州公路局规划了I-95来完成20年前迈阿密违宪的区划法令试图去做但未能完成的事情：清理毗邻市中心一处区域的非裔美国人。一个备选路线就是利用废弃但有通行权的铁路，尽管这条路线几乎不涉及人口迁移，但还是被否决了。当这条公路最终于20世纪60年代竣工时，一个原来有4万名非裔美国人的社区已经缩水到只剩下8 000人。

在新泽西州的卡姆登（Camden），一条州际公路在1963年到1967年间毁掉了大约3 000个低收入住房单元。新泽西州总检察长办公室的一篇报告在结论中指出："只要瞄一眼……交通规划，就能明显看出这是试图通过……建设有利于白人郊区居民、方便他们从郊区上下班的公路……来清除尼格罗人和波多黎各人聚居区。"

1954年，洛杉矶的圣莫妮卡快速路（Santa Monica Freeway）的路线规划毁掉了这个城市最繁荣的黑人中产阶级地区——舒格希尔（Sugar Hill）。这里发生的一连串事件实在是太过司空见惯了——1938年，第一位非裔美国人来到这里，他是保险公司的管理人员。社区联合会的领袖建议，也许住在别的地方他会更开心。这名管理人员并没有按照建议去做，于是联合会提出要从他手里买下房产，但他们未能募集到资金。到了1945年，已经有一些中产阶级的非裔美国人在舒格希尔定居，而社区联合会则打起官司，要执行限制性契约条款，把这些人赶走。但是，一位州法官做出判决，认为执行这样的契约会违反第十四修正案，这比美国最高法院的谢利判决案还早了3年。又有一些非裔美国人在该地区买房，此后，已经在舒格希尔定居的家境优渥的非裔美国人提出抗议，于是洛杉矶市议会对该社区重新进行规划，将其出租。之后，更多低收入黑人家庭搬了进来。让圣莫妮卡快速路穿过舒格希尔，此举成功地清除了这个以其他方式都未能成功除掉的黑人社区。非裔美国人领袖恳请将公路路线稍微向北移动，但市政工程师对他们的请求不予理睬，向他们保证，他们会有长达5年的时间来寻

在迈阿密戴德县县长查克·霍尔启动第一架落锤破碎机、拆毁非裔美国人社区之后,建筑被清除,为 I-95 让路,孩子们在围观

找新的住房，此后地皮才会被没收。

在这些案例中，联邦或地方机构提供帮助，让流离失所的非裔美国人找到满足他们需要而又安全的新住处的情况寥寥无几。1956年，为住所遭到清拆的家庭提供援助的立法通过，但州际公路项目甚至没有要求联邦或州政府在名义上遵守该立法。虽然众议院提出的法案允许（但并未要求）为房屋被拆毁地区的租户提供搬迁费用，但艾森豪威尔政府否决了这一提案。经济顾问委员会主席阿瑟·伯恩斯（Arthur Burns）告诫说，补偿可能会"抬高"公路计划的"成本"，他估计，随着公路体系的发展，每年大概有10万人要被赶出家门。于是参议院在最终的立法当中除去了允许此类款项的文字。1965年，联邦政府开始要求，如果未来州际公路的建设不得不使某些人口被重新安置，那么要为这些人提供新的住处。到了这个时候，州际公路系统已基本建设完毕。

VI

在最高法院1954年做出布坎南判决之前，南部及边境各州，还有北方一些城市，都在学校公开实行明确的种族隔离。在这些地区，当权者想出了另一种策略，在本来可以不存在居住隔离的地方强制进行种族隔离：把仅有的几家接收非裔儿童的学校安排在指定的非裔美国人社区，不为居住在其他地区的黑人学生提供交通服务。希望孩子能够接受教育的非裔美国人家庭别无选择，只好在新建起来的种族隔离地区寻找新的住所。

1928年，得克萨斯州的奥斯汀通过了总体规划，计划在东区建一个单独的非裔美国人社区,这份文件直言不讳地表达了对布坎南判决案的不满。文件中提道:"奥斯汀和其他城市一样,有很多关于种族隔离问题的讨论。根据目前我们所知的区划法,这个问题不可能有合法的解决方案。几乎所有试图解决该问题的努力最后都违犯了宪法。"

既然不能合法地进行显性的隔离,总体规划提出建立"吸引尼格罗人到这一地区(东区)来的刺激机制"。这个刺激机制就是将种族隔离的学校及其他面向非裔美国人的公共服务转移到奥斯汀的东区。这种做法非常有效,很快,奥斯汀的几乎所有非裔美国人都迁到了东部。例如,1930年种族融合社区维特斯维尔(Wheatsville)的非裔美国人口占社区总人口的比例为16%。1932年,该社区面向非裔学生的种族隔离学校关闭,到了1950年,该社区的非裔美国人数量仅占社区总人数的1%。

东区是奥斯汀市指定非裔美国人居住的地区,该市关闭了东区以外面向非裔美国人的学校和公园。其他诱导非裔美国人统一居住的手段还包括在东区建了一座新的种族隔离图书馆,一个新公园,并改善了一家种族隔离高中的办学条件。接着,1938年,规划委员会选择该地作为罗斯伍德巷的建设地址,这是国会议员林登·约翰逊争取到的纯黑人公房工程,他同时也为白人在紧挨市中心的地方争取到了一个姊妹工程,这进一步加深了对该地区非裔美国人的隔离。

一旦非裔美国人被强行推到了东区,这个社区的市政服务质量就开始下滑。例如,比起城市其他地区,这个区域的道路未铺柏油的可能性更高;排污系统的维护非常糟糕,经常堵塞;而且夏天经过东区的公交路线都会暂停,因为同样的路线也经过得克萨斯大学,而学校放假的时候，学生们就不需要公交车了。保持社区居住区性质的区划规则并没有在东区得到执行，这导致该地区建起了很多工业性设施。

通过对学校地址的策略性安排来划定种族区域，这种策略主要出现在南方一些学校隔离已经成为常规做法的城市，不过北方偶尔也会采用这一手段。20世纪20年代，印第安纳波利斯利用学校选址方面的政策来实现居住隔离的目的。学校董事会将学业方面表现突出的纯白人高中转移到白人专享的社区，远离该市的种族边界线。这样一来，原来的高中就位于一个靠近该市的黑白社区分界线的地方，但董事会拒绝将该校指派给非裔美国人使用，而是在一家黏胶工厂和城市垃圾处理场附近为非裔学生建了一所新的高中，远离白人地区。

北卡罗来纳州罗利县（Raleigh County）及其周边的维克县（Wake County）的案例尤其值得注意，因为近年来，提倡学校融合的人士一直在表扬该县的做法，他们用公交车送孩子去学校，使得学校更加多样化。这个学区包括罗利县及其近郊，最高法院禁止大张旗鼓地按种族对学校进行融合，该学区就用公交车将南部和东部低收入家庭的孩子送到北部和西部的中产阶级社区。碰巧东南部的孩子多数是黑人，而西北地区的孩子多数是白人。这样的公交设计是为了解决种族隔离的问题，而这种隔离设计并不是偶然的。从某种程度上来说，这是由20世纪早期种族原因驱动下的学校选址造成的。

凯伦·本杰明（Karen Benjamin）是芝加哥市圣泽维尔学院（St. Xavier College）的一位历史学家，她披露的一些记录揭示了学校选址的决定如何助长在罗利县及休斯敦、亚特兰大等地强制推行的种族隔离。在20世纪早期，黑人和白人集中形成的社区零零散散地分布在罗利县各个角落，其中包括两个相对较为繁荣的非裔社区——艾德威尔德（Idlewild）和学院公园（College Park），当时这里属于该县的东北部地区。这些由业主自住的独户住房构成的中产阶级社区现在已经不复存在，因为20世纪20年代教育局决定将所有招收黑人学生的学校转移到该市偏远的东南部地区，规划者打算把罗利县的非裔美国人隔离在该区域。（更糟糕的是，当教育局为艾德威尔德和学院公园的中产阶层居民提供新学校的时候，他们把校园放在了紧挨城市垃圾站和采石场的地方，后者积满了污水。）同时，教育局在偏远的西北部地区为白人学生建起了最新的、设施最完备的学校。在这些地区，有部分社区基本还处于未开发状态，房地产利益集团希望能将白人家庭吸引过来。

这些学校选址决定中的种族考虑一览无余，由此引发了相当多的争论。温和的《罗利时报》（Raleigh Times）在一篇社论中这样说：

> 进行抗议的尼格罗人是罗利县该种族中的精英人士。他们中的很多人居住在东北部地区，该区已经有了相当多的、不断增长的尼格罗人口，其中大部分人都住在自有住房中。没有人知道他们为建立这样一个彰显尊严、不断提升的社区做出了怎样的牺牲……东北部的尼格罗人地区之所以能够形成，很大程度上是因为这些条件较好的尼格罗人们想避开采石场这个地方，这是众所周知的事实，而拟建的新学校却恰恰要建在此处。

在亚特兰大，教育局还帮忙对此前已经有了种族融合住宅区的城市进行隔离。在第一次世界大战之前，大多数黑人和白人街区都散布在城市中心的社区。但是，战后，城市规划者决定，未来的城市发展必须进行严格的种族隔离。虽然1924年法院推翻了亚特兰大的一条明文种族区划法令，但在接下来的20年里，亚特兰大教育局关停及建设学校的决定仍在种族隔离地图的引导下进行。

在未来指定为非裔美国人居住的地区，面向白人的学校被关停，而在预留给白人的区域，非裔美国人的学校也被关停了。在开发中的白人近郊住宅区，面向白人学生的新学校建了起来，这样一来，白人家庭的孩子如果想进入最先进的学校，就必须要搬入这些社区。黑人家庭所面临的情形与白人家庭相仿，如果他们希望孩子进入现代化的学校，那些还没有搬入指定种族地区的家庭就不得不寻找新的住房。

1919年，这项政策仍在制定之中，尚未完全成形，教育局就把位于西区一处规划中的聚居区内的阿什比街学校（Ashby Street School）从面向白人转为面向非裔美国人。教育局的一次会议纪要显示，已经通过了一项动议，给白人家庭一年的时间，可以让他们的孩子继续待在这所学校，"以便让该区的白人居民出售房产，大家都明白，这所学校（将会）在那一年年底移交给尼格罗人"。

在种族融合的市中心区域有两所面向白人学生的高中，都已关闭并搬到北部近郊区，而该市第一所面向黑人学生的高中则建在远离市中心的西部，这是一个相对不太发达的地区，但已经打算分配给非裔美国人。亚特兰大教育局委托哥伦比亚大学的两位专家进行了一项研究，专家建议在市中心区西北方一处人口密集的社区安排一所新的初中，市中心区小学人满为患的情况非常严重。因为这个地区不同种族混居（而且已经被指定将来为非裔居住区），教育局驳回了顾问的建议，而是跨过铁路线、在远处的北部郊区建了一所新的白人初中。此举迫使白人家庭停止在种族融合社区住下去——如果他们希望处于青少年时期的孩子接受教育的话。

在休斯敦，20世纪20年代城市规划委员会还画了一张指定"种族限制区域"的地图。得知佐治亚州一家法院驳回了亚特兰大的区划法令之后，休斯敦一直没正式采用过这张地图。但是，和亚特兰大一样，教育局用这张图来指导工作。在20世纪初，休斯敦很多社区都属于种族融合社区；该市共有6个行政区，每个区都有相当多的非裔儿童和白人儿童生活。每个区都有一所面向非裔儿童的学校离白人学校很近，有些情况下两所学校甚至就在同一个街区。超过1/4的非裔儿童生活在至少70%的人口为白人的学区。但是，城市规划方案预计将休斯敦西区发展为白人专享住宅区，同时将非裔美国人推到西区之外，推向南部和东北部正在开发中的聚居区。

为了实现这一目的，20世纪20年代和30年代，教育局在西区为白人建起了设施先进的新学校；也在偏远的南部地区为非裔美国人建了一所现代化高中，以此引诱中产阶级黑人家庭搬过去。该市还在新高中旁边盖起了一家新的休斯敦黑人医院，进一步刺激非裔美国人迁移。教育局关闭了西区一所面向非裔学生的小学，在东北部地区的工人阶层社区为他们建起了设施更加完善的学校。教育局在南区和东北区为非裔美国人建起了造价相对昂贵的学校，但几乎没怎么拨款改善西区招收非裔学生的学校。同样，在划归非裔美国人居住的区域，白人学校被关闭，或者自生自灭。每当教育局要就面向非裔美国人的学校做什么决定的时候，一个主要的考虑就是避免"靠近白人地区"。本杰明教授得出结论，休斯敦的"学校建设计划是在布朗诉教育委员会案宣布学校中的种族隔离违宪之后继续在学校保持种族隔离的关键"。

Chapter Nine
第 9 章

政府默许的暴力

1954年，宾夕法尼亚州莱维敦。一群人集结起来，准备去骚扰搬入这个纯白人社区的第一户黑人家庭

威尔伯·加里（Wilbur Gary）是一名建筑承包商，1952年，他和家人一起住在加利福尼亚州里士满的一个公房小区中。他是非裔美国人，也是海军退伍军人，之前在造船厂工作，担任他所在的美国退伍军人协会地方分会的副会长。加里一家需要寻找新的住处——联邦政府的《兰哈姆法》要求，政府为战时工人建设的住宅区只能是临时性质，因此他们所在的公寓群计划拆除。加里的战友、海军少校悉尼·霍根（Sidney Hogan）即将搬出罗林伍德，这是个近郊住宅区，就在里士满城外不远，是第二次世界大战期间建设起来的，联邦住房管理局要求在该小区实行限制性契约条款。但是，4年前最高法院已经有了裁定，此类契约不具法律效力，因此霍根把他的房子卖给了加里夫妇。

但是，一家叫作"罗林伍德促进联合会"的业主组织坚称，该组织的契约赋予了它将非裔美国人驱逐出去的权利。全美有色人种协进会给加里夫妇提供援助，问这个业主组织是否真的胆敢执行这份契约。这些邻居于是试图以高出加里所付金额15%的价格买下加里的房子。加里夫妇拒绝了这一提议。

加里一家搬进来后不久，约300名白人在他家门外围作一团，大声咒骂，投掷砖头（其中一块打碎了前窗的玻璃），并在草坪上焚烧了一个十字架。有好几天的时间，警察和地方治安警官拒绝介入,因此全美有色人种协进会发现,有必要自己组织护卫队。共产党下属的一个民权组织也提供了帮助。记者杰西卡·米特福德(Jessica Mitford)在其书《美妙的旧时冲突》(*A Fine Old Conflict*)中描述了她所参与的该组织的行动,包括护送加里太太和孩子们去上班、上学,在附近街道巡逻,提醒加里一家注意可能在集结的暴徒。

与此同时,全美有色人种协进会向时任加利福尼亚州州长的厄尔·沃伦(Earl Warren)、首席检察官布朗和当地地方检察官施加压力,要求他们介入。这些人最后终于介入了,命令该市警方和地方治安官对加里一家提供保护。但是,抗议和骚扰又持续了一个月之久,其间威尔伯·加里和民权组织不断要求警方进行干预。但是,警方没有逮捕任何人。地方治安官声称,他没有足够的人力来阻止暴力事件的发生。但是,也许只要逮捕一个人就足以使这群暴徒撤离。

I

差不多正是在这个时候,莱维特公司开始建设它的第二个大型小区,这个小区建在宾夕法尼亚州的巴克斯县(Bucks County),属于费城郊区。宾夕法尼亚州的这个小区建于后谢利案时期,因此没有限制性契约条款,但是,联邦政府继续要求莱维特和其他开发商不得向非裔美国人出售住房,才会继续支持他们。罗伯特·梅里戴,就是前文提到的那位给莱维特的长岛工程运送物资的非裔美国人,又从这家公司拿到了一单合同,给巴克斯县的工地运送石棉水泥板。他把家人安顿在附近布里斯托尔(Bristol)的一个非裔美国人社区。他的儿子小罗伯特上了布里斯托尔高中,1955 年毕业。他在学校有个女朋友，名叫雪莉·威尔逊（Shirley Wilson），他回忆说威尔逊一家曾打算搬到莱维敦，但遭到了莱维特公司的断然拒绝，即使由此引发了很多负面报道。

我提起这场"恐慌"（这是小罗伯特·梅里戴在回忆威尔逊事件时所用的词），是因为这样的事件比历史学家所能记载的更为常见，非裔美国人群体内部已经认识到自身住房选择有限，此类事件对他们的认识一定有深远影响。值得注意的是，非裔美国人家庭仍继续努力，试图打入白人近郊住宅区——就像他们在巴克斯县的莱维敦所做的那样。

到20世纪50年代晚期，打算离开这个小区的白人业主意识到，把房子卖给非裔美国人可能对他们有好处，因为非裔美国人极度渴望住房，会付比白人更高的价格。1957年，一名非裔美国人退伍军人比尔·迈尔斯（Bill Myers）和他的妻子黛西·迈尔斯（Daisy Myers）碰巧就遇上了莱维敦一位愿意出售住房的业主。

迈尔斯和莱维敦的很多居民一样，参加过第二次世界大战。他以陆军上士的身份复员，在离新泽西州托伦顿（Trenton）不远的一家工厂找到了一份稳定的工作，在工程部担任实验室技术员。黛西·迈尔斯是大学毕业生，比尔·迈尔斯也在攻读电气工程方向的学位。因为迈尔斯一家都是黑人，没有银行愿意给他们提供抵押贷款，这时纽约市的一位慈善家主动给他们提供了私人贷款，于是迈尔斯夫妇带着他们的3个孩子搬进了新家。

几天以后，美国邮局的一名邮递员——也是一名正在执行公务的联邦政府职员——注意到自己在给一个非裔美国人家庭送信。他在来来回回送信的时候大喊："黑鬼们已经搬进莱维敦了！"多达

600名白人示威者聚集在迈尔斯一家门前，向这家人和他们的房子投掷石块。有些人还在迈尔斯家隔壁租了一个单元，在这里建起会所，会所里整夜飘扬着南方的旗帜，飘荡着南方的音乐。警察来了，但没什么用。迈尔斯先生要求24小时保护，这时警察局长告诉他，警察局没那么多人。治安法官指责州警"乱管闲事"，因为当地方警察未能制止这场骚乱的时候，州警出动了。其实这样的担忧根本没有必要：州警也拒绝履行职责。

有两个月的时间，执法机构对人们投掷石块、烧毁十字架、在隔壁的会所墙上刷上三K党（Ku Klux Klan, KKK）*的标志等行为置之不理，还有一户支持迈尔斯一家的人家遭到故意破坏。有些警察本来是派来保护非裔美国人家庭的，却和暴徒站在一起，开着玩笑，鼓励这些参与者。有一位警官因为不执行下发给他的不得干预闹事者的命令而被降职为巡警。

地方检察官跟比尔·迈尔斯商量，提出以远远高于他当时所付额度的价格买下他的房子。尽管大家都知道骚乱的头领是谁，有好几个星期的时间警察根本没打算逮捕他们，也没打算关闭这家会所。联邦政府既没处罚也没责备那个邮递员。最后，宾夕法尼亚州的州检察长以扰民的罪名起诉引起骚乱的人，拿到了禁止令，骚乱不得继续下去。但是迈尔斯夫妇一直感觉处于危险之中，只又住了4年；1961年，他们卖掉了在莱维敦的房子，搬回了之前居住的宾夕法尼亚州约克市的非裔美国人社区。

警察未能保护加里一家和迈尔斯一家，这是否构成了政府支

---

* 三K党是1866年在田纳西州成立的南方白人种族主义组织，针对黑人、激进共和党人及其支持者采取暴力恐怖活动。——编者注

持的、"法律上的"种族隔离？当警察坐视不管、对这些家庭遭受的恐吓不予阻止时，这些非裔美国人家庭的宪法权利是否遭到了破坏，还是说他们只是遇上了流氓警察，国家无须为此负责？当然，我们不能要求国家为有种族歧视的警察的所有行为负责。但是，这些警察打着法律的幌子，做出的却是种族歧视性行为，这一点毋庸置疑，而如果他们的上司对此心知肚明，但要么鼓励这样的行为，要么未能采取足够的措施来制止，那么这些就不再只是流氓行为，它们传递的是一种国家政策，而这种政策违反了第十四修正案所保障的正当程序和平等保护。

如果用这样的标准来衡量罗林伍德和莱维敦事件中警方的表现，我们就必须承认，执法人员参与了破坏加里一家与迈尔斯一家公民权利的行为，政府机构本该以社区的安宁为己任，但它们这种未加补救的共谋却在一定程度上促成了这些社区"法律上的"种族隔离。

II

加里一家和迈尔斯一家的遭遇并非偶然事件。在 20 世纪的大部分时间，警方对于烧毁十字架、故意毁坏他人财产、纵火及其他意在维持居住隔离的暴力行为的姑息与推动都是蓄意为之，全国上下皆然。

在选举产生的政府官员和执法人员的默许下对最早一批试图融入白人社区的非裔美国人的攻击，恐怕不能用白人因为邻居的社会阶级低于自己而感到不悦来解释。加里夫妇和迈尔斯夫妇都是货真价实的中产阶级。因为更富裕的社区对他们关上了大门，所以这些饱受骚扰的非裔美国人往往比攻击他们的白人邻居职业地位和社会地位更高。人们不断地重复，反对种族融合是基于对社区品质恶化的担忧，这一情况证明这种说辞完全是谎言。实际上，当非裔美国人成功入住此前属于白人的社区时，他们往往"表现出自己最好的一面"，不会让邻居有任何抱怨的理由或借口，煞费苦心地确保他们的家，甚至草坪都比所在街区其他人家打理得更好。

与其他地区相比，芝加哥地区的此类事件也不过是稍微普遍而已。为了防止种族融合，政府默许下的暴力事件在第二次世界大战之后这段时间发生最为频繁，但此类事件在20世纪到来、吉姆·克罗时代的初期就已经开始了。

1897年，芝加哥伍德劳恩（Woodlawn）小区的白人业主向非裔美国人"宣战"，以暴力相恐吓，要将所有非裔家庭从该地区赶出去，当局并未加以阻止。10年后，在毗邻伍德劳恩的海德公园，海德公园促进保护会（Hyde Park Improvement Protective Club）组织了针对向非裔美国人出售住房的商人的联合抵制，并提议出资让居住在该地区的非裔美国人放弃房产。如果这些手段都未能奏效，白人就蓄意破坏，向非裔美国人的窗户投掷石块。该俱乐部的领袖是一位知名律师，俱乐部发表了提倡种族隔离的快报，因此，当局如果想干预他们的阴谋计划，应该并不困难，但当局并没有采取任何措施。

1917年到1921年间，芝加哥聚居区首次进行严格界定，当时白人住宅区的边界地区已有非裔美国人搬了进去，这些地方发生了

58起向房屋投掷燃烧弹的事件，没有任何人被逮捕或起诉——尽管有两名非裔美国人居民丧命。在其中一起案件中，有人将炸药投入知名莎士比亚戏剧黑人演员理查德·B.哈里森（Richard B. Harrison）的家中。这些炸弹是从旁边大楼里一套上了锁的空置公寓中扔出来的。警察并没有认真去查找肇事者，甚至都没有询问楼里的住户，尽管能进到这套公寓中的阴谋分子极为有限。

这58起爆炸事件中有近30起集中发生在自1919年春天起大约6个月的时间里，导致了全国最为严重的种族骚乱之一，骚乱的开端是一名白人男青年向一名非裔美国人泳者投掷石块的事件。当时该泳者正向一处普遍认为是只供白人使用的公共沙滩地区游去。这个游泳的人淹死了，当时在场的警察并没有逮捕攻击他的人。后来，白人和黑人之间发生了一系列的冲突，导致38人丧命（其中23人为非裔美国人），使得接下来的年月中芝加哥的种族关系进一步恶化。

种族间的暴力行为持续存在，丝毫不见减退。在第二次世界大战结束后的第一个5年中，有357起记录在案的"事故"是针对打算在芝加哥的种族边界地区租房或买房的非裔美国人的。从1944年年中到1946年年中，在与芝加哥人满为患的黑人住宅区相毗邻的白人社区中，发生了46起攻击非裔美国人住宅的事件；其中有29起属于纵火、爆炸事件，导致至少3人死亡。在1947年的前10个月内，此地发生了26起纵火、爆炸事件，没有任何人被逮捕。

非裔美国人哈维·克拉克（Harvey Clark）是芝加哥的一名公交车司机，也是空军退伍老兵。1951年，他在芝加哥近郊的纯白人社区西塞罗（Cicero）租了一间公寓。一开始，警方极力阻止他和妻子约翰妮塔（Johnnetta）及两个很小的孩子入住这间公寓。警方威胁他说，如果不离开的话，就要逮捕他们一家，甚至比这还糟糕。"滚出西塞罗"，警察局长这么对出租这间公寓的房地产经纪人说，还加了一句："别再回来……不然你会吃枪子儿的。"当哈维·克拉克拿到了禁止令，要求警方停止干预他入住该公寓并"给予他充分的保护，禁止任何干预他入住的企图"时，警方对此不予理睬，没有采取任何行动，例如，并没有阻止一群少年向公寓的窗户连连投掷石头。克拉克一家拒绝离开，于是一群大约4 000人组成的乌合之众开始闹事，他们突然对公寓发起袭击，毁坏了房间内的一些设施，把这家人的东西扔出窗外，扔到草坪上，并放起了火。在场的警官没有逮捕任何人。《时代周刊》报道说，警察"就像是足球场的引座员一样，彬彬有礼地应对乌泱泱的人群"。

州长阿德莱·史蒂文森（Adlai Stevenson）动用了国民警卫队来恢复秩序。尽管有118名闹事者被逮捕，库克县（Cook County）大陪审团并没有对其中任何一名提出控告。但是，大陪审团却对哈维·克拉克及其房地产经纪人、有色人种协进会律师，以及把公寓租给他的白人女房东及其律师提起了诉讼，控告他们煽动闹事、密谋降低房产价值。36年后，又有非裔美国人试图搬进西塞罗，这次迎接他们的是燃烧弹和步枪子弹。同样没有任何人因为这些攻击行为被定罪。西塞罗的议事会主席在冲突过后夸口说"该地区坚不可摧"。

1953年，芝加哥住房管理局第一次在纯白人的南迪灵（South Deering）社区将特兰博尔公园（Trumbull Park）住宅区的公寓出租给非裔美国人家庭。此后是长达10年的断断续续的乱民暴动。整个时期非裔美国人家庭都要求警方提供保护。在一群非裔美国人搬进来的当天,多达1 200名警察被调来保护这些非裔美国人家庭,但是,在逮捕、起诉行凶者以终结攻击行为方面,他们几乎没有任何作为。这次的暴力事件是由社区联合会,即南迪灵促进联合会领导发起的,但该联合会的领袖并未被控有任何犯罪行为。有几个投炸弹的家伙被逮捕了,但这发生在警察默默注视他们投完炸弹之后。他们面临的只是轻罪指控。一名观察员得出结论:"普通警察对白人闹事者的同情……极为强烈。"芝加哥公园区警察局局长在南迪灵促进联合会的一次会议上发言时,对他的听众表达了同情:"很不幸,有色人种选择在这里出没。"暴民的攻击颇见成效。芝加哥住房管理局解雇了其执行理事伊丽莎白·伍德(Elizabeth Wood),这位女士批准将之前为白人专享的住宅小区的公寓出租给非裔美国人。*

布里奇波特(Bridgeport)是芝加哥市长理查德·J.戴利所在的纯白人社区。1964年,该社区一名白人民权激进分子把一套公寓租给了几名非裔大学生。一群人围在公寓前,向其投掷石块。警察进入该公寓,拿走了这些学生的物品。当这些学生放学回来时,警察告诉他们,他们已经被驱逐了。

底特律及其近郊住宅区发生的情况与此类似。在"二战"过后的头几年,该市发生了200多起意在阻止非裔美国人搬进白人为主

---

* 伍德一直在给芝加哥住房管理局理事会施加压力,让他们放弃种族隔离行为。据悉,芝加哥住房管理局解雇伍德的理由是,在没有得到批准的情况下,她向媒体披露,她试图劝说芝加哥住房管理局遵循其所声称的无歧视政策却无功而返。

第9章 政府默许的暴力

的社区的恐吓、暴力行为。之所以会发生这样的恶性蔓延,是因为可以想见,警察会袖手旁观,他们不会做任何努力去制止这样的袭击,更别提事先防范了。1968年,密歇根州民权委员会的一名官员在报告中说:"经验告诉我们,黑人家庭试图搬入底特律近郊区的所有努力,几乎都遭到了阻挠。"

在费城地区,迈尔斯一家遭遇的攻击并不罕见。1955年上半年发生了213起暴力事件,终于确保大多数非裔美国人会继续待在费城北部的聚居区。有些事件中还发生了迈尔斯一家经历的那种迁居暴力,其他事件中则是白人青少年捍卫他们认为非裔美国人不应跨越的社区边界。虽然在一些案例中也许难以确定闹事者,但是要说警察无法抓到一定数量的闹事者以防止类似冲突重复发生,是不太可能的。

在洛杉矶地区,有些非裔美国人到离他们当前的聚居区域仅一步之遥的社区寻找住房,迎接他们的是烧毁十字架、点燃炸药、从窗户投掷石块、乱写乱画及其他蓄意破坏的行为,还有数不清的恐吓电话。1945年,有一家人搬进纯白人社区之后,新房爆炸,全家人——父亲、母亲及两个孩子——全部丧生。1950年到1965年间,洛杉矶共发生了100多起迁居爆炸和蓄意破坏事件,只有一起案件中有人被逮捕并被起诉——这还是因为在地方警察和检察官说他们找不到任何人可以起诉后,加利福尼亚州的州检察长接管了这个案子。

1968年的《公平住房法》规定,以暴力行为阻止社区融合构成联邦犯罪,司法部也依法审理了几个案子。尽管如此,试图离开以黑人为主的地区的非裔美国人仍频繁遭到攻击,这种情况一直持续到20世纪80年代。南方反贫困法律中心(Southern Poverty Law

Center）发现，在 1985 年到 1986 年期间，此类案只有大约 1/4 会进入公诉环节，但是，在 1985 年到 1990 年间，起诉比例迅速增长，达到 75%。起诉比例可以有这样的增长，也揭示了以前警察和检察官对此类犯罪行为是何等的姑息纵容。尽管如此，仅在 1989 年，该中心就记录了 130 起迁居暴力的案例。

20 世纪中期，地方警察和联邦调查局不遗余力地去渗透、瓦解自由组织、左翼政治组织及有组织的犯罪集团。但是，在全国上下反对非裔美国人融入以前的白人社区时，面对这样的恐怖运动，他们并没有采取类似行动，就这一点，至少可以认为，他们是暴力事件的同谋。哪怕仅仅是把几个广为人知的案件的闹事者绳之以法，可能剩下的几千起事件就不会发生了。

我们也不能把未能阻止暴徒袭击的责任都归于警察，因为他们的行动并没有得到上级的明确批准。最近几年，我们看到好几个例子，都是有关类似情形下警察所面临的抉择。如果一名警察杀死或打了一名非裔美国人，并且有明显的种族动机，现在我们认为该警察的上司会开除他（或她）；或者，如果就一名市民的公民权是否被侵犯有疑问，则应该在调查期间将该警察停职。如果警方的上级官员未能采取这样的措施，我们希望更高层的权力机构会进行干预。如果他们不这么做，我们就有理由认为，警察的处理方式在其上司认为合理的范围之内，并且反映了政府的政策。

Ⅲ

非裔美国人安德鲁·韦德（Andrew Wade）是一名电气承包商，

也是朝鲜战争的海军退伍军人。1954年,他想在肯塔基州的非裔美国人中产阶级社区路易斯维尔购房,但未能找到合适的房子。他的朋友卡尔·布雷登(Carl Braden)是著名的左翼活动家,这位朋友建议他不妨看看白人中产阶级社区。随后,卡尔·布雷登和他的妻子安妮·布雷登(Anne Braden)决定为安德鲁·韦德和他的妻子夏洛特买幢房子。韦德一家看中了夏夫利(Shively)的一套房子,这是一个纯白人社区。布雷登夫妇买下了这套房子,并签字转让房契。

韦德夫妇和孩子们搬家的时候,一群人聚集在房前,隔壁单元的空地上烧毁了一个十字架。这家人搬进来的第一天晚上,一块石头从前窗砸了进来,上边还系着一张写着"黑鬼滚出去"的纸条。这一天夜里晚些时候,有10发步枪子弹穿透厨房门上的玻璃射了进来。示威活动在一名治安警察的注视下持续了一个月,最后这幢房子被炸毁。治安警察说他什么也没看见。韦德一家搬进来之后只发生过一次逮捕:被逮捕的是安德鲁·韦德和他的一个朋友,罪名是"扰乱治安",因为韦德先生没有知会警方这位朋友将要到访。路易斯维尔的警察局长和投掷炸弹的破坏分子非常熟悉,他警告卡尔·布雷登,烧毁韦德房产的那些人,正瞄准布雷登的家作为他们的下一个目标。

警察局长承认,扔炸弹的人和烧十字架的人都已经对其罪行供认不讳,但这些闹事者并没有被起诉。相反,大陪审团对布雷登夫妇提出控告,同时被控告的还有另外4人,陪审团指控他们将房子售予非裔美国人,合谋煽动种族冲突。正式罪名是"妨害治安"。后来他们撤销了对别人的指控,但卡尔·布雷登被判入狱15年(他最后在上诉中获胜并被释放),韦德一家则回到路易斯维尔的非裔

上图：夏洛特、罗斯玛丽和安德鲁·韦德。照片摄于1954年，在他们位于肯塔基州夏夫利的房子的窗户被石头砸穿后。下图：一名警员正在检查韦德被炸毁的房子的损毁情况

第9章 政府默许的暴力

美国人聚居区。

在肯塔基州,这样的暴力行为并没有在20世纪50年代结束。1985年,罗伯特·马歇尔(Robert Marshall)和玛莎·马歇尔(Martha Marshall)在西尔韦尼亚(Sylvania)买了一幢房子,这是路易斯维尔另一个一直为白人专享的近郊住宅区。就在他们搬进去的当晚,有人向房子投掷燃烧弹。一个月后,又发生了一起纵火案,这次房屋被烧毁,几个小时之后,三K党举行集会,会上一个发言人夸口说不会允许任何非裔美国人住进西尔韦尼亚。于是马歇尔一家起诉了一名已经被确认为三K党成员的地方警官。这名警察证实,他所认识的40名三K党成员中约一半人也在警察局工作,只要信息不公开,他的上司对警察的三K党身份并不追究。*

多年前我读过安妮·布雷登的回忆录《中间的墙》(*The Wall Between*),书中描述了她和她的丈夫如何因帮助安德鲁·韦德入住路易斯维尔的白人社区而被肯塔基州起诉。2007年,美国最高法院禁止路易斯维尔学区实行种族融合计划,理由是路易斯维尔的种族隔离"不是政府行为的产物,而是个人选择的结果"。这时,我又想起了安妮·布雷登的描述。

政府默许下的暴力行为是一种手段,还有许多其他手段,各级政府借助这些手段来维护路易斯维尔和其他地区的种族隔离制度。韦德一家和马歇尔一家在试图穿越居住的肤色界限时遭遇了充满敌意的政府力量,他们只是这样的中产阶级家庭中的两个。在

---

* 有两名闹事者因为领头投掷燃烧弹被宣布有罪,其中一人的连襟是三K党成员,三K党集会就是在他的房子里进行的。但是,后来发生了更为严重的纵火案,没有任何肇事分子被逮捕。我们不妨认为,既然警察局里20名警官都是三K党成员,他们若想圈定闹事者,想必不难做到。

路易斯维尔，还有多少非裔美国人中产阶级家庭在听说了这两家的遭遇之后被吓退，从此不敢入住自己想住的社区？他们的下一代是否会因父辈的遭遇而对种族融合心存恐惧？对这些事件的记忆将会持续多久？它们的恐吓作用还要持续到几时？

Chapter Ten
第 10 章

收入抑制

1943年，加利福尼亚州索萨利托（Sausalito）。约瑟夫·詹姆斯（前排右二，桌边）组织造船厂的黑人工人拒绝向实施种族隔离制度并且毫无影响力的附属工会缴纳会费

对"法律上的"种族隔离有一种常见解释,即过去大多数非裔家庭没有能力居住在以白人为主的中产阶级社区,现在情况仍然如此。这种观点进一步认为,非裔美国人被孤立反映的是他们收入水平低的状况,并非"法律上的"种族隔离。种族隔离将一直持续存在,直到更多的非裔美国人可以提高受教育水平,赚到足够多的钱,搬出极度贫困社区。

乍一看,这个解释似乎还挺说得通。但是,如果我们不审视一下政府在大半个20世纪一直在执行的,蓄意将黑人的收入压制在较低水平的政策,我们就无法理解非裔美国人和白人之间一直存在的收入差距和财富差距。政府一旦实施这些政策,经济方面的差异就会自我延续、一直存在下去。对于美国人来说,无论是黑人还是白人,想在全国收入分配中比他们的父辈更上一层楼,虽非不可能,也是极为罕见的。每个人的生活水平可能都比上一代有所提升,但个体的相对收入,即个体收入相比于同代其他人的收入,与其父母的收入在他们那一代人中的相对情况惊人地相似。

因此,在描述法律上的居住隔离时,不仅要包括公共政策如何从地理上将非裔美国人和白人隔开,还应该包括联邦和州劳动力市场政策如何毫不掩饰其种族目的,极力压低非裔美国人的工资。此外,有些地方政府向非裔美国人征收的赋税高于白人,可能这样的地方政府还不在少数。这些政府行为形成种种复合效应，因为就算非裔美国人与白人的工资和税率一模一样，社区隔离本身就已经使这些家庭承受比白人家庭更大的开支。结果就是：黑人家庭的可支配收入更低、储蓄更少，这使他们无法累积财富，从而导致中产阶级社区的住房超出他们的承受范围。

如果政府有意压低非裔美国人的收入，并因此导致他们被排除在主流住房市场之外，那么这些经济政策也是"法律上的"种族隔离框架中的重要部分。

I

从奴隶制解放出来之后很久，大多数非裔美国人仍被挡在自由劳动力市场之外，工资也不可能有结余。这种阻碍是奴隶制的另一个标志，国会的责任是要去除这样的标志，而不是任其保持下去。

内战过后，出现了一种实行契约奴役制（indentured servitude）的佃农耕种制度，该制度在南方重建时期过后进一步强化，使奴隶制的某些方面延续下来。如果从收入中减去食物和其他生活成本，佃农欠种植园主的钱数通常比他们应得的工资还多。当地治安官强制执行这样的劳役偿债制度，逮捕、攻击、谋杀那些试图离开的人，或纵容种植园主继续使用暴力，以此阻止佃农去其他地方寻找工作。

在很多案例中，非裔美国人因为很轻微或者并不存在的过失遭到逮捕（例如，如果他们下班后进城就会犯流浪罪），如果他们无法缴纳罚金或诉讼费，典狱官有时会将其卖到种植园、矿山或工厂里去。在《改头换面的奴隶制》（*Slavery by Another Name*）一书中，道格拉斯·布莱克蒙（Douglas Blackmon）估计，从重建时期结束到第二次世界大战，因此沦为奴隶者超过 10 万人。仅美国钢铁公司所开矿山就使用了数万名被囚禁的非裔美国人。第二次世界大战期间，这种做法有所减少，但是，直到 1951 年，国会才履行其第十三修正案的义务，明确宣布此举违法。

有一部分非裔美国人在 20 世纪早期就逃到了北方，其他人却遭到强行禁止或恐吓，无法这样做。不过，第一次世界大战期间，由于没有任何技能的欧洲移民急剧减少，北方的工厂派招聘人员前往南方。这些人往往乔装打扮，如伪装成保险公司的推销员，以免被治安官逮住。在这段时期，有 60 多万非裔美国人离开南方，大多数人去往北方和中西部地区寻找工作机会。历史学家称之为"第一次大迁徙"（the First Great Migration）。

后来，第二次世界大战又导致了发生于 1940 年到 1970 年间的"第二次大迁徙"（the Second Great Migration）。因此，大多数非裔美国人直到近期才可以开始积累购房所需的资本，远远晚于欧洲移民群体可以参与工资经济的时间。而且，当离开南方的非裔美国人进入北方的劳动力市场时，联邦、州和地方政府与私人雇主联合起来，确保他们的收入比白人低、待遇比白人差。

II

20 世纪 30 年代，罗斯福总统只需要拉拢南方的民主党人，就可以凑够通过新政立法所需要的国会多数席位，这些民主党人疯狂地支持白人种族至上主义。结果，社会保障、最低工资保护、对工会的认可都将非裔美国人占主要力量的行业——农业和家政服务业——排除在外。州政府和地方政府的做法也大致相仿。例如，20世纪30年代中期，圣路易斯为非裔病人建了一家种族隔离医院，一位承包商雇用了唯一的一名黑人瓦匠，这时白人工会成员提出抗议，该市与这位承包商解约，并宣布此后再不会使用任何聘用非裔美国人的公司。

田纳西流域管理局不但在住房方面对工人进行种族隔离，在工作中也是如此。在施工工程中，他们会安排非裔美国人单独工作，但这也只是在个别建筑工地需要较多的非裔美国人且他们构成该工地全部工人的情况下。如果不是这样，非裔美国人就完全没有工作机会。田纳西流域管理局不允许任何非裔美国人晋升到领班或其他管理职位。1933年通过的第一个全国性新政项目联邦紧急救济署（Federal Emergency Relief Administration）花在失业白人身上的资金高到离谱，但往往拒绝给非裔美国人提供就业机会，只允许他们做些技术含量极低的工作，即使是在这样的工作中，付给非裔美国人的报酬也低于官方规定的工资。

后来，罗斯福在就职第一年成立的另一家新政机构——全国复兴总署（National Recovery Administration）也普遍采用类似政策。该署针对不同行业规定了最低工资、最长工时以及产品价格。这些章程遵循常规，不向非裔美国人提供白人工人所享受的福利。除了农业和家政服务之外，全国复兴总署的章程也不涵盖以非裔美国人为主要劳动力的分支行业，甚至个别以非裔美国人为主的工厂。罐头加工、柑橘包装、轧棉等属于工业性工作而非农业性工作，但从事这些工种的工人通常都是非裔美国人，因此他们不能享受全国复兴总署的工资和工作时间标准。全国复兴总署考虑到南方的生活成本应该较低，给该地区规定了较低的工资标准。特拉华州90%的化肥生产工人是非裔美国人，于是化肥工厂被划为"南方"工厂，而该州其他雇用白人的工厂则被划为"北方"工厂，并因此可以享受较高的最低工资。

1933年政府与企业领袖讨论产生的第一个行业章程提高了棉花纺织业的最低工资，导致包括服装零售在内的整个生产链价格上涨。但是，这个协议绕开了以非裔美国人为主的工种：洗衣工、外部人员和园丁。该行业的1.4万名非裔美国人中，有1万人所从事的工作属于上述工种。全美有色人种协进会提出抗议："对于这些工人来说，全国复兴总署的做法意味着他们必需的生活开支提高了10%~40%，但他们的工资却一分没涨。"

国民自然资源保护队不但对居住营地进行种族隔离，而且允许禁止非裔美国人报名或限制他们只能从事卑微工作的地方政策存在。在从事卑微工作的过程中，非裔美国人无法培养保护队意在提供的更高技能。佛罗里达州宣布不接受非裔美国人，而得克萨斯州的官员则宣称"这份工作只面向白人"。其他很多州都有符合条件的非裔美国人排在长长的轮候名单上，因为这些地区不允许国民自然资源保护队建设营地接纳非裔美国人住宿。当军队建起种族隔离的营地时，他们不允许非裔美国人担任部队头领，而是另外委任白人指挥官。民间资源保护队的营地通常有教育计划，但军官往往拒绝雇用黑人教授，把"教育顾问"的位置空着。

保护队的非裔队员也很少有机会晋升，获得机器操作工或文员等报酬更高的职位，即使他们有民用行业的相关经验。画家雅各布·劳伦斯（Jacob Lawrence）年轻时曾在微风山（Breeze Hill）工作，这是一个面向非裔美国人的隔离营地，在纽约市西南大约112.6千米处，该营有1 400名年轻人在铲泥，建设一项防洪工程。没有一个人能升到更高级的工种。

我岳父讲过他如何在一个白人国民自然资源保护队营地声称自己会打字（其实他只有最基本的技术），说服一位管理人员给了他文员工作后又飞快学会打字。之后他就可以给父母寄去一点点钱，使父母和弟弟妹妹不至于流离失所。那些已经会打字（或者同样能假装会打字）的年轻非裔美国人则没有这样的机会。这样的事情发生过成千上万次，可以在一定程度上解释大萧条前后非裔美国人和白人在经济情况方面的差异。

III

1935年，罗斯福总统签署了《国家劳动关系法》（National Labor Relations Act），授予建筑工地和工厂的工会在获得多数工人支持的情况下与资方进行谈判的权力。得到政府此项许可的劳工组织可以协商签订涉及公司所有员工在内的合同。纽约州参议员罗伯特·瓦格纳（Robert Wagner）提出的法案初稿，禁止政府给不赋予非裔美国人会员身份或职场权利的工会提供许可。美国劳工联合会（American Federation of Labor，AFL）游说瓦格纳去掉这一条款，他同意了。瓦格纳法案的颁布让人们认识到，有些违宪政策从法律上赋予了工会拒绝吸收非裔美国人的权利，这些政策得到了该法案的认可。在接下来至少30年的时间里，对于那些拒绝非裔美国人加入或只允许他们从事清洁及其他低收入工作的工会，政府一直保护其谈判权力。

在有些案例中，新近获得许可的工会运用他们的集体谈判权，迫使公司解雇在工会成立之前就已经受雇的非裔美国人，而受托执行这一法案的机构——国家劳资关系委员会（National Labor Relations Board）对此毫无反应。例如，在纽约，得到国家劳资关系委员会认证的建筑服务业雇员工会（Building Service Employees Union）强迫曼哈顿的宾馆、餐厅、办公机构等地的非裔美国人电梯工把职位让给白人。

IV

政府参与进来，封锁非裔美国人赚取工资的机会，这种做法在第二次世界大战期间后果尤其恶劣，当时黑人工人迁移到军工生产中心城市，寻求工作机会。罗斯福政府要求工厂从民用转为军工生产。陆军和海军很快就建起了造船厂、军火制造厂，以及飞机和坦克制造厂。但是，联邦机构容忍并且支持资方和工会联手，只允许非裔美国人在国防工厂中干一些报酬最低的工作。

战争期间艾伦·史蒂文森和弗兰克·史蒂文森到旧金山湾区寻找工作机会，这里的情况很有代表性。这个地区是全国最大的战时造船中心。1941年海运劳动者工会（Marine Laborers' Union）还只有7名成员，在接下来的几年间壮大到3万名。蒸汽管道工人工会的会员人数则从400名激增至1.7万名。类似的工会都有经过国家劳资关系委员会认证的协议，公司不能在没有工会推荐的情况下雇用任何人，而这些工会是不会推荐非裔美国人的。

1941年到1943年间，亨利·J. 凯泽（Henry J. Kaiser）的公司在里士满建了4家造船厂，可以提供11.5万个职位。它找不到足够的白人男性来填充所有职位，因此该公司开始招募白人妇女。到了1944年，女性占凯泽公司在里士满的劳动大军的比例为27%。接着，因为白人妇女也被招光了，凯泽公司派人去南方寻找非裔男性。到战争结束的时候，国防工业仍处于工人短缺的情况下，开始向非裔妇女开放一些工业领域的岗位，而她们之前只能做看门人、餐馆侍者和厕所保洁员。

在与工会积极分子进行了4年艰苦卓绝的斗争之后，1941年，福特汽车公司终于承认汽车工人联合会是其工人的代表机构。因为面临劳动力短缺可能威胁到其军事合同的局面，该公司雇用了弗兰克·史蒂文森这样的非裔美国人。最初福特公司并不允许他们在报酬较高的涂料车间工作，也不允许他们做领班、电工或其他的技术性工作。但是，随着工会的壮大，本·格罗斯这样的激进分子向福特公司施加压力，迫使它向非裔美国人开放更多的工种。

汽车工人联合会是新的、更强调平等主义的产业工会联合会（Congress of Industrial Organization）的一分子。但是，代表大多数造船厂工人的还是更传统的美国劳工联合会。因此，即使史蒂文森兄弟有充分的资格成为工会会员，大多数美国劳工联合会工会仍不允许非裔美国人加入。也有几个例外——船厂工人工会（Shipyard Laborers Union）中90%为非裔美国人，因为它代表的是薪酬最低的工人，如非技术性维护工作的劳动者，而白人很少从事这些工作。但是，该行业最大的工会是锅炉工国际兄弟会（International

Brotherhood of Boilermakers）、钢铁造船工人（Iron Shipbuilders）和美国帮手（Helpers of America，代表了全部造船工人的70%），它们于1940年与凯泽和其他造船厂签订合同，条件是只有工会成员可以工作。锅炉工兄弟会的章程禁止非裔美国人加入该工会。根据由国家劳资关系委员会认证的合同，凯泽公司只有在已登记的工会成员全部用尽的情况下，才可以雇用非会员。但是，这些新加入的雇员，必须先加入工会才能开始工作。

锅炉工国际兄弟会无力提供足够的白人工人，却又不想接纳非裔美国人，于是成立了种族隔离的工会附属分会。1943年，在开张后的第一年，这些附属分会在造船厂和其他由锅炉工兄弟会掌控工作岗位的行业安置了一万名非裔美国人。附属分会的会员需要向当地白人工会缴纳会费，但不能提出申诉，也不能在工会选举中投票。他们得到的附加福利大约是白人会员的一半。工会并不帮助黑人工人晋升到收入更好的职位，而且如果领班职位的工作内容包括监管白人的话，非裔美国人也不能得到提拔。尽管够资格的非裔美国人承担的是技术性工作，造船厂仍把他们划为学徒工，并按学徒工的标准支付报酬。凯泽的一名工人曾在民权会议上对这些政策提出抗议，公司因为他参加了此类集会而将其解雇。

全美有色人种协进会就这些做法向国家劳资关系委员会提出申诉，委员会批评了锅炉工兄弟会的政策，但保留了其纯白人工会的认证。至少还有另外29个国家级工会要么完全将非裔美国人排除在外，要么将他们限制在次等的附属分会中。

在战后几年间，有些工会开始自发废除种族隔离，但联邦机构仍继续在政府内部承认种族隔离的工会，直到1962年肯尼迪总统下令禁止这种做法。不过,直到20世纪70年代,邮政总局全国邮递员联合会在有些地区的工会才允许非裔美国人加入。非裔美国人邮递员不能提出申诉来抗议不公平待遇,只能加入面向非裔美国人的"一勺烩"组织——全国邮政员工联盟(National Alliance of Postal Employees),这是一个主要为卡车司机、分拣人员和从事低薪杂役工种的人员服务的工会。后来其中一名会员回忆,该联盟"不像邮递员联合会那样,对(当地)邮政局局长有影响力",因此非裔美国人就不太可能升职,别人也不太考虑他们愿意何时休假,以及他们应享有的其他工作权利。

在战后住房和公路建设蓬勃发展的年月里,建筑行业继续将非裔美国人排除在外,因此,蓝领工人在20世纪中期的战时生产和后来的郊区化时期实现了工资的大幅增长,黑人工人未能与白人一起同享丰厚的收入增长。非裔美国人既不能住在新的近郊住宅区,大多数情况下也不能通过参与郊区化建设提升自己的收入。

1964年,全国劳资关系委员会终于不再批准纯白人工会。虽然这时政策已经有了变化,该机构并未就几十年来由于其违宪的种族隔离政策给非裔美国人造成的收入抑制做出任何补救。又一个10年过去之后,非裔美国人才被美国劳工联合会的大多数行业工会所接受,但是,年资条例意味着要在许多年之后,他们的收入才能与这些行业中的白人具有可比性。到那个时候,种族间的收入不平等已成为既定的事实,而近郊区的种族隔离很大程度上也已经完成。

V

1941年，普尔曼车厢搬运工工会的全国主席A. 菲利普·伦道夫（A. Philip Randolph）组织了一场进军华盛顿的民权游行，要求罗斯福总统下令禁止国防军工行业的种族隔离政策及对非裔美国人的排斥。总统拖延了几个月，试图说服民权领袖取消游行，但是，就在离定好的游行计划不到一周的时候，他劝说伦道夫取消示威，作为交换，总统会下一道行政命令，禁止政府控制下的军工行业中的工会和资方实施种族歧视政策。虽然有些公司遵从了这一行政命令，但新政策并没有什么实际效力。

在这道命令下，公平就业实施委员会（Fair Employment Practices Committee）出现了，如果某家公司冥顽不化，继续实行种族歧视政策，该委员会可以建议取消军工合同，但是，在像西海岸这样的地方，公平就业实施委员会的办事处从来没有提出过类似的建议。该委员会对所有与战时努力相关的公司具有管辖权，如可能会被征用医治受伤士兵的非军方医院。但是，公平就业实施委员会旧金山办事处的主任无法让旧金山的医疗中心接受非裔美国人医生。

罗斯福总统任命《路易斯维尔信使报》（*Louisville Courier-Journal*）的出版商马克·埃斯里奇（Mark Ethridge）担任该委员会第一任主席，这就注定了这个机构会比较软弱。在上任后的一次演讲中，埃斯里奇对军工工厂中的种族隔离大加赞美。公众一片哗然，迫使他辞职，但他仍是该委员会中的一名成员，声称非歧视原则是"纳粹独裁式"的联邦决议，现在就算是"这个世界上的机械化部队，不管是同盟国的还是轴心国的……都不能强迫南方白人放弃"

第一夫人埃莉诺·罗斯福（Eleanor Roosevelt）支持民权领袖A.菲利普·伦道夫关于军工企业应雇用黑人工人的要求。她是伦道夫与她丈夫之间传话的密使，力劝他取消1941年6月可能在华盛顿举行的游行

军工产业中的"社会隔离原则"。*

公平就业实施委员会的成就微乎其微。有一次，里士满造船厂的两个非裔美国人因为被划入当地工会附属分会而向该委员会提出申诉，这是两名蒸汽管道熟练工；工会同意为这两人破例，条件是

---

* 13年后，当安德鲁·韦德试图搬进他从卡尔·布雷登和安妮·布雷登手里买下的住房时，马克·埃斯里奇仍是路易斯维尔这家报纸的出版商。当韦德一家的住处发生暴力事件时，《信使报》发表社论，敦促参与暴力行为的民众使用"正当法律程序"来驱逐韦德一家，尽管6年前最高法院已经做出裁定，不容许有任何此类法律程序出现。埃斯里奇的社论声称："在我们看来，真正发生判断错误的，是卡尔·布雷登夫妇……（他们的白人邻居）当然有权利……抗议黑人在他们的小区购买房产……（而且）否认他们的房产会因为该售房事件而贬值没有任何意义。"

其他相关政策都不会改变。还有一次,旧金山伯利恒(Bethlehem)船舶制造公司拒绝了一名来找工作的非裔美国人,因为机修工人工会(Machinists Union)不接受非裔美国人入会。公平就业实施委员

1943年,约瑟夫·詹姆斯在船只下水时演唱国歌,他是旧金山湾区非裔造船工人的领袖。但是,他所在的工会不给他晋升的机会,而且他也没得到任何附加福利

第10章 收入抑制　　　　　　　　　　　　　　　　　　　　　　　193

会要求工会领袖来参加听证会，但他对此邀请置之不理，委员会也没再采取任何措施。

和全国各地的城市一样，旧金山也在公职和公共设施中实行种族歧视，如电话公司当时就实行严格管制，因为存在地方垄断。太平洋电话电报公司是当地最大的公司之一，这家公司里一个黑人接线员都没有，只在勤杂工或其他低级工作岗位中雇用黑人，这家公司甚至拒绝了公平就业实施委员会的要求，后者希望它能发表一个声明，说它会遵守总统的非歧视命令。直到1942年，该市的有轨电车系统一直拒绝雇用非裔美国人。玛雅·安杰卢（Maya Angelou）是该系统雇用的第一批非裔美国人之一，她在10多岁的时候，谎报自己的年龄得到了售票员的工作。在新政策实施后仅两年的时间里，湾区就有了700名黑人站台操作工，而在战争初期一名都没有，这说明资质合格、等待就业的非裔美国人工人很多。

在索萨利托马林船舶公司（Marinship）的造船厂，工人宿舍已经在无意中形成了种族融合。当时新员工来得太快，根本来不及按种族进行分隔。1943年，造船厂有一半非裔工人拒绝向锅炉工国际兄弟会的种族隔离分会缴纳会费。于是工会要求马林公司开除这些违反工会规定的非裔美国人，造船厂照做了。加利福尼亚州总检察长和负责该地区船舶制造的海军上将向工人施加压力，希望他们放弃抗议，重新加入实行种族隔离的附属分会。工人们拒绝这么做，于是官员们敦促马林公司取消临时解雇的决定，但并未成功。

在公平就业实施委员会的一次听证会上，工会提出，其做法完全符合总统的行政命令，因为如果非裔美国人缴纳会费，他们并不会丢掉工作，同样的要求也适用于白人。公平就业实施委员会驳回了这一声明,但是延缓裁定,等待公司提出上诉。随后马林的黑人工人向法院起诉,但一名联邦法官判定,根据"联邦宪法或任何联邦法律条文",这些工人都没有相关权利。

于是这些非裔美国人把官司打到了加利福尼亚州的州法院,州法院一名法官再次将解雇事件搁置起来,等待公司上诉。最后,到了1945年,加州最高法院支持总统命令,以前所未有的语言声明种族歧视"与美国和该州的公共政策相背离"。锅炉工兄弟会遵从了这一裁定,但裁定来得太晚了。当加利福尼亚州最高法院的判决下来的时候,在该地区造船厂工作的非裔美国人有2.5万名,但当时战争即将结束,8个月之后,其人数就减至1.2万名。又过了9个月,造船厂关门,几乎所有员工都失业了。

公平就业实施委员会在其他地区也同样没起到什么作用。洛杉矶的洛克希德(Lockheed)和北美航空(North American Aviation),以及西雅图的波音公司都只雇用非裔美国人做勤杂工;当劳动力短缺迫使这些国防承包商开放其他工种时,它们拒绝给黑人工人提供同等的报酬和工作权利。在堪萨斯城,标准钢公司(Standard Steel)对公平就业实施委员会的回应是:"25年来,我们没雇用过一名尼格罗人,现在也不打算开始。"在圣路易斯,第二次世界大战打得热火朝天的时候,轻武器弹药厂(Small Arms Ammunition Plant)雇用了4万名工人,其一开始也拒绝雇用非裔美国人。这家公司应对民权示威的办法是为黑人工人建了一条种族隔离的生产线,只是到了战争趋于尾声、大部分工人停止工作的时候才同意让他们进入实行种族融合的生产线。

有些公司不遵从总统关于无歧视的行政命令,并没有影响到他

"我们为合众国的胜利献出生命,也为工作的权利而战斗"。1942 年,示威者抗议圣路易斯轻武器弹药厂拒绝雇用黑人工人

们的联邦合同,部分原因是罗斯福政府对种族平等尽管态度真诚,却总是不够热情。更重要的是,总统坚定地认为,相较于战争的胜利,任何其他目标都处于从属位置,这一信念的确难以抗拒。但即使是在这样的前提下,非裔美国人遭受的违宪待遇也应该得到补救,即便战争期间不能进行,也应该在战后进行补救,但是,联邦政府参与抑制非裔美国人劳动权利和劳动机会的问题从未得到处理,当时无人提及,之后也没有。

政府支持下的双轨劳动力市场一直持续到战争结束。1944 年通过了《美国士兵法》来支持退伍军人。退伍军人管理局不但拒绝给非裔美国人提供他们有资格享受的抵押贷款补贴，往往还把面向非裔美国人的教育和培训局限在低水平工作中，虽然这些人完全有资格获得更高的技能。有时候，地方的福利管理人员拒绝处理非裔美国人提出的四年制大学教育申请，而是把他们支到职业学校去。被开除军籍的退伍士兵不能享受《美国士兵法》的福利，而非裔美国人士兵被开除军籍的人数高到不成比例——有些是因为抗议军事小镇的种族隔离。*

VI

20世纪中期，找工作的人要靠州职业介绍所推荐空缺岗位或培训项目。1942年，作为一种战时措施，这些介绍所由联邦机构美国就业服务局（U. S. Employment Service）控制，通常情况下，该服务局不让非裔美国人登记接受技术性工作的培训。它在给地方事务所的指令中建议，如果一家公司在对工人的要求中没有明确提到种族排斥，事务所应该诱导其这么做，不妨假定该公司可能忽略了做此声明的机会。

这些做法一直延续到战争结束，此时人员安排和培训服务又重新回归各州掌控。例如，1948年，密歇根州就业服务局接到的所有

---

* 在"二战"结束时，给非裔美国人士兵开出的开除军籍证明几乎是白人士兵的两倍。1944年，杰基·罗宾逊（Jackie Robinson）被捕，并在最高军事法庭接受审判，当时他是一名陆军中尉，驻扎在得克萨斯州的胡德堡（Fort Hood）。他的罪名是拒绝去公共汽车上的种族隔离区域。3年后，罗宾逊将成为第一个在职业棒球大联盟中打比赛的非裔美国人，而彼时的他也已经是一名家喻户晓的运动员了。军方可能担心，一旦他被判有罪，会在非裔美国人社区引发骚乱。而且，在审判过程中，军方最后禁止在运送士兵的公共汽车上实行种族隔离。可能是出于上述两种考虑，他没有被判有罪。假如罗宾逊被开除军籍，布鲁克林道奇队（Brooklyn Dodgers）肯定不会聘用他，而20世纪民权运动的轨迹至少会因此放缓。

工作订单中，45%只面向白人，尽管在战后阶段的大部分时间里，劳动力处于极度短缺的状况；虽然有非裔美国人可用，但很多职位仍然空缺。密歇根州直到1955年才通过《公平就业实施法》，而且即便是在通过之后，该法规的实施也颇为勉强。

20世纪60年代，一道行政命令涉及联邦资助下的建筑项目承包商，该命令禁止种族歧视，要求采取平权行动，雇用非裔美国人。但是，当批准在加州奥克兰新建一个中心邮局（建在300多户家庭迁走而腾空的土地上，这些家庭大多为非裔美国人家庭）时，建筑过程中没有雇用一个黑人做管道工、施工工程师、钣金工、制铁工、电工或蒸汽管道工。1967年建设湾区捷运系统（Bay Area Rapid Transit）的地铁网络时，未雇用一名非裔美国人熟练工人参与工作。联邦合同遵守公署（Office of Federal Contract Compliance）责备工会没有招收黑人会员，这些工会都是经过国家劳资关系委员会认证的。捷运系统总经理承认，虽然捷运系统"承诺机会均等"，但它并不愿意坚持无歧视原则，因为那有可能会导致工会罢工，而"我们对公众的首要责任……是让该系统……尽可能准时交付使用"。尽管联邦政府规定，可以终止不遵守无歧视规则的承包商的合同，却没有做出任何惩罚。

即使到了今天，在国家劳资关系委员会认证的工会中，非裔美国人所享受的权益仍低于白人。2015年，纽约市钣金工人工会开始向同为工会成员但在1991年至2006年间得到工作任务较少的非裔美国人支付总共1 300万美元的补偿金。针对得到国家劳资关系委员会认证并参与政府合同的工会的类似歧视行为，有诉讼仍在进行中，涉及芝加哥管工工会、费城施工工程师工会和纽约钢铁工人工会。对于很多非裔美国人工人来说，种族歧视意味着他们永远不能像白人工会成员那样，有能力在种族融合的中产阶级社区购买住房。

VII

非裔美国人能从工资中攒下的钱不像白人那么多，因为在有些城市（可能很多都如此），带有歧视性的资产评估使得他们的可支配收入低于同等收入的白人。在计算房屋所有人的房产税时，会用房产的估定价值乘以税率，前者通常是由县级估税官来定的，后者则是由地方政府机构（市、县、学区、给水区、防火区等）决定。总的税率就是这些公共机构各自规定的税率之和。各机构决定自己的房产税税率时，会用该机构总的支出预算，即接下来一年的预计开支，除以管辖区内所有房产的估值总和。

估定价值并不一定要与市场价值一样，但是一个公平、无歧视的评估体系要求所有房产的估值与其市场价值成相同的比例。无论估税官说估定价值应该是市场价值的20%还是200%，房产所有人在计算完成后作为税金缴纳的美元额度都是一样的。如果一个城市总的估定价值比较高，则分摊到预算当中后产生的税率比较低。如果该市总的估定价值较低，则分摊到同样的预算中，产生的税率较高。低税率乘以高价值与高税率乘以低价值所产生的税收相同。

但是，估税官可能会在不同社区以市场价值为基准，估价时采用不同的比例系数，导致税收公平被破坏。20世纪中期，市、县政府通过这种做法从非裔美国人身上榨取超额税收。这些政府的做法是估高黑人社区的房产价值，并估低白人社区的房产价值。虽然估税官可能存在偏见，让他们在评估任何族裔的低收入家庭的房产时，估定价值占市场价值的比例都高于评估任何族裔富裕家庭的房产时得出的比例，仅此并不足以解释房产税中存在的差异。例如，1979年对芝加哥房产估值的一项研究进行了统计分析，表明这些差异单纯由社会阶级偏见引发的可能性不足1%。

房产所有人无从得知其他社区的房产估值偏低。非裔美国人发觉他们的房产税过高，但通常不知道原因。这就使得估税官造成的种族歧视尤为阴险。

纳税人的一种自然心理倾向是，如果估税官对房产估值较高，他们会很开心。这让他们觉得自己更富有，提高了他们的名义产权。但是估税官如何评判房产价值并不会影响一幢房子的可能售价；如果其他房产并没有以同样的方式抬高估值，估定价值较高仅仅意味着所纳税额会更高。是否存在有些社区的房产估值被抬高，而另一些社区的估值被压低的情况，很难进行研究，需要下很大功夫，对所有房产逐一进行估定价值与市场价值的对比。如果一幢房子并没有在最近售出，几乎不太可能对其市场价值有确切了解，因此研究不可能非常准确。然而，对奥尔巴尼（Albany）、波士顿、水牛城、芝加哥、沃思堡（Fort Worth）、诺福克（Norfolk）等地的研究证明非裔美国人负担的实际房产税确实更高。

例如，对波士顿1962年评估做法的调查发现，非裔美国人社区罗克斯伯里（Roxbury）的估定价值是市场价值的68%，而附近的中产阶级白人社区西罗克斯伯里（West Roxbury）的估定价值则为市场价值的41%。研究者无法找到除种族以外的理由来解释这一差异。

17年后，对芝加哥房产评估的分析发现，估值最低的社区是布里奇波特，这是市长理查德·J. 戴利所在的纯白人社区，该社区对非裔美国人的抵制是全美国最为激烈的。布里奇波特的估定价值对市场价值的比例比法律规定的估值比例低大约50%；而附近的非裔美国人所在的朗代尔北部，估值则比法律规定的比例高了200%。

在1973年对美国10个大城市的研究中，联邦政府住房与城市发展部发现了低收入非裔美国人社区估值偏高而相应的中产阶级白人社区估值偏低的惯常模式。该研究揭示，在巴尔的摩，位于约翰霍普金斯大学附近的中产阶级白人社区吉尔福德（Guilford）的房产税负担仅为巴尔的摩东部的非裔美国人社区的1/9。在费城，中产阶级白人所在的费城南部地区，负担仅为非裔美国人所在的费城下北区的1/6。芝加哥的中产阶级白人社区诺伍德（Norwood）的负担是非裔美国人社区伍德劳恩的一半。这份报告并没有引发美国司法部的任何行动。综合所有研究，这些差异太过明显，也太过一致，无法令人做出善意的解释。

非裔美国人业主和租户通过房东所缴纳的高额房产税，对他们所在社区环境的恶化有一定影响。交过税之后，这些家庭可用于房屋维修的资金所剩无几，有些家庭不得不与别人或更多家庭成员搭伙居住，才能支付房产税。

在芝加哥，过高的赋税还导致非裔美国人失去住房，因为投机商可以付清拖欠的税款，然后就可以占有房产，把业主赶出去，并出售房屋，获得暴利。因为相对于市场价值而言，非裔美国人承担的房产税通常较高，黑人家庭拖欠应缴税款的可能性更大，也就更可能任投机者鱼肉，他们会在付清应缴税款后占有住房。当代还没有人对按社区和种族进行的估值与市场价值的比值进行研究，所以我们不好说歧视性的征税估值是否一直持续到今天，也没法说如果是这样的话，受害的是哪些社区。但是，在类似巴尔的摩和克利夫兰这样的城市，非裔美国人因为税收留置收回而失去住房的可能性仍大于白人。

不知道有多少非裔美国人因为种族歧视性的评估行为而遭受种族隔离，这样的代价绝非微不足道。这绝不仅仅是含混模糊的"结构性种族歧视"的结果，而是县级估税官藐视第十四修正案职责的直接后果，是"法律上的"种族隔离的另一种表达。

VIII

种族聚居区一旦形成，就有永久持续的趋势：居住在聚居区会抑制可支配收入，而这会使其中的居民越发难以离开聚居区。限制对非裔美国人的住房供应，这导致聚居区的房租和房价高于以白人为主的社区中同等条件的住房。如果整个大都会地区的住房都向非裔美国人开放，供需平衡就可以将租金和房价保持在合理水平。没有房源，房东和销售人员就可以肆无忌惮地利用非裔美国人住房供不应求的情况大占便宜。

这种掠夺持续了整个20世纪，经济学家和社会福利专家都对此心知肚明。当然，非裔美国人也很清楚这一点。兰斯顿·休斯在其自传中描述了20世纪前10年中他们一家人住在克利夫兰的时候，房东如何向非裔美国人收取比白人贵两倍的房租，因为在有限的几个城区种族融合住宅区之外，非裔美国人能够找到的住房寥寥无几。休斯回忆，房东把本来设计为独户居住的房子打上隔断，分隔成5~6个单元,尽管如此,非裔美国人的收入中还是有相当大的一部分要花在房租上。40年过去之后,情况几乎没有任何改善。1947年,美国政府就谢利诉克雷默一案向最高法院提交的辩护状中提到了6项研究,这些研究均表明"有色人种在种族隔离造成的半垄断之下被迫支付更高的房租、承担更高的住房成本"。1954年,联邦住房管理局估计,由于被迫支付超额房租,非裔美国人住房拥挤的情况是白人的4倍,与人合住的情况是白人的3倍。

芝加哥社会福利部在20世纪20年代中期发布的一份报告中说,非裔美国人须缴纳的房租比同等住房条件下的白人高20%。这份报告还提到,有些社区的种族构成发生变化,非裔美国人入住先前供白人居住的公寓,这些社区的房租上涨了50%~225%。向非裔美国人开放的住房资源非常有限,这让聚居区的房屋所有人有机会牟取暴利。

1946年,一本在全美范围内发行的杂志中的一篇文章提到,芝加哥某幢建筑中,房东把约50平方米的铺面房分成6个小隔间,每间住了一个家庭。他也用类似的方式在第二层打了隔断。每个月的房租加在一起,都赶上密歇根湖畔号称芝加哥"黄金海岸"的豪华公寓的房租了。这篇文章还举了另外一个例子,因为房租太高,38个人住在一间有6个卧室的公寓中,分3个轮次睡觉。1947年,芝加哥一位房东将自己的房子从租给白人转为租给黑人,此后引发的一场大火使10名非裔美国人租客丧生。调查发现,一位每月付15美元的白人被赶了出去,这样房东就可以把同一间房子租给一个黑人家庭,收取60美元的租金。这样的盘剥之所以成为可能,就是因为公共政策不给非裔美国人机会,他们无法参与到该市白人住房市场当中去。

其他城市的住房市场也存在类似的扭曲。1923年在费城的调查发现,随着第一次大迁徙的继续,上一年面临租金上涨的非裔美国人租客几乎是白人租客的两倍;非裔美国人的租金平均上涨了18%,白人的租金则只上涨了12%。1938年,曼哈顿地区非裔美国人租金的中位数比白人的中位数高50%,虽然非裔美国人的收入其实更低。

第二次世界大战及战后时期,这种不平等日益加剧,当时物价管理局在全国范围内冻结了租金。房东们并没有违反规则,但他们把聚居区的公寓打上隔断,于是可以收取更多租金。非裔美国人本来就比白人更大的开支在整个20世纪不断增高,导致他们即使有稳定的工作,也很难拥有积蓄。由于储蓄减少,即使中产阶级社区住房的首付款并不算太高,他们很可能也支付不起——假如他们可以购买这些住房的话。

IX

加利福尼亚州里士满的福特工厂在新泽西的埃奇沃特(Edgewater)有一家姊妹机构,就在哈德逊河边,乔治·华盛顿大桥南边一点点。20世纪50年代导致里士满工厂废弃的技术因素同样也影响到了埃奇沃特的工厂。这家工厂一边是河,另一边是帕利塞兹悬崖,困在这两者之间,没有一点儿扩张的余地,无法满足战后繁荣时期不断增长的客户群的需要。新的公路建起来之后,这家工厂没必要再保留自己的深水港,于是它那不怎么好用的升降系统就成了累赘。

1955年,福特把里士满的工厂转移到米尔皮塔斯,也把埃奇沃特的工厂转移到近郊区莫沃市，在西北部大约40千米处。埃奇沃特的工人年龄较大，而且以白人为主，他们可以从埃奇沃特地区的家通勤到新的工厂，没有太大困难。但是，这些工人退休之后，他们的工作由住在纽瓦克和纽约市的非裔美国人接替。和全国其他很多城市一样，这里的区划法令也可能有一定的种族意图，莫沃市和周边城镇不允许建设工人家庭可能负担得起的住房。例如，莫沃市规定住房建设的最小地皮面积约为4 047平方米。这些新的非裔美国人工人中，很多都无法在莫沃的工厂附近找到可出售住房，因此他们要么每天驱车单程97~113千米，要么拼车或乘坐耗时漫长的公共汽车。有些人在附近的城镇租了很小的单人公寓，周末才回家。

1970年，家住内城通勤上班的非裔汽车工人一年下来花在交通上的开支为1 000~1 500美元，约是他们一年总收入的10%，比住在莫沃或附近要高上很多。非裔美国人汽车工人的收入也受到抑制。工人因为旷工而被开除，部分是交通问题造成的，所以通勤时间太长也导致丢掉工作。福特管理层抱怨员工离职率太高，后来，他们关闭了莫沃市的工厂，在墨西哥重新开了一家，管理层在解释为什么做出这样的决定时，旷工率太高是他们提到的因素之一。这个问题并不是莫沃的工人特有的。从全国范围来看，非裔美国人的可支配收入与他们共事的白人相比偏低，因为现在的工作都在近郊区，而他们需要从实行种族隔离的住宅区通勤到这里，成本较高。

造成今天的种族隔离局面的原因之一是非裔美国人没有能力住在中产阶级社区中，这无疑是事实。但是，种族隔离本身让非裔美国人承担了更高的开支，使他们在存钱购买近郊区住房的问题上越发无能为力。在理解为什么今天种族隔离依然存在时，收入差异只是一种流于表象的方式。种族政策和政府有着难分难解的关系，正是这些政策造成了收入悬殊，导致居住隔离的产生，并使得这种局面一直延续至今。

Chapter Eleven
第 11 章

向前看，向后看

1947年，圣路易斯。为了建造大拱门（Gateway Arch），该市拆除了市区的一个非裔美国人社区，将居民迁至弗格森这样的新建黑人区

1957年到1968年间，国会通过种种民权法规，禁止在公共设施、公共交通、选举与就业中将非裔美国人视为二等公民。这些法规并非没有遇到阻挠，但仍取得了一定成效。然而，终结住房方面的种族隔离则要复杂得多。禁止选举中与餐馆里的歧视主要需要约束未来的行为，而结束住房方面"法律上的"种族隔离则要求去除过去一些做法的影响，但这些影响看起来似乎无法逆转。

肯尼迪总统1962年的行政命令试图终止联邦机构对居住种族隔离的资助。1966年，林登·约翰逊总统推动国会通过一项住宅歧视法案，遭遇了罕见的立法失败，参议院否决了他的提案。两年后，民权倡导人士再度做出努力，这次参议院以极其微弱的优势勉强通过了《公平住房法》，禁止房屋出售和出租中的私人种族歧视；此后不久，1968年4月，小马丁·路德·金遇刺，此后群情激愤，众议院迫于压力通过了该法案。这是1883年最高法院驳回住房歧视禁令之后，政府第一次支持非裔美国人有权利居住在他们喜欢并有能力负担的任何地方。

这项法案已经存在了半个世纪之久。我们可能会觉得50年的时间相当长，已经足以消除政府推广、支持种族隔离所造成的影响。但是，昨天的公共政策仍在打造今天的种族格局。

其他方面的民权法也有功亏一篑的情况，失败均发生在落实和执行层面，并不在概念层面。这些民权法的设计简单明了。如果允许非裔美国人参与自由选举，他们的政治权利就和其他人没有区别。如果禁止招聘中的歧视，非裔美国人可能需要几年才能拥有堪与白人相比的资历，但是一旦他们有了这种资历，他们在工作场合就不再处于低人一等的位置。只要我们禁止宾馆、饭店实行种族歧视政策，无论顾客来自哪个种族，他们都能享受服务。同样，如果公共汽车和火车上消除了种族隔离，第二天黑人和白人旅客就可以在任何一个空位上就座。过去不会有结构性的遗留——我们还可以用同样的公共汽车、同样的火车，也不需要庞大的社会工程来完成从种族隔离到种族融合的转化。

终结学校的种族隔离就要难得多，但该怎么去做非常明确：学区可以重新划定就学范围，这样两个种族的孩子都可以就读于其所在社区的学校，学区还可以升级非裔美国人就读的教学质量较低的学校，让这些学校拥有同等设施。当然，1954年最高法院命令取消独立的黑人和白人学校系统之后引发了大范围的抗议，但大体来讲，多数地区取消学校的种族隔离并不难。而且，即便从政治角度来讲，第二天就实现这一目标有一定困难，需要的时间也不过是数年，而非数十年。去除学校的种族隔离不同于去除住房中的种族隔离，不需要清除上几代人曾经受到的歧视，只要在未来的日子里实行种族融合就可以。*

结果，我们发现，今天学校的种族隔离状况比40年前更为严重，但这很大程度上是因为学校所在社区的种族隔离已经过于严重。

---

* 非裔美国人是否因为1954年以前教育条件低劣、不符合宪法规定而有资格得到补偿，这是个很重要的问题，但不在本书所讨论的内容范围之内。

1970年，非裔美国人就读的学校中通常有32%的白人学生。到了2010年，这一数据降至29%。正是因为社区的种族隔离，在纽约和伊利诺伊等州，非裔美国人学生在学校面临的隔离更甚于其他地方。用校车接送学生几乎是创建种族融合学校的唯一途径，不仅南方如此，全国上下均如是，因为和另一种族的同龄人住得比较近的孩子太少了，其他方法都不可能奏效。如果住房隔离不是那么普遍，去除学校的种族隔离应该能取得更大的成功。

现在我们有了《公平住房法》，允许非裔美国人重新在白人的近郊住宅区安家。但是，我们不能期望它像其他民权法一样，可以带来那么多的改变。从城里的聚居区搬到近郊住宅区，其困难程度远非登记参加选举、申请一份工作、在公交车上换个位子、在某家餐馆坐下用餐，甚至去某个社区学校就读可比。

居住隔离的影响很难消除，究其原因，有以下几个方面：

父辈的经济地位往往会在下一代身上重现，因此，一旦政府不让非裔美国人完全参与到20世纪中期的自由劳动力市场当中去，对很多人来说，收入受到抑制的情形就将延续几代。

过去这些年里，白人工人阶级和中产阶级住房大幅升值，造成了白人和黑人之间巨大的财富差异，也对种族性居住模式的永久持续有一定影响。因为父母可以把财产赠予子女，种族间一代代传递下来的财富差异甚至更甚于收入差异。

我们想消除居住种族隔离，已经等待得太久。当劳动力市场的歧视充分消退，大量非裔美国人可以进入中产阶级的时候，内城黑人社区之外的住房已经不是工人阶级或下层中产阶级家庭所能负担的了。

种族隔离一旦形成，看似在种族问题上保持中立的政策就会加剧这一局面，使得补救越发困难。可能最致命的就是联邦税法中的抵押贷款利息扣除，此举加大了面向高收入的近郊区业主的补贴，但没有给租房者提供相应的赋税优惠。因为"法律上的"种族隔离政策确保白人成为业主、黑人成为租客的可能性更大，尽管税法号称并没有种族性条款，但仍对造成非裔美国人和白人的不平等起了一定作用。

当代的联邦、州和地方性工程非但没有消除种族隔离，反而起了加剧的作用。联邦政府为低收入家庭提供的住房补贴主要用来支撑这些家庭在经济机会微乎其微的少数族裔聚居区而不是种族融合社区中租住公寓。同样，建设低收入住宅的开发商把联邦税收抵免主要用于在已经实行种族隔离的社区建造公寓。甚至在政府停止明文推广种族隔离已达半个世纪之久的今天，暗中推行种族隔离的行为仍在继续，导致每年的补救行为都比上一年更难实施。

I

从第二次世界大战结束到 1973 年前后，所有工人阶级和中产阶级美国人的实际工资和家庭收入都在快速增长，几乎翻了一番。但是，非裔美国人却是在这一时期即将结束的时候才迎来了工资的最大增长。20 世纪 60 年代，他们与白人工人的收入差距略有缩小。非裔美国人门卫的收入和白人生产工人的收入同步增长，两者之间的工资差距并没有明显缩小，不过，以前只可能被雇为门卫的非裔美国人中，有一部分人受雇成为生产工人，并且他们逐步向技术行业中更高的工种迈进，至少在加入了工会的行业中是这样。但是，大部分高收入蓝领职业领域，如建筑业，仍把非裔美国人排除在外。在大多数政府职位（如教师，联邦、州和地方政府公务员）中，非裔美国人的情况都有了改善，但并非所有职位皆是如此：例如，地方卫生部门会聘用他们，但消防部门很少会雇用非裔美国人。总体来说，直到20世纪60年代，非裔美国人的收入才有了起色，但此时郊区化进程已经基本结束。

从1973年到现在，不同肤色、不同种族的工人阶级和中产阶级美国人的实际工资大都处于停滞状态。那些只接受过高中教育的人的实际收入有所下降，可能部分接受过大学教育的也一样，因为有些人本来在加入了工会的工厂中工作，但下岗后在服务行业就业，这些行业没有工会，也就意味着工资会低很多。*

无论肤色，所有美国人的工资增长都处于停滞状态，正当此时，独户住房的价格开始暴涨。从1973年到1980年，非裔美国人工资的中位数下降1%，而美国的平均房价上涨了43%。在接下来的10年间，非裔工人的工资又下降了1%，而平均房价则再次上涨8%。

最后联邦政府终于决定允许非裔美国人进入近郊区，但此时，成为一个融合民族的机会之窗已基本关闭。例如，1948年，莱维敦

---

* 除了取消低技能劳动力的工会组织之外，实际（扣除物价上涨因素）最低工资降低也有一定影响。我们喜欢用浪漫主义手法来描述这段经济史，说服务业糟糕的工作取代了工厂里的好工作。但是，实际上，比起在快餐店给客人上汉堡或在酒店更换床上用品，用力合上移动生产线上汽车的轮毂盖也好不到哪儿去。这些工作之间的区别主要在于产业工人通常都有工会，而服务业则没有。如果服务业也能成立工会组织，也能保证适当的最低工资标准，作为稳定收入的来源，服务业的工作也许还更稳当些。汽车装配厂可能会转移到海外，但酒店或快餐厅却不会。

的住房售价为 8 000 美元，或者，换算成今天的价格，大约是 7.5 万美元。现在，未经大规模改建的莱维敦住宅（也就是说，只有一间浴室的房子）售价为 35 万美金及以上。1948 年买下这些住房的工人阶级白人家庭，在经过三代之后，积累了 20 多万美元的财富。

大多数非裔美国人没有机会购买莱维敦的住房，也没有机会购买全美范围内与之相似的成千上万个小区的住房，他们一直租房住，而且往往租的是贫困社区的住房，没有积累任何产权。也有一些人购买住房，住进了条件不那么好的小区。文斯·梅里戴就是曾经参与建设莱维敦却没有资格住在该地的那位先生，他在附近一个几乎为纯黑人的近郊住宅区湖景街买了房子。直到今天，湖景街的黑人仍占总人口的 74%。他的亲戚们说不准他在 1948 年买下湖景街住宅的时候到底付了多少钱，但是莱维敦的房价是当时最便宜、最划算的，因此他付的价钱很可能不会低于莱维敦的 7.5 万美元。在近郊区购买住房的白人可以得到退伍军人管理局的抵押贷款，不需要任何首付款，但是文斯·梅里戴没有这个待遇，因为他是非裔美国人。他可能需要付 20% 左右的首付款，也就是 1.5 万美元。

现在湖景街的单浴室住宅售价在 9 万~12 万美元之间。梅里戴一家在三代之后，通过资产升值最多赚了不过 4.5 万美元，大约是莱维敦的白人退伍军人所获取财富的 20%。更糟糕的是，在 2008 年之前的房产泡沫中，湖景街这样的下层中产阶级非裔社区正是抵押贷款经纪人瞄准的次级贷款放贷目标，这样一来，比起经济情况类似的白人家庭，非裔美国人家庭无法按期缴纳月供，从而丧失抵押品赎回权的情况更多。

70 年前，很多工人阶级和下层中产阶级非裔家庭都买得起总价为大约7.5万美元（按今天的货币来算）、不需要首付款的近郊区独户住宅。几百万白人都是这么做的。但是，工人阶级和下层中产阶级非裔美国人家庭现在却买不起总价在35万美元甚至更高、需要20%即7万美元首付款的住房。

1968年的《公平住房法》禁止未来实行种族歧视，但是，在该法案通过之后，将非裔美国人挡在大多数白人近郊住宅区之外的，主要并不是种族歧视（虽然歧视依旧在起作用），而是支付能力的丧失。20世纪40年代末，非裔美国人被剥夺了购房的权利，这是违宪的，要恢复这一权利，并不是通过一部《公平住房法》就能实现的，虽然该法案告诉他们的后代子孙，他们现在也可以在近郊住宅区买房了——只要买得起。联邦住房管理局和退伍军人管理局在20世纪40年代和50年代给予下层中产阶级白人的好处，已经成了一种永恒的优势。

II

劳动力市场在20世纪中期开始清除种族歧视造成的障碍，但这并不能轻易转化为非裔美国人向上层社会的流动性。对于所有美国人来说，在全国收入分配中从低层上升到中产阶级，都不是件容易的事。现实挑战了我们都抱有的一种幻想：低收入家庭出生的孩子可以凭借勤奋、责任、教育、野心和一点点运气摆脱其所在的阶级。这个错误的观念今天已经没那么流行了，因为更多的美国人意识到了我们的社会地位所具有的黏性。

假设我们把所有美国家庭按照收入从高到低排列起来，然后把它们平均分成 5 组。在讨论流动性时，通常把最富裕的 1/5 称作顶层（或第五）5 分位，把富裕程度仅次于该组的称为第四 5 分位，依此类推。如果我们处于一个机会完全均等的社会（没有哪个社会真的如此），那些在收入分配中位于底层 5 分位的父母，他们的孩子成年之后，进入分配图中各个位置的机会是均等的。换句话说，这些处在底层 5 分位的孩子们，有 1/5 的人成年后仍会留在底层 5 分位中。另外 1/5 的孩子，其成年后的收入会进入第四 5 分位，还有 1/5 可以爬升到中间位置，也就是第三 5 分位（我们称之为"中产阶级"），还有 1/5 可以上升到第二 5 分位，另外的 1/5 则会登上顶层 5 分位，享有最高的收入。

但是，实际来看，美国的流动性不如很多其他的工业化国家。父母的收入处于 5 分位底层的孩子，他们中有几乎一半（43%）在成年后仍会陷在底层 5 分位中。父母处于最低收入 5 分位的孩子们，只有 30% 可以进入中间或更高的 5 分位。

非裔美国人的流动性则更差。那些父母处于收入五分位底层的，超过一半（53%）成年后仍留在这一层，只有 1/4 左右（26%）可以进入中间 5 分位或更高的位置。低收入非裔美国人因为种族隔离而处于不利局面——很少有就业或就学机会可以让他们出类拔萃，考虑到这一点，他们的流动性并不比其他美国人低多少就颇让人惊讶了。我能想到的解释有两种。一是很多非裔美国人都意识到，他们要成功，得比别人表现得好上两倍，他们得比一般人工作更努力、更有责任感、更有抱负才能弥补运气的不足。另一个则是我们的平权运动已经获得了一定成功。也许两方面原因各占部分。

III

现在白人家庭收入的中位数是 6 万美元，而黑人家庭收入的中位数则是 3.7 万美元，约为白人的 60%。你可能会认为，黑人和白人家庭财产的比例也大体如此。但是，白人家庭财富（资产减去负债）的中位数是 13.4 万美元，而黑人家庭财富的中位数大约是 1.1 万美元——不足白人的 1/10。如此巨大的差异，自然不能全部归咎于政府的种族性住房政策，但这一政策确实是其中很重要的一个原因。

对于美国的中产阶级来说，住房的抵押资产净值是家庭财富的主要来源。今天的非裔美国人家庭，他们的父辈和祖辈在 20 世纪 50 年代至 60 年代没有资格参与抵押资产净值积累的繁荣，现在他们要缩小财富差距，困难重重。和收入一样，美国财富的流动性也很小。实际上，不同代际财富的流动性甚至比收入的流动性还要小。

在财富方面机会均等的社会，其运转方式与收入方面机会均等的社会大同小异。无论你的父母多么富有，你成年之后位于全国财富分配图不同位置的机会是均等的。但是，如果一个家庭处于最贫困的 1/5，这些父母的孩子在成年后约有一半人（41%）仍处于最低的 5 分位当中。另外有 25% 会进入次低的财富 5 分位，这意味着最贫困家庭的孩子中，只有 1/3 可以向上层社会移动，进入财富的中间 5 分位。

和收入方面的情形一样，非裔美国人财富的流动性不如白人。那些父母处在财富 5 分位底层的非裔美国人，只有 1/4 可以进入财富 5 分位的中间层。而父母处于财富 5 分位底层的白人,能够走到这个位置的比例几乎是黑人的两倍(42%)。因为非裔美国人很大程度上受制于政府的种族政策,无法在近郊区拥有独户住宅,这个局面并不出人意表。

白人家庭在必要情况下利用房屋净值抵押借款的情况更为常见,这使得财富差距尤为显著。他们可以借款来应对紧急医疗开支,送孩子上大学,退休而不必依赖子女,帮助家庭成员渡过难关,挺过短暂的失业期而不必担心挨饿受冻。如果没有这样的紧急情况来消耗存款或房屋净值,家庭就可以把财富传给下一代。

1989 年是有此类数据并且距今最近的一年,这一年,6% 的黑人家庭从上一代继承了一些财富。这些继承了财产的人平均继承的额度是 4.2 万美元。24% 的白人家庭有财富可继承,这个比例高达黑人的 4 倍,平均继承额度则为 14.5 万美元。这一年有 18% 的黑人家庭得到还在世的父母赠予的现金,平均额度为 800 美元。得到此类馈赠的白人家庭的比例大体相当,但平均额度要高很多,为 2 800 美元。这也是政府 20 世纪在住房和收入方面的种族政策造成的。

IV

低收入非裔美国人向上的流动性不如低收入白人,原因之一就是非裔美国人更容易几代人都陷在贫困社区出不来。帕特里克·夏基(Patrick Sharkey)是纽约大学的一名社会学家,他分析了种族和社区状况的数据,在 2013 年出版的《被困一处》(*Stuck in Place*)

一书中报告了他的研究发现。他对贫困社区的定义是有 20% 的家庭收入在贫困线以下。2016 年，对于三口之家来说，贫困线是 2.1 万美元，如果一个社区有 20% 的家庭收入在贫困线以下，那么很可能还有更多家庭收入只略高于贫困线。尽管政府有官方的贫困线，我们大多数人还是会觉得，如果一个家庭的收入低于该线的两倍，即三口之家的收入少于 4.2 万美元，这个家庭的经济状况已经可谓贫困。联邦政府自己也认为，如果在校学生的家庭收入在贫困线的两倍左右（185%），那么学生已然太过贫困，无法在没有补贴的情况下负担午餐。这样的家庭也无法进入中产阶级社区——无论是靠积蓄来付首付，还是以市场价格租住公寓。因此，夏基认为这些社区"贫困"是有一定道理的。

他发现，现在年轻（13~28 岁）的非裔美国人住在贫困社区的概率是年轻白人的 10 多倍——66% 的非裔美国人属于此类情况，相比之下，白人中比例只有 6%。他还发现，上一代来自最贫困社区的非裔家庭中，有 67% 现在仍继续居住在这样的社区中。上一代住在最贫困地区的白人家庭中，则只有 40% 仍居于最贫困社区。

无论收入水平如何，48% 的非裔美国人家庭有至少两代人曾经在贫困社区居住的经历，而类似的白人家庭比例仅为 7%。对白人来说，如果一个孩子在贫困社区长大，向上流社会移动、走出贫困社区进入中产阶级区域是典型路线，但在非裔美国人来说则是非常规的偶然现象。因此，对于非裔美国人来说，社区贫困更可能是持续几代的现象，而对于白人来说则只是短暂的插曲。

遭遇社区贫困的后果比自身贫困的后果更为严重。在贫困社区中成长起来的孩子，遇不上几个在学业或职业方面成功的成年人可当作行为榜样。他们处于暴力之下,由此产生的压力使他们的能力受损,无法在学校表现良好。就算他们有做暑期工的机会,这样的机会也很少。他们进入图书馆和书店的机会更少。这样的社区保健医师较少,新鲜食物更不容易获得,空气中出现污染物的概率更高,导致因为呼吸道疾病缺课的情况更为严重。很多环境窘迫的孩子集中在同一间教室中,使得每个孩子都无法得到获得成功所必需的特别关注。除了这些之外,还有任何社区的贫困儿童都可能遇到的挑战——父母失业带来的动荡与压力,由于父母教育程度低下而缺少识字机会,居住环境过于逼仄没有一角安静之地可以学习,卫生保健不够,所有这些都会导致贫困孩子的平均学业表现不佳,因而成年后在工作中获得成功的也较少。

当然,有些孩子克服了种种困难。但是,普遍来看,成长于贫困之家的孩子成年后脱离贫困的可能性较小,而成长于贫困社区的贫困之家的孩子机会甚至更少。要打破这一循环,只能靠极为强悍的政策,而且要像当初设立聚居区、造成集中贫困的政策一样强悍。

V

因为不同美国人所处的经济环境和社会环境差异很大,政府的任何计划都会对不同美国人有不同影响,即使这些计划表面上看起来对所有人一视同仁。例如,销售税对所有人来说都是一样的,但是,低收入消费者由此承受的负担要比高收入消费者更重。这一现象用法律术语来说,就是它对不同人群会有"差异性影响"(disparate impact)。在个体所处环境各不相同的社会中,差异性影响是无法避免的，但我们可以尽量减小这一影响——例如，就销售税而言，可以对购买食品杂货实行免税。

"法律上的"种族隔离一旦形成，尽管随后的政策并无种族色彩，其对非裔美国人和白人的影响也会有所不同。《公平住房法》禁止会对非裔美国人产生差异性影响、强化种族隔离的住房计划，除非这样的计划有去除差异性影响则无法达成的正当目的。但是，《公平住房法》并不限制基于已经存在的居住模式进行的其他非住房性计划可能产生的差异性影响。和构成"法律上的"种族隔离的行为不同，这些计划不一定意图伤害非裔美国人（当然有时候确实有这样的意图），但是仍然造成了伤害。有好几个看似"不带种族色彩"的计划使非裔美国人进一步陷入劣势，而这样的不利局面最初是由带有种族意识的住房政策造成的。

除了减免抵押贷款利息之外，还有一项政策表面看起来没有任何种族色彩，却造成了歧视性的后果，那就是美国的全国交通系统。我们大力投资公路，把通勤者和他们位于闹市区的办公室连接起来，但我们在公共汽车、地铁和轻轨方面的投资相对较少，而正是这些交通设施让居住在城区的非裔美国人也可以去近郊区工作，并且可以降低他们与更广阔的社会的隔绝程度。虽然很多情况下州际公路系统在城区的支线线路设计违反宪法规定，把非裔美国人从白人社区和商业区赶走，但这并非该系统的首要目标，同时，把有限的交通经费投资在公路上而不是用于地铁和公交车，这对非裔美国人也产生了差异性影响。

巴尔的摩的交通政策给当地非裔美国人口带来了不利影响，该市的政策可以说明这个国家所遵循的交通政策是个什么样子。40多年来，建设铁路甚至公路以使非裔美国人社区可以获得更好机会的提议一次又一次地遭到阻挠，因为资金不足，且建设公路服务郊区居民更为重要。马里兰州在做出交通方面的决定时，并不会公开宣称其目的是孤立非裔美国人，但确实可能存在着一定的种族性动机。1975年，马里兰州提议建设一条铁路，将近郊的安妮·阿伦德尔县（Anne Arundel County）与巴尔的摩市中心区连接起来。郊区的白人居民向他们的政治领袖施加压力，要求反对该计划，而领袖也这样做了。约翰·霍普金斯大学的研究人员发表了一篇评论文章，在结论中指出，居民认为这条铁路"会让贫穷的内城黑人得以到近郊区来，偷走居民的电视，然后再回到他们的聚居区"。马里兰州的交通部部长称，他的部门"不会强制性地把交通路线建在显然不欢迎它的地区"，却没有解释他要如何平衡"显然不欢迎它的"白人近郊区的意愿和需要这条路线的非裔美国人的意愿。

40年后，情况并没有什么改变。2015年，马里兰州长取消了一条通向巴尔的摩西部黑人社区的拟建铁路，称这笔经费要用于改善公路。于是，全美有色人种协进会法律保护基金会向美国交通部提出申诉，称马里兰州将公路建设置于公共交通之上，对非裔美国人有差异性影响。在奥巴马卸任之时，该案仍在审理中。

VI

政府在住房方面的行为不可能在种族隔离的问题上保持中立。这些行为要么加剧种族隔离，要么扭转种族隔离的局面。如果不是有意扭转种族隔离，则加剧的可能性更大。目前联邦政府正在落实两个大的计划，来解决贫困或接近贫困的人群所面临的住房危机，在很多大都会地区，这两个人群都以非裔美国人为主。虽然本意并非如此，但每个计划的实施方式都进一步加深了种族隔离。一个就是低收入住房退税计划（Low-Income Housing Tax Credit），该计划对向低收入家庭提供多单元住房的开发商提供补贴。另一个是住房选择代金券计划（Housing Choice Vouchers，人们通常称之为"第八条款"），该计划对租房的家庭进行租房补贴，这样他们就可以租住在没有补贴的情况下负担不起的房子。

在退税计划中，社区可以否决开发商的提议，中产阶级区域的官员从来都是毫不犹豫地这么做的。很多决策者力劝开发商在已经实行种族隔离的社区进行建设，希望（通常都是徒劳的）他们的工程可以给每况愈下的地区注入新的活力。开发商自己也愿意把退税用于低收入社区，因为地皮更便宜，更容易把新公寓推销给左近的租户，而且给少数族裔和低收入家庭建设更多住房也不容易招致政治上的反对。这些情况导致退税项目会对非裔美国人产生差异性影响，加剧社区种族隔离。对全国所有退税住宅单元的分析于2005年完成，该分析发现，大约3/4的单元位于贫困率至少达到20%的社区。

在第八条款计划中，很多州和城市的房东都可以合法地拒绝将房子租给使用住房券的租户，只有少数司法辖区禁止此类歧视。住房券的额度往往很小，不足以负担中产阶级区域的房租。接受了住房券的家庭可能会发现，能把这些优惠券派上用场的唯一方式就是搬到种族隔离程度比他们现在所住的地方更高的社区。结果，2010年，有孩子并且使用第八条款优惠券的家庭中，没有几家租住低贫困率社区的公寓，却有一半以上的家庭在贫困率达到或超过 20% 的社区租房，其中有些家庭租住的社区处于极度贫困状态——贫困率达到 40% 或以上。也有一些家庭用住房券租住近郊区的公寓，这些公寓往往都位于中产阶级近郊区中的种族隔离区。

2008 年，达拉斯的一个民权组织——包容性社区工程（Inclusive Communities Project）将得克萨斯州告上法庭，称退税计划的推进对非裔美国人有差异性影响，违犯了《公平住房法》。在达拉斯市，所有面向家庭的退税单元中，85% 建在至少有 70% 居民为少数族裔的人口普查区。包容性社区工程一直致力于提高达拉斯地区的种族融合程度，他们帮助非裔美国人家庭利用第八条款的住房券在之前以白人为主的社区中找到能够负担得起的公寓，但是阻碍重重，因为得克萨斯州批准的有退税补贴的家庭住房工程中，有太多位于少数族裔人口众多的低收入区域。

2015 年 6 月，最高法院对包容性社区项目一案做出判决，认为很多建设补贴住房的社区在过去的政府政策下已经形成种族隔离，这样的比例过高，可能违犯了《公平住房法》，虽然这样的安排原本并非要强化种族隔离。但是，法官安东尼·肯尼迪写道，法庭同样认为，通过补贴住房来支持衰败的社区、为其注入新的活力也可以是合法行为。因此，该案在推动全国范围内去除种族隔离中能起多大作用，还不太好说。

城市地区私有住宅高端化、再开发工程和公路路线设计都迫使低收入家庭及少数族裔家庭在内环不多的几个近郊住宅区寻找新的住房，这些地区正在从以白人为主向以某个少数族裔为主过渡。如果在退税计划和第八条款的补贴下，低收入家庭进入这些近郊住宅区，而不是进入以中产阶级为主的住宅区，那么这两个计划就对种族隔离有促进作用。密苏里州的弗格森就是这样一个地方，该地区位于圣路易斯郊外。退税计划和第八条款未能给低收入家庭提供在圣路易斯大都会地区定居的机会，而是促使弗格森从种族融合社区过渡到以少数族裔为主、低收入家庭越来越多的社区。

民权人士和地方住房官员面临着一个非常棘手的难题。工人阶级家庭的收入停滞仍在继续，工作机会所在区域离能够负担得起的住房却越来越远，这二者导致补贴住房的需求越发突出。政府官员要满足更多的此类需求，可以利用不多的第八条款经费，并支持在

20世纪70年代初，类似圣路易斯的布鲁特-伊果这样的塔楼式公房被拆毁，这些楼房所在地点进行重建，而居民则被迫搬入其他种族隔离社区

已经实行种族隔离的社区开发退税工程，这些社区的房租和地价都较低，中产阶级白人选民也不太会设置障碍来阻止这些工程。但是，从长远来看，种族隔离的长期持续存在对非裔美国人造成的伤害更甚于继续居住在过度拥挤逼仄的空间中。两者都不是理想选择，但是，为短期的利益付出长期的代价或许并不值得。

Chapter Twelve
第 12 章

考 虑 补 救

2016年，得克萨斯州普莱诺（Plano）。检察官伊丽莎白·朱利安（Elizabeth Julian，左）以故意歧视为由成功起诉住房与城市发展部和达拉斯市。该案达成的和解让贝尔内斯婷·威廉斯（Bernestine Williams）可以搬到这个中产阶级种族融合社区，并在该地养大了两个有望进入大学的孩子

种族隔离是违宪的，而我们任其不断恶化，从国家层面来看，为了规避补救责任，我们付出了沉重的代价。

非裔美国人自然因为我们的逃避而遭殃，但是，整个国家都跟着遭殃，白人也不能幸免。我们很多严重的全国性问题要么源于居住隔离，要么因此而变得顽固棘手。很多社会公共问题存在合理的分歧，除了解决此类分歧所带来的挑战之外，我们还要应对不同种族背景的同胞间的陌生感，这使得我们的政治冲突和社会冲突越发严重。隔离带来的种族两极分化造成政治的腐败，让那些忽视工人阶级白人选民的政治领袖可以通过种族诉求来鼓动他们。白人可能会支持那些迎合他们的种族权利意识的政治候选人，虽然这些人所倡导的政策可能会使某些白人持续处于经济机会不利的境地。现在越发难以组织跨种族的政治同盟，因为白人对不幸的那一群人已经形成了非常偏执的看法——这是出于自圆其说的需要，他们接受了种族隔离，而这显然与他们的公民理想及宗教理想都有冲突。

黑人聚居区的存在是一种醒目的提示，它提醒我们种种不公与历史，这种提醒所蕴含的意义实在让人难受，所以我们想方设法回避。生活在这样一个颂扬正义的价值观，但同时保持与这些价值观不符的种族不平等的社会里，白人可能会染上一种病态的愤世嫉俗。

种族隔离所影响的并不仅仅是我们这个国家的财富分配，还有我们创造这些财富的生产力。如果每个人都可以轻松面对同事基于不同社会文化背景而持有的观念，以及这些观念的碰撞，那么这个组织会运作得比较好。社会心理学家已经发现，种族隔离会让白人产生一种自身比较优越的不切实际的想法，这让他们觉得不那么需要挑战自我，因此他们的表现也较差。实验表明，当我们和与自身背景相似的人一起工作时，我们往往会附和流行的观点，不再独立思考，而这会导致团队创造力不够，更容易犯错。

Ⅰ

就儿童而言，无论是对白人儿童还是非裔儿童，种族隔离都是不健康的。在种族隔离的学校，双方的经历都不足以引导他们面对成年之后需要进入的多元环境。

对于低收入非裔美国人家庭的孩子来说，他们上学时往往在社会和经济方面均处于劣势，而这使他们很难有更高的成就。这里我们只举一个例子——哮喘。非裔儿童患哮喘的比例是白人儿童的近两倍，很可能是因为非裔美国人住在居住-工业区中或住在该区域附近，而那里的灰尘、污染物和害虫更多。患有哮喘的儿童更容易在夜间醒来呼哧呼哧地喘气，如果他们去上学的话，在哮喘发作之后，可能会昏昏欲睡，难以集中注意力。如果一个孩子缺课较多，无论是因为身体不好、交通方式不够可靠、不得不留在家中照顾弟弟妹妹，还是因为家庭不够稳定，他从教育中获益的机会都会减少。

并非所有处于此种不利境况的学生都表现欠佳。有些患有哮喘的孩子比起没有哮喘或类似疾病的普通孩子成绩更好。但是，总体而言，如果某个学生面临此类由于身处种族隔离住宅区而造成的问题，他在学校的表现通常不太好。

如果在这个孩子就读的学校中，其他孩子很少面临类似的障碍——也就是说，如果这个孩子就读于中产阶级占主体的学校，那么老师可以给他特殊的关注和帮助，这样一来，孩子的成绩就会比在缺乏关注的情况下要好。但是，如果同一间教室中坐的大部分学生都面临这些问题，老师也无法特别关注每个学生。在这种情况下，课程就变成矫正性的，需要从教育中抽出太多时间来维持纪律。对于嵌在种族隔离住宅区中的低收入隔离聚居区学校来说，较高的平均成绩是一个几乎无法实现的目标。其中很多孩子如果处在种族融合学校中表现会好很多，而这会让他们在将来成年以后为社会做出更大、可能也更积极的贡献。

种族隔离使白人滋生出一种不切实际的优越感，而这会导致他们对让美国成为一个种族融合社会的政策产生排斥。非裔美国人生活在种族隔离社区而成绩较差，这成为这些孩子进入中产阶级工作领域的又一重障碍。种族隔离以上述方式周而复始地持续存在，这一存在本身就使得隔离局面越发难以扭转。

II

要扭转近一个世纪以来法律上的种族居住隔离，补救措施恐怕既复杂又不太可能很严密。这么长时间过去之后，对于当年宪法权利遭到侵犯的那些人，我们已经不能够给他们的后代足够的公平。我们只能聚焦于制定可以促进社会融合的政策，因为我们明白，不可能完全解开已经形成的不平等网络。

现在挑战更为艰难,因为今天的低收入非裔美国人所面对的不但有种族隔离,还有所有中低收入的美国家庭都面临的收入停滞和流动性受阻。从历史角度来看,非裔美国人境遇有所好转的时候,通常是全民机会增加,白人不那么恐惧来自其他群体的竞争的时候。因此,如果要给种族融合行动提供足够的空间,美国需要采取充分就业政策,要有回归历史水平、与通货膨胀同步的最低工资,还要有基础交通设施,使非裔美国人能够得到他们能干的工作。本书并不是要提出上述政策或类似政策,但是,如果我谎称去除种族隔离可以与经济压力及缺乏保障并存,那是我的不负责任。

我并不太想提出去除种族隔离政策或补救措施方面的建议,因为尽管补救措施可能既不严密也不完善,但是,无论国民持什么样的政治观点,只要他们继续接受"事实上的"种族隔离的错误观念,补救就令人难以想象。如果种族隔离是偶然形成的,或是模糊的私人偏见的结果,人们很容易就会相信,种族隔离也可以在偶然间得到逆转,或者因为人们内心发生了变化而以某种神秘的方式发生扭转。但是,如果我们——公众和决策者——承认,联邦、州和地方政府在我们的大都会地区造成了种族隔离,我们就可以打开思路,思考同一个联邦、州、地方政府如何公平公正地采取强制性政策来去除种族隔离。

Ⅲ

只有当我们对共同的历史达成广泛一致的理解之后,考虑应该采取哪些步骤来履行我们的责任才有实际意义。如果尚未达成一致认识，我们可以先起个头。有几个前途光明的计划已经开始在一些司法辖区实行。大多数城市民权组织和公平住房组织都提倡，并且多数都帮助实行改革，开始改善"法律上的"种族隔离所造成的最恶劣的影响。我们在努力为影响深远的补救措施争取公众支持和政治支持的同时，也应该提出当下即可实现的改良措施。我们也许可以从初中和高中的课程开始。如果我们不能准确地给年轻人讲清楚我们走向种族隔离的历史，这一代人就没什么机会在去除种族隔离方面比上一代人做得更好。

美国最常用的历史课本之一就是《美国人物：从重建时期到21世纪》（The Americans: Reconstruction to the 21st Century）。这本书长达千页，由出版业巨头霍顿·米夫林·哈考特（Houghton Mifflin Harcourt）旗下的一家子公司霍尔特·麦克杜格尔（Holt McDougal）出版，在该书的作者和编者名单上也有一些广受尊重的教授。2012年版对于北方的居住隔离做了如下陈述："非裔美国人发现他们被强迫住进种族隔离住宅区。"就这么多，一个被动句。根本没提可能是谁强迫了他们，或是如何实施的。

该书中还有这样一段话："新政计划中有几项关注住房和住房抵押贷款问题。房主贷款公司（Home Owners' Loan Corporation）为因无法偿付贷款而面临抵押品赎回权被取消的购房者提供政府贷款。另外，在1934年的国家住房法案的促使下，联邦住房管理局成立。该机构今天仍继续为住房抵押贷款和房屋修缮提供贷款。"

该书的作者们并没有提到，房主贷款公司还留下了一样经久不衰的遗产，那就是按种族给城市所有社区标上颜色，好给非裔美国人在申请抵押贷款时设下重重障碍。联邦住房管理局在全国范围内进行郊区化时,秉承了只面向白人的原则,这样的事实也完全被忽略。这本教材中的确承认"有几个"新政机构付给非裔美国人的工资低于白人——实际情况则是几乎所有新政机构都这么做,而且书中对政府的公房计划强制形成的居住隔离也只字未提。

教育出版业巨头培生教育集团(Pearson)2016年出版的教材《美国历史:从重建时期到现在》(*United States History: Reconstruction to the Present*)的说法大同小异。该书对联邦住房管理局与退伍军人管理局支持开发独户住宅区的溢美之词颇多,并举了莱维敦的例子来说明郊区化进程,但并未披露非裔美国人被排除在外的事实。书中就市政工程局的桥梁、大坝、发电厂和政府住房建设项目夸夸其谈,但对该机构坚持住房隔离略过不表。这本书和《美国人物》一样,使用被动语态来避免有关隔离的解释:"在北方,非裔美国人也面临种族隔离与歧视。即使是在没有明文法规的地方,'事实上的'种族隔离,或者说,不成文的传统和习惯造成的种族隔离,也是无法更改的事实。在北方很多社区,非裔美国人被拒绝在当地居住。"

这种说法并不诚实。北方推广种族隔离的政府政策并无任何未成文之处。联邦住房管理局的《保险手册》,市政工程局(及随后一些机构)对住房项目的种族分配,国会对1949年公房一体化的修正案的投票,联邦和州政府官员的明文指令,凡此种种,都将该政策表达得一清二楚。

一本本教科书讲的都是同样的错误观念,鲜有例外。如果初中生和高中生学到的历史并不真实,那么,他们逐渐相信,非裔美国人的种族隔离仅仅是因为他们并不想与美国社会融为一体,或者是因为他们只愿意与自己的同族人共处，也就不足为奇了吧？而他们长大之后，会觉得改善聚居区环境的计划只不过是不应有的救济，也就不足为奇了吧？

IV

2015年，奥巴马政府出台了一项规定，落实1968年《公平住房法》一项备受忽视的条款，要求接受联邦资金的司法辖区"积极推进"该法案的目标。

该规定要求各市、镇、近郊区评估弱势群体的集中（或缺席）情况，确定目标，对种族隔离的状况实施补救。这项规定似乎认为，种族隔离的白人社区想做正确的事情，但信息不足，因此无法去做。对全国各地的近郊区做无罪推定可能是个聪明的办法，可以鼓励他们去履行"积极推进"的义务；隐而未提的是，如果近郊区不采取推进种族融合需要的措施的话，住房与城市发展部计划怎么做。现政府会拒绝向保持种族隔离的近郊区提供联邦资金吗？

警方在2014年和2015年杀害年轻黑人男子的案件让我们重新意识到种族分歧的存在。2016年的总统大选表明，这个国家几乎是平均地分成两个阵营，一方认为在弥补种族不平等方面我们已经做了太多，另一方则认为我们做得还远远不够。2017年年初，国会中的共和党议员提议立法来禁止执行"积极推进"的规定。但是，即使该规定能够继续，或者将来的政府再度实施该规定，也不太可能有什么有效的措施来补救种族不平等，除非公众从"事实上的"种族隔离的错误观念中醒悟过来，逐渐意识到各级政府是如何破坏宪法中与种族相关的原则的。

V

1970年，愤懑痛苦的非裔美国人在100多个城市挑起暴乱，在这样的刺激之下，住房与城市发展部部长乔治·罗姆尼（George Romney）大力推动种族融合，他的努力超过此前及此后的任何一届政府。罗姆尼注意到，联邦政府给城区的非裔美国人聚居区套上了近郊区的"白色套索"，因此，他设计了一套方案，并称之为"开放社区"计划，如果近郊住宅区仍未修改排斥性区划法来为低收入非裔美国人建设补贴公寓，该计划将拒绝向其提供联邦资金（用于供水和污水处理系统升级、绿地、人行道改建及其他需要住房与城市建设部资金支持的工程）。在共和党的近郊区大本营中，开放社区计划引发了滔天怒火，尼克松总统不得不制止罗姆尼，要求他放弃这个计划，最后则把他赶下台。

乔治·罗姆尼实施他的去隔离举措时，距离一系列民权措施形成立法、马丁·路德·金和其他民权领袖及活动家被害才过去了几年。在他提出这项举措之前，受约翰逊总统指派、由伊利诺伊州州长奥托·科纳（Otto Kerner）担任主席的调查委员会刚就非裔美国人暴乱的起因发布了报告，引起了广泛讨论。由于非裔美国人受到的压迫吸引了很多人的注意，也因为联邦政府对此负有一定责任，很多美国人能够接受罗姆尼的观点，不过这些人的数量不够多，影响力也不够大，罗姆尼无法占到上风。今天，了解"法律上的"种族隔离影响范围之广的人更是少了许多。现在，无论是要复兴乔治·罗姆尼的计划，还是要实施奥巴马政府更温和的 2015 年规定，思想和政治的根基都还没有打好。美国人尚未意识到使这项规定成为必然的"法律上的"种族隔离。

VI

想办法修正"法律上的"种族隔离的遗留影响并不难。接下来我就要提出几点办法，我会先讲讲在今天的政治环境下尚无法实施的办法，然后我再谈谈温和的改革措施，虽然从现在的政治局面来看这些措施尚不可能，但为时亦不远矣。

我们可以考虑一下这样的补救措施：非裔美国人占纽约大都会地区人口的约 15%，联邦政府应该以今天的市价（约 35 万美元）买下莱维敦地区接下来要出售的房屋的 15%。然后它应该以 7.5 万美元（现在的美元）的价格把这些房产卖给有购买资格的非裔美国人，当年他们的祖父辈如果获准购房，支付的应该就是这么多钱。在每一个遵守联邦住房管理局的无歧视要求建起来的近郊住宅小区，政府都应该实行这样的计划。如果国会设立这样的工程，并以"法律上的"种族隔离的历史为由来论证其合理性，法庭会认定该计划合理并予以支持。

当然，目前掌权的国会不会通过这样的政策，目前掌权的法庭也不会支持这样的政策。该政策高昂的成本，以及人们认为非裔美国人不配得到的好处，都会激起纳税人的反抗。我提出这样的想法，并不是要把它当作切实可行的方案，只是为了说明如果我们能从"事实上的"种族隔离的神话中醒悟过来，我们应该考虑、讨论的是怎样的补救措施。

VII

我们应该补救的，不仅仅是低收入家庭的种族隔离，也包括中产阶级非裔美国人的种族隔离。现在，这些人有的住在湖景街，如文斯·梅里戴，今天该地仍有 85% 的居民是非裔美国人；有的住在长岛的罗斯福（Roosevelt，目前这里的非裔美国人人口占 79%），这是另一个以中产阶级黑人为主的小镇，离梅里戴家族其他亲戚住的地方不远；也有的住在华盛顿哥伦比亚特区外面的乔治斯王子县（Prince George's County，居民中 65% 为非裔美国人）或芝加哥城外的卡柳梅特高地（Calumet Heights，93% 为非裔美国人）。

这样的中产阶级近郊住宅区对很多非裔美国人颇具吸引力，而且任何政策都不应该违背他们的意愿、强迫他们进行种族融合。但是，我们应该采取激励措施来促进种族融合，因为这些近郊区无论是对其中居民、还是对我们其他人，都有不利之处。最大的劣势就是这些地方往往与低收入聚居区毗邻。约 1/3 的中等收入或高收入黑人家庭现在所在的小区紧邻极度贫困社区，而同等收入的白人家庭中，只有 6% 住在类似的地方。紧邻聚居区而居的中产阶级黑人青少年，如果他们希望延续父母的中产阶级身份，就必须抵制住帮派和异化行为的诱惑。就算他们能避开这样的陷阱，在以黑人为主的社区成长起来的年轻人，即便是住在中产阶级社区，他们的成长经历也无法让他们掌握以白人为主的职业文化，而他们成人之后，会希望在这样的文化中获得成功。

联邦政府提供补贴，让中产阶级非裔美国人在曾经实行种族排斥政策的近郊住宅区购买住房，这是可以促进种族融合最显而易见的激励措施。同样，这样的补贴无论是从政治角度还是司法角度都是难以想象的。虽然目前政府还不能提供这样的联邦援助，倡导种族融合的人士可以用地方性的，甚至是非正式的方式来表达他们的支持。如果那些可以预见到的敌意（来自隐约持有敌意的邻居和尾随他们的儿子回家的警察）只是中产阶级非裔美国人对种族融合犹豫不决的原因之一，而非唯一原因，那么，除了其他行为之外，一个可能奏效的办法就是社区的欢迎委员会坚持对警察进行适当的培训。特别提出，甚至要求在种族隔离的非裔美国人社区执业的房地产经纪人打出种族融合社区的售房广告，应该也能起到一些作用。

VIII

另外一种补救措施是对于那些禁止建设多户住宅或对社区所有单户住宅的最小建筑面积要求很高的区划法令，下一道禁止令。这些规定使得低收入和中产阶级家庭均无法在环境优渥的近郊住宅区安居。排他性的区划法令一定程度上有违宪的、带有种族敌意的动机。禁止这样的区划法令不但是一项可喜的公共政策，而且是宪法所允许的，即使在联邦层面行不通，各州应该也是允许的。

还有另外一个办法，不像直接禁止排他性区划法令那么极端，那就是国会可以对税法进行修正，如果某个近郊住宅区没有强制性措施，或没有采取这类措施吸引公平分摊到它们头上的低收入或中等收入住房份额——既包括多户住宅也包括独户住宅，不管是出租还是出售——那么这个住宅区的业主将无法享受抵押贷款利息减免。公平分摊的份额指的是接近该近郊区所在的大都会地区的低收入或中等收入家庭的比例,或者,作为一种宪政补救措施,接近该大都会地区的非裔美国人比例。在一个有大量非裔美国人人口的地区,多"接近"才是"接近"呢?也许上下浮动不超过10%。今天纽约大都会地区的非裔美国人人口约占15%。如果我们奉行上下浮动不超过10%的原则,就可以认为,任何非裔美国人人口低于5%的社区都在实行种族隔离并被要求采取措施进行种族融合。而对于非裔人口超过25%的社区,应该提供特殊的激励措施,帮助这里的家庭搬到种族融合地区,或吸引非黑人住到这里来。

与禁止排他性区划相辅相成的是对包容性区划的要求:包容性区划是一种积极的努力,让低收入和中等收入家庭融入中产阶级社区和富裕社区。新泽西州和马萨诸塞州两个州现在提出了"公平分摊"要求,不是基于种族,而是基于收入。这些要求解决的是城市地区低收入家庭的种族隔离及他们在中产阶级近郊区缺席的问题。这些要求对种族融合有一定帮助,但没有采取进一步措施帮助中等收入的非裔美国人家庭融入白人中产阶级近郊住宅区。新泽西州的法律要求,在尚未达到其所属大都会地区低收入住房"公平分摊"数量的近郊住宅区,要允许开发商建设多单元工程,这些工程往往享受第八条款或低收入住房退税基金的补贴。马萨诸塞州也有类似的立法,要求补贴住房未达到公平分摊数量的住宅区的开发商在中等收入住宅区中留出一些单元给低收入家庭。允许这类住宅区在每公顷土地上可以比其他住宅区建设更多的单元。道格拉斯·梅西(Douglas Massey)及其同事在《攀登月桂山》(*Climbing Mount*

Laurel)一书中描述了新泽西州费城近郊住宅区属于这种情况的一项成功工程。该工程证明，这个地区中产阶级居民的担忧都是过虑，它既没有把犯罪带到月桂山地区，也没有降低该地区公立学校的质量，或以其他方式损害该社区的品质。如果其他州也可以通过新泽西州和马萨诸塞州那样的立法，那么，这将不但是非裔美国人，而且是所有低收入家庭融合之路上的一大步。

有些地方政府也有"包容性区划"法令，这些法令在地方层面做到了新泽西州和马萨诸塞州的项目在一州范围内所做的事情。这些规定通常要求开发商在新的住宅区中为低收入和中等收入家庭留出一定数量的单元。和马萨诸塞州一样，开发商如果遵守规定，可以获得奖励（如房屋密度可高于正常允许的范围）。有时候这些法令还是颇见成效的，但是，除非在整个大都会范围内实施，这些法令作为种族融合工具的价值仍然有限。如果某一包容性区划法令只适用于某个城镇，开发商就可以回避法令的要求，改为在没有类似法令的邻近城镇建设住宅，服务于同一个住房市场。

马里兰州的蒙哥马利县（Montgomery County）有一个在全县范围内实施的、强有力的包容性区划法令。和类似的大多数规定一样，该法令要求，即使是最富裕社区的开发商，也要留出一定比例的单元（就蒙哥马利县而言，这个比例是12%~15%）给中等收入家庭。然后该法令更进一步：公房管理局买下了这些预留单元中的1/3，租给最低收入家庭。该项工程的成功显而易见：居住在该县最富裕的近郊住宅区并在此地就学的低收入非裔儿童，学业表现明显好转。我们应该推广哥马利蒙县的这种做法。

IX

1993年，《公平住房法》实施已有1/4个世纪之久，北卡罗来纳大学的一位法学教授约翰·伯格（John Boger）感叹法案实施之后居住融合并没有什么进展。他提出了一个全国性的"公平分摊法案"，要求各州建立机制，保证州内每个近郊住宅区或每个市政辖区都有一定数量的非裔美国人和中低收入人口居住，该数量应能够代表这些人口在其所属大都会地区的比例。伯格教授建议，对于那些未能在这样的种族融合和经济融合中取得进展的辖区，使其业主损失10%的抵押贷款利息和房产税减免。如果辖区达不到公平分摊目标，该项惩罚将逐年递增，直至所有减免均被取消。

该计划如得以实施，对居民将是很有力的经济刺激，他们会给地方官员施加压力，要求采取合理的步骤来进行种族融合。但是，这个想法的目的并不在于惩罚。伯格教授认为，国内收入署应该在财政部的一个账号下保持和扣除的减免额度相当的资金，将这些资金用于帮助种族隔离社区，这些社区的居民为了发展公共住宅或中低收入补贴住宅而损失了减免额度。伯格教授的目的并不是挑战"事实上的"种族隔离的错误观念，因此，他并没有说，预留的资金也可以用于补贴中产阶级甚至是富裕的非裔美国人，让他们住进他们无法以其他方式轻松负担的近郊住宅区。但是，考虑到近郊区的种族隔离从起源来讲属于法理性的，这也是扣除的税收减免的合理用途。今天，博格教授关于公平分摊法案的建议仍像他最初提出时一样，恰逢其时。

X

有几起民权官司胜诉，随后出台了几项革新工程，让低收入家庭融入中产阶级社区。1995年，马里兰州的美国公民自由联盟（American Civil Liberties Union）将住房与城市发展部及巴尔的摩住房管理局告上法庭，因为这些机构拆毁公房工程后，几乎将租户（往往使用第八条款优惠券）全部安置在种族隔离的低收入区域。这场官司过后，联邦政府和地方政府承诺支持以前的居民搬入条件更好的近郊住宅区。房管局提高了对整个巴尔的摩市和其他邻近县在非隔离社区租房的家庭的补贴额度，比常规的第八条款优惠券更高。参与该计划的家庭可以在贫困率低于10%、非裔美国人或其他少数族裔人口比例低于30%、受补贴家庭不足5%的社区使用优惠券。这个流动性项目不但将持有优惠券的家庭安置在公寓中，还在公开市场买下住房，然后出租给参与该计划的家庭。他们还为之前公房中的居民提供详细咨询，帮助他们适应新的、以白人和中产阶级为主的环境。咨询包括各种话题，例如家庭预算、设施的清洁与维护、与房东的沟通、与邻居打交道等。

参与这个巴尔的摩工程的家庭离开了贫困率平均为33%的社区，在贫困率平均为8%的地方找到了新的住处。在他们之前的社区中，非裔美国人占80%；而新环境中只有21%。但是，之前的公房居民中，只有很少一部分人可以参与这项工程。多数人的第八条款优惠券的用场和全国范围内持有该种优惠券的人一样：支付继续住在种族隔离聚居区的部分开支。

1985年的一场官司之后也出现了类似的工程，这场官司中一家民权组织起诉达拉斯住房管理局和住房与城市发展部利用公房与第八条款计划固化种族隔离。同样，这场官司在和解中给在无种族隔离的近郊区重新安家的家庭提供更高额度的优惠券，这些地区的贫困率低，而且中小学学生的表现更好。达拉斯的一家民权组织（包容性社区工程）将和解基金用于安全保证金和咨询服务费，帮助这些家庭适应从种族分离的公房和第八条款社区向种族融合的近郊区环境的过渡。和巴尔的摩的情况一样，因达拉斯的工程而摆脱种族隔离的家庭只占有资格获得住房资助的家庭的很小一部分。

还有几个城市现在也实行力度温和的工程（有些也源自指控第八条款计划强化隔离的官司的和解方案），帮助持有优惠券的家庭搬入贫困率较低的区域。

有几个地方政府和州政府宣布，房东如果断然拒绝将房子租给第八条款家庭，则是触犯法律，这些司法辖区在种族融合上取得的进展似乎还更多一些。允许房主声称他们没有种族歧视，而租户却仅仅因为拥有补贴而遭到拒绝，这简直是对《公平住房法》的讽刺。在任何地方，这样的歧视都应该被禁止。

第八条款优惠券计划并不是政府福利计划。有资格获得补贴而未拿到优惠券的家庭，比拿到优惠券的家庭要多得多，因为第八条款的预算拨款太少。2015 年，大约有 100 万个家庭有优惠券——但是，还有 600 万个家庭也有资格，却没得到优惠券。每个有大量非裔美国人的城市都有长长的优惠券轮候名单。实际上，在很多城市，轮候名单已经关闭。因此，除了禁止针对持有优惠券家庭的歧视之外，国会还应该拨款给所有符合低收入资格的家庭提供优惠券。

联邦政府给中产阶级（多数是白人）房主的补贴则是一种福利：

任何房主，只要收入足够高，能够填出详细的纳税申报单，都可以申请房产税和抵押贷款保险减免。政府并没有告诉这些房主，只有最先填表的几个才能申请到减免，剩下的就没那么好运了，因为钱已经用光了。但是，我们却是这样处理面向低收入租户（主要是非裔美国人）的第八条款补贴的。

只要优惠券持续处于匮乏状态，国会就应该要求地方管理局将优先权给那些主动将第八条款津贴用于在种族融合的低贫困率社区寻找公寓的租户。如果想要这一点成为可能，还需要其他的改革。

优惠券的额度通常是这样设定的——可以租住大都会地区租金接近中位数的公寓。但是，能够代表整个大都会地区租金水平的额度，对于租住大多数低贫困社区的住房还是太低了。因此，如果巴尔的摩的工程要在全国范围内推广，优惠券的额度必须要提高，而且，还要有更多可用的美元才行，例如，用于安全保证金；需要聘用大量咨询员和社会工作者，并对他们进行培训；还要划拨资金，让房管局为之前住在公房中的家庭购买独户住宅。在巴尔的摩的案例中，法院明令要求住房与城市发展部拿出这笔钱。推广这一工程需要国会的行动。

在即将卸任之际，奥巴马宣布，住房和城市发展部将开始按较小的区域，而不是按整个大都会来计算第八条款优惠券。接受第八条款的家庭如果在成本较高的中产阶级社区租房，可以得到更多补贴；如果把第八条款优惠券用于房租较低的低收入社区，则补贴额度会较低。当我写下这段文字时，要想得知新政府会继续执行这项新政策还是逆转该决定，为时尚早。

关于第八条款计划的其他更偏重操作层面的改革也可以有所助

益。例如，优惠券通常由地方住房管理局发放，该机构无权允许在城市范围之外使用优惠券。如果不能去除这样的辖区规定，在大都会层面来规划该项工程，则优惠券对种族融合的作用会很有限。

州政策也可以提升第八条款在促进种族融合方面的潜力。伊利诺伊州目前将房产税减免推及低贫困率社区将房子租给持优惠券家庭的房主。其他州也应该采取类似行动。

联邦政府财政部门应该要求各州将低收入住房退税补贴发给在实行种族融合、环境优良的社区进行建设的开发商。在实行种族隔离的区域，也可以批准意在帮助社区重新焕发活力的工程，但只能作为城市发展协同计划的一部分，该计划包括交通基本建设、创造就业机会、包容性区划、超市、社区警力，以及其他健康社区应有的特点。但是，如果开发商声称他们把退税用于改善城内社区，他们的意思往往是将现代住房引入贫困社区。新房子很好，但这也会进一步深化种族隔离。

50年来的经验已经表明，调动资金和其他支持给低收入社区注入新的活力在政治方面的难度不亚于在近郊区进行种族融合，所以我们继续在种族隔离的社区中建了更多的退税工程和第八条款住房，但改善周边社区环境的承诺却没有兑现。如果一个社区对中产阶级具备吸引力，那么往往活力自然就有了，但是，随后产生的住房高档化并不包括严格执行包容性区划原则，于是这会逐渐将非裔美国人中的穷人赶出现在全面升级的社区，赶入新的、实行种族隔离的内环近郊住宅区。

XI

弗兰克·史蒂文森和罗莎·李·史蒂文森在实行种族隔离的里士满聚居区养大了3个女儿，该区学生的平均成绩在加利福尼亚州是最差的。20世纪50年代和60年代初，姑娘们上小学的时候，非裔儿童占里士满小学生人口的22%，但是，该地区有6所小学的非裔学生比例超过95%。

里士满的学校实行种族隔离，首先是因为联邦和地方住房政策让这个城市成了一个种族隔离的城市。不过，里士满的学校官员又采取了进一步的措施，确保非裔儿童不会和白人儿童就读同一所学校。例如，佩雷斯（Peres）学校1967年登记入学的学生中，黑人占93%，该校位于铁路西侧，其所在社区包括3个仍由白人居住的街区。教育局从佩雷斯的招生区划中把这3个街区所在的那一段划出去，安排住在那里的学生去铁路对面纯白人的贝尔丁（Belding）学校就读。

史蒂文森的女儿们就读于威尔第（Verde）小学，该校位于北里士满的未建制地区，在铁路西侧，离一家炼油厂不远。这所学校建于1951年，最初是为了防止黑人学生就读于附近白人社区的学校。到1968年，威尔第小学仍有99%的非裔学生，但这时学校人数已经太多，学区不得不有所行动。同一时期，附近白人社区的学校有很多空余名额，因为越来越多的白人家庭离开里士满，去往近郊住宅区。但是，学区并没有把这些空余的位置给非裔学生，而是决定扩建威尔第小学。此举强化种族隔离的意图太过明显，民权组织提起了诉讼。初审法官命令学区进行种族融合，并在后来对一位采访者说，教育局董事会一名成员在为学区政策进行辩护时，证词充满种族偏见，让他觉得很不愉快。

学区并没有对初审法官的裁决提出上诉，他们同意实行去除种族隔离的方案，修改招生区划。但是，新政策还没来得及实施，选民就选出了反种族融合派占多数的教育局董事会，之后该董事会不肯履行这一承诺。相反，董事会出台了一个自愿计划，根据该计划，非裔儿童可以选择在以白人为主的学校就读。到1980年，里士满聚居区只有1/6的儿童这么做。这些孩子的父母通常是受教育程度最高的，对孩子的教育态度也最为积极。这些孩子的离开，导致里士满聚居区的学校中只剩下条件最差的学生，这些孩子的学业表现是最糟糕的，行为举止也是最不规矩的。现在北里士满的低收入拉美裔家庭取代了非裔美国人，现状仍是威尔第小学的所有学生都享受政府出钱补贴的午餐，而且58%的学生家长没有读完高中。

里士满的教育局可以轻易对小学进行种族隔离，这是因为里士满的社区本来就是种族隔离的，但是，就初中和高中而言，则是学区人为规定了界限，不让很多非裔学生在他们所在区域的学校就读。相反，学区送他们去以非裔学生为主的学校上学，这些学校的负荷本来就比白人学校更重。白人为了避免就读于家门口非裔美国人太多的学校，也得走更长的路。1958年曾召开过一次公开会议抗议种族隔离，在这次会议上，助理主管解释说，这些界限"安排（以黑人为主的）里士满联合高中招收能够从该校的职业计划中获益的学生群体，而且……（以白人为主的）哈里·埃尔斯高中现有的界限也是合理的，因为聚集在这里的学生可以从学业计划中受益"。

民权抗议活动迫使学区于1959年重新划定高中的招生范围，

但是因为存在社区隔离，非裔美国人仍集中在 11 所初中里的两所及里士满高中。史蒂文森家最小的女儿特里·史蒂文森（Terry Stevenson）就于 1970 年在这里毕业。她断断续续地在社区大学修了一些课程，但一直没能拿到大学学位。她一生都在工作，在日托中心工作过，也做过助理护士。她有 6 个孩子。

特里·史蒂文森的两个儿子在仓库工作。她的 4 个女儿中，有两个是注册的助理护士，一个在银行负责接听电话，还有一个做保安。特里·史蒂文森的姐姐们也都有自己的孩子。这些孩子中有一个在律师事务所做律师助理，一个是药剂师助理，一个在政府社会服务机构做文职工作，还有一个在百货商店做售货员。

如果他们的父母不是生活在法律上被种族隔离的里士满，而是在种族融合的米尔皮塔斯长大、上学，这些史蒂文森第三代会怎么样？如果他们的配偶和他们职业相当，他们的家庭收入不太可能上升到美国人收入的第四 5 分位以上。假如特里和姐姐们可以进入意在招收"能够从学业计划中获益"的学生的高中，而不是去提供手工训练的学校，这些孩子们就可以在受教育程度更好的家庭里长大，那么，他们沿着社会经济的梯子攀爬的时候，又能够更往上走多远？如果不是联邦政府决定违背宪法规定，对他们的祖辈和父辈实行种族隔离，这些史蒂文森第三代的生活会有什么样的不同？我们，美国社会，我们又因为这个家庭失去的机会，欠了这代人和他们的后人什么？这笔债我们该怎么偿还？

第 12 章 考虑补救　　249

EPILOGUE

后 记

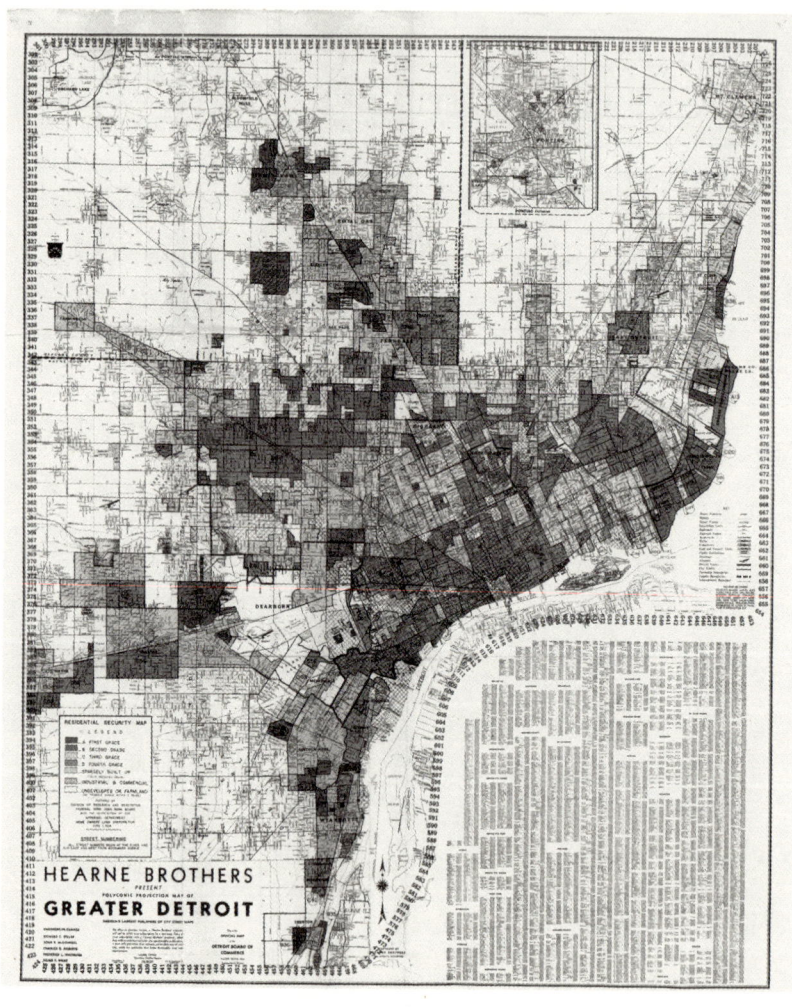

一家新政时期的住房机构为全国的大都会地区绘制了地图。非裔美国人居住的社区被标成红色,以告诫评估人员,不要批准贷款。这是底特律的地图

首席法官约翰·罗伯茨曾经写道，如果居住隔离"不是政府行为的产物，而是私人选择的结果，那么这种隔离就没有宪政意蕴"。他在此处提出了一条原则。不过，这条原则之所以支持他关于不能允许政府对种族隔离进行补救的结论，仅仅是因为他假定存在的事实背景，即居住隔离主要是由私人选择造成的，并不准确。

我们没有必要否认首席法官的原则。他的法学理论之所以出现瑕疵，主要是因为他和他的同事把事实搞错了。居住隔离就是政府行为造成的，这让我们不得不就罗伯茨的原则提出不可分割的补充说明：如果种族隔离是政府行为的产物，它就具有宪政意蕴，需要进行补救。

作为一个国家，我们和最高法院的法官们一样，曾经拒绝考虑补救措施，因为我们沉浸在愉快的错觉中不愿自拔，一厢情愿地认为造成种族隔离的首要推动力并非政府行为，并因此得出结论，我们需要为此做的事情也并不多。因为种族隔离的壕沟一旦挖好，就很难逆转，最简单的办法就是忽略它。

这并不是说种族隔离没有涉及私人选择。很多美国人都有歧视性的观念，也参与过促进不同种族分离的行为。没有这些私人观念和行为的支持，我们经由民主选举产生的各级政府可能也不会进行种族歧视。但是，在我们的宪政制度下，即使大多数人持有这样的观念，或者说，尤其是在大多数人持有种族歧视观念时，政府不但有权选择抵制此种观念，更肩负着这样的责任。在整个 20 世纪，联邦、州和地方政府官员没有抵制与种族相关的多数派意见。相反，他们以积极、放肆的方式支持这样的意见，强化这样的观点。

如果政府拒绝在种族隔离尚未生根发芽的城市建设种族隔离的公房，而是在整个城市开发分散、融合的住宅小区，这些城市的发展可能就没有那么大的种族毒性，也不会有这么多令人绝望的聚居区，而是有更多的多元化近郊住宅区。

如果联邦政府没有强迫近郊住宅区采用排斥性的区划法规，就可以将白人群飞现象控制在最小范围内，因为奉行种族排斥的近郊住宅区很少，恐慌的业主没那么多地方可逃。

如果政府告诉开发商，他们建造的住房必须面向所有人口开放才能拿到联邦住房管理局提供的保险，非裔美国人和白人均可受益，实行种族融合的工人阶级近郊住宅区可能也会随之逐渐成熟。

如果某些社区因联合会规定和限制性契约条款而禁止非裔美国人居住时，州法院没有保护私人种族歧视行为，没有下令将非裔美国人业主驱逐出去，中产阶级非裔美国人在经济条件允许之后，也许就可以逐渐融入此前的白人社区。

如果教堂、大学和医院推行限制性契约条款会失去免税待遇，他们很可能不会采取这样的行为。

如果非裔美国人搬入曾经的白人社区时，警察可以逮捕群众暴动的领头人，而不是纵容他们，社区的种族过渡可能会更顺利。

如果州房产委员会不给那些声称有"道德"义务实行种族隔离的房地产掮客发放执照，这些掮客可能会引领跨种族社区的发展。

如果教育局没有通过设立学校、划定入学范围来确保黑人学生和白人学生的隔离，很多家庭可能就不会需要搬家才能让孩子有学可上。

如果联邦和州的公路设计者没有利用城市州际公路来拆毁非裔美国人社区，迫使这些社区的居民在内城聚居区陷得更深，黑人的贫困状况可能会有所减缓，有些颠沛流离的家庭也许可以累积起足够的资源，改善住房，搬到更好的地段。

如果政府在劳动力市场给予非裔美国人与其他市民同等的权利，非裔美国人工人阶级家庭就不会因为没钱搬到别的地方而一直困在低收入聚居区中。

如果联邦政府没有利用自己在大都会地区设置的种族界限，在近郊住宅区独户住宅业主的税收减免方面花费数千亿美元，却不能提供足够的资金建设交通网络让非裔美国人有机会找到工作，种族隔离所倚仗的不平等就会消失。

如果联邦工程不是直到今天还在深化种族孤立，把多到离谱的接受住房援助的低收入非裔美国人家庭赶到之前政府建设的种族隔离社区中去，我们也许可以看到更多的种族包容性社区。

去除"法律上的"种族隔离所造成的影响无比艰难。改革伊始，我们应该首先思量一下，作为一个整体，我们都做了些什么，并代表政府把责任承担起来。

FREQUENTLY ASKED QUESTION

常见问题

20世纪三四十年代,芝加哥大学校董主席哈罗德·H.斯威夫特(中)指示校长罗伯特·梅纳德·哈钦斯(右)确保校园附近的社区都实行种族隔离。哈钦斯的父亲威廉·詹姆斯·哈钦斯(左)是肯塔基州伯利亚学院(Berea College)的校长,该学院招收不同种族的学生。父亲试图劝说儿子拒绝校董的要求,未果

自从我开始构思这本书的内容，10年的时光转眼已经过去。这10年间我曾和朋友、同事、住房专家展开过讨论。这些讨论对我的想法产生了影响，有时候也让我调整了自己的想法。但是，我也遇到了一些反对意见，这些意见并没有让我改变看法。接下来我就和大家分享一下各种反对意见，以及我对这些意见的回应。

> 你描绘了一幅20世纪上至总统、下至地方警察所遵循的违宪政策在大都会地区造成种族隔离的画卷，但当时是当时，现在是现在。你不能用现在的标准去衡量过去的领袖，对不对？

我们可以用在他们那个时代已有的标准去衡量过去的领袖。无论是由于懦弱、出于一时的权宜还是因为道德感缺失，他们都忽略了相当明显的反对的声音。

非裔美国人一直坚持不懈地反抗违宪待遇。如果你认为白人"当时的标准"意味着无视黑人意见，并以此为由对他们的抗议不屑一顾，请想一想，还有那么多白人谴责过政府推广种族隔离的行为。

1914年，当威尔逊总统对联邦政府的办公室进行种族隔离时，公理教会全国委员会通过决议，对他的政策进行谴责。《公理教会与基督教世界》（*The Congregationalist and the Christian World*）的编辑霍华德·布里奇曼（Howard Bridgman）给威尔逊总统写信，说他的行为违反了基督教教义；这位编辑告诉读者，抗议政府在行政机构实行种族隔离是"白人基督教徒的责任"。威斯康星州参议员罗伯特·拉福莱特（Robert La Follette）的杂志——现改名为《进步》（The Progressive）——发表系列文章，抗议威尔逊的种族政策。

在新政期间，尽管内政部长哈罗德·伊克斯负责施行种族隔离的住房计划，他也在其所在部门的餐厅进行了去隔离，逆转了威尔逊的政策。富兰克林·罗斯福的劳动部部长弗朗西斯·珀金斯（Frances Perkins）在她的部门也是这么做的。军队整体而言拒绝接受非裔美国人熟练工人进入民间资源保护队，但伊克斯和他的副手克拉克·福尔曼在位于内政部管辖下的国家公园的国民自然资源保护队营地中雇用了非裔美国人熟练工人。福尔曼还因为聘用了联邦机构内的第一名非裔美国人秘书而触怒了颇有影响力的政客。佐治亚州州长赫尔曼·塔尔梅奇（Herman Talmadge）在广播里向福尔曼发起攻击，义正词严地指责他居然提拔一名在州长看来只配看门的女人。

第一夫人埃莉诺·罗斯福也不时客串直言不讳的种族融合积极分子，偶尔会挑战她丈夫的管理政策。1939年，她退出美国革命女儿会（Daughters of the American Revolution），因为该组织禁止非裔美国人歌手玛丽安·安德森（Marian Anderson）在其大厅演出。罗斯福夫人是华盛顿特区第一位加入当地有色人种协进会的白人居民。她的反种族隔离行为家喻户晓（对很多圈子而言则是臭名昭著），联邦调查局派遣特务到南方各地，试图证实黑人家庭佣工成立了"埃莉诺俱乐部"的传闻，据说她们不仅要求更高的工资，还要求和所服务的家庭成员同桌吃饭。

第二次世界大战期间，锅炉工国际兄弟会排斥非裔美国人，但汽车工人联合会可不这样。马丁·卡彭特（Martin Carpenter）是美国就业服务局的局长，他对罗斯福 1941 年平权命令的反应是将华盛顿哥伦比亚特区分开的白人就业服务局和非裔美国人就业服务局合并起来。有议员威胁说，如果卡彭特不放弃他的计划，就要收回拨款。卡彭特只得放弃，但他的努力说明种族隔离不是整齐划一的"当时的标准"，只是多数人的标准而已。

20 世纪的部分种族隔离主义者也承认自己虚伪。芝加哥大学校长罗伯特·梅纳德·哈钦斯努力不让非裔美国人接近该大学，但私下里却说他并不同意这种做法，只是不得不遵从校董的意愿。哈钦斯后来说，"这件事比其他事情更让他想辞职"，不过他并没有辞职。他明白，援引"当时的标准"并不能证明默许校董们的意见就是对的。他头脑很清醒。

过去的领袖拒绝接受无歧视标准，而有些人却持有这样的标准，如果我们为这些领袖开脱的话，我们就是在挖宪政体制的墙脚。《权利法案》和内战修正案的存在，就是要保护少数族裔和个人不受并非一致意见的多数意见的伤害。但是，我们是否责备威尔逊总统、罗斯福总统，以及那些被他们派去支持种族隔离的人，这其实并不重要。不管他们的种族政策多么符合常规，这些政策都破坏了非裔美国人的宪法权利。其所产生的后果使我们直到今天仍处于种族隔离的居住状态，所以无论我们是否责难某些历史人物，对这一局面的补救责任都要由我们这代人来承担。

我看了我家房子的房契，发现其中含有限制性条款：禁止

"非高加索人"住在这儿。虽然这一条款现在已不具法律效力,却仍让我感到不安。我如何才能去掉该条款?

从房契中去掉限制性条款的难度和花销对各州来说会有不同。但是,即使是在可行的地方,删掉这些条款可能也并非最好的办法。这些限制性契约条款是非常好的提醒,也是教育辅助工具,我们仍需要它们。如果你所在的州可以对房契进行修改,而不是去除限制性条款,你或许可以考虑加上这样一段话:

我们(你的名字)是(你的地址)的业主,我们承认该房契中含有一条不可执行、不符合法律规定而且败坏道德的条款,将非裔美国人排除在本社区之外。我们拒不履行这一条款,而且为我们的国家感到羞耻。很多人曾一度认为此类条款可以接受,我们声明,我们热情并毫无保留地欢迎所有种族、所有民族的人成为我们的邻居。

当这一切发生的时候,我都还没有出生。当我的家人来到这个国家的时候,种族隔离已经存在。对非裔美国人实行种族隔离不关我们的事。为什么现在要我们做出牺牲,进行矫正?

全美有色人种协进会法律保护基金会的主席雪洛琳·伊菲尔(Sherrilyn Ifill)曾回答过类似的问题,她说:"1776年的时候,你的祖先并不在这里,但你7月4日也吃汉堡,对不对?"她想表达的意思是,先辈为我们的自由而战,有时甚至为此付出生命,我们没有做出同等的牺牲,却也因此受益。我们成为美国人的时候,接受的不仅仅是公民身份带给我们的不劳而获的特权，也接受它所赋予我们的，去纠正并非由我们所犯下的错误的责任。我们的政府造成了非裔美国人社区的种族隔离，现在也必须由我们的政府来进行补救，不论我们或我们的祖先是否参与其中。

人们想和与自己的历史文化背景相同的人生活在一起，这很正常。有些社区基本都是犹太人，或者意大利人，或者中国人。我们非裔美国人也想有我们自己的社区。你们为什么要强迫我们进行种族融合？

我想不出有哪种政策会"强迫"非裔美国人进行种族融合，但我们可以提供奖励机制，鼓励他们这么做。应该给低收入美国人提供补贴，否则他们没有能力离开内城聚居区。也应该激励现在住在下层中产阶级种族隔离社区的中产阶级非裔美国人，让他们搬到种族融合社区去。不过，想想我们为什么要费这么大力气，劝说人们遵循一条无论黑人还是白人，似乎没人喜欢的政策，这也是颇为合理的。

调查表明，大多数非裔美国人更青睐种族融合社区，白人也是。但是，非裔美国人对种族融合社区的定义是有20%～50%的居民是非裔美国人的社区，而白人对此的定义则是他们要占主导地位——只有10%的居民是非裔美国人的社区。如果出现在某个社区的非裔美国人超过了10%，白人往往就开始搬走，很快这个社区的黑人就会占压倒性的多数。如果种族融合的努力要产生此类后果，这种努力不做也罢。

但是，将 10% 的非裔美国人作为融合目标是不够的，因为在我们主要的大都会地区中，非裔美国人不止这个比例。在亚特兰大地区，非裔美国人占人口总数的 32%，芝加哥的比例为 17%，底特律的是 23%，纽约－新泽西－康涅狄格地区的则是 15%。如果我们说在一个稳定的种族融合社区中，非裔美国人的比例应该是他们在大都会地区的平均值加减 10%，那么某个近郊住宅区的黑人比例一旦超过 10%，白人就要离开，稳定的种族融合就永远没有可能实现。如果我们只在看不到或几乎看不到非裔美国人的地方试着去进行种族融合，恐怕起不了作用。

非裔美国人自己并不想融合，这种观点只是白人的异想天开而已。成千上万名非裔美国人冒着遭遇敌意，甚至遭遇暴力的风险，勇敢地搬进之前以白人为主的社区。这段历史导致其他非裔美国人在努力缩小与他人的差距时踌躇不决。今天，当非裔美国人搬进以白人为主的社区时，他们仍很可能在开车回家的路上被警察拦住，在零售商店购物时受到的监视也异常严格。老师则会认为他们的学生能力不够，没有资格去上有挑战性的课程。在种族融合的学校里，非裔学生往往会因为轻微的违纪行为而受到严厉惩罚，同样的违纪行为如果发生在白人学生身上，学校通常会视而不见。

白人社区的跨种族敌意众所周知，如果我们觉得，除非白人社区欢迎他们，大多数非裔美国人更愿意选择种族隔离，这样的想法也有一定道理。在白人社区欢迎非裔美国人加入之前，非裔美国人对种族隔离的逃避不能视作自由选择。在以白人为主的区域，对警察执法及学校的学业、纪律政策的改革至关重要，还要给非裔美国人一定的激励，让他们甘冒风险相信这些改革都是真的。

但是只有激励是不够的。要构建种族融合的社会，非裔美国人也必须承担更大的风险。一个知名律师事务所的合伙人曾向我解释，为什么她反对我的种族融合倡议："我是一名中产阶级非裔美国人职业女性，我想住在我觉得舒服的地方，我希望那里的美容院知道该如何修剪我的头发，我希望那里离我常去的教堂别太远，我希望那里的超市能买到羽衣甘蓝。"

没有哪个富裕的近郊住宅区可以在一夜之间完全实现种族融合。所以，如果我的律师朋友现在搬入一个纯白人社区，她找不到她想要的理发师、教堂和超市。但是，一旦社区开始融合，专门打理非裔美国人发型的美容院就会出现，超市也会开始贩卖绿叶蔬菜。一开始她可能得回到以前的社区去做礼拜，这是为融合之利付出的代价，为她自己、为她的孩子和我们这个国家付出的代价。

现在很多白人中产阶级社区的超市中都有传统犹太食物、意大利食物和亚洲食物的购物通道，尽管这个地区的犹太人、意大利人和亚洲人只占少数。但是，当这些民族的第一个成员来到这里的时候，超市里肯定是没有这些商品的。必须要有人成为先驱。和我交流的律所合伙人可能并不想做先驱，而且，如果她不想的话，她也没必要做。但是，要解决因为"法律上的"种族隔离而长期存在的经济、社会、政治问题，必须要有人率先行动。如果本人选择留下，我们不应该强迫任何人离开种族隔离社区，但是政府建立了很多激励机制，劝说人们放弃有害行为：我们对香烟征收重税，我们补贴那些自愿在自己的退休金账户存钱的职员，如果通勤者拼车的话，我们就为他们修建快速通道。因此，我们也要激励那些选择在种族融合地区落脚的家庭，支持他们在那里定居。非裔美国人可以放弃这些奖励，继续选择种族隔离，但是政府应该做出努力，让他们能够更轻松地做出不同的选择。

如果我们能真正实现种族融合，如果奴隶制的所有"标志与事件"都可以彻底根除，那么，有些社区的非裔美国人比例当然可以高出平均水平，就像有些社区的犹太人、意大利人、中国人或其他族裔人口超过平均水平一样。但是，比之现在城市与近郊住宅区典型的种族隔离模式，大都会地区的局面将会有质的不同。

> 为什么强调对违宪行为进行补救是我们的义务？你应该把它作为机会提出来，因为每个人都会在多元社会中受益。

这些都对。但是，如果我们认为去除种族隔离对每个人来说都只能是双赢的体验，那就是在自欺欺人。这个过程是会付出代价的，而且有时代价可能很大。

如果我们要求第八条款和低收入住房退税计划帮助低收入聚居区居民向中产阶级社区迁移，这当然是我们应该做的，但这些中产阶级社区的犯罪率可能会出现上升。这些犯罪很可能不是暴力犯罪，只是小偷小摸而已，与非裔美国人在强制隔离中所遭遇的暴力完全不可同日而语。但是，如果我们谎称种族融合不会产生任何代价，当中产阶级社区发现上当了的时候，就一定会有人抵制种族融合。种族融合等不了，不能坐等每个聚居区居民都变成模范市民的那一天。

融合之后，富裕的近郊住宅区可能会出现房产贬值的情况，因为现在种族势利和经济势利是他们用来吸引购房者的部分手段。

给非裔美国人提供奖励，让他们去白人社区安家，这会牵扯到相当大的经济成本。如果我们要在上层中产阶级学校中招收低收入家庭的孩子，我们还需要将部分资源转移到特殊咨询和补救计划上面，提高税收以支付这些费用，否则就不得不砍掉一些选修课程。如果我们误导白人家长，让他们以为种族融合无需成本，那么当这些成本浮现时，他们一定会勃然大怒，而这是很容易理解的。

平权计划是解决政府支持下的种族隔离所造成的遗留问题的合理方式。那些因为被锁定在聚居区内而机会受限的非裔美国人应该得到一些补偿，方式是让他们有机会去做他们的父辈祖辈不能做的工作，接受他们没机会接受的教育。但是，平权计划也不是没有成本的。哈佛大学法学教授兰德尔·肯尼迪（Landall Kennedy）曾在《歧视》(*For Discrimination*)一书中嘲笑贝拉克·奥巴马（Barack Obama）在《无畏的希望》(*The Audacity of Hope*)中的说法。前总统声称，平权行动"可以让够资格的少数族裔拥有本来会把他们拒之门外的机会，但不会降低白人学生的机会"。肯尼迪反驳道："那怎么可能？"如果大学的名额有限，而平权行为又会招进来几个本来不能入学的非裔美国人，肯定就需要拒绝同样数量没有特权的申请人。相对于成千上万名因为名额限制被拒的合格申请人来说，这个数字可能很小，但并不为零。

如果我们不承认这个代价，就会招致平权运动的反对人士夸大其词，有时候简直夸张得都没边了，最近在最高法院起诉得克萨斯大学招生程序时，他们就是这么做的。该大学给了其他方面均合格的非裔美国人一点点优惠。原告阿比盖尔·费希尔（Abigail Fisher）是白人，她也申请了这所大学，但她的资格略逊于被录取的非裔美国人。平权行动计划可能会需要一些白人放弃他们的位置，如果不承认这一点,就意味着所有被名校拒绝的白人学生都可以认定自己是受害者,并把自己的失败归咎于平权行动。

无论是去除种族隔离的成本,还是它所带来的好处,都不可能公平分摊。在平权行动展开过程中受益的非裔美国人并不一定是种族隔离造成的需求最为迫切的那些人。本来有可能进入名校但因为平权运动而被拒的白人学生,他们能够获得申请资格,可能也不是因为享有种族隔离遗留下来的特权。

我们的法律体系希望每一次补偿性的转移都可以把给予者的责任和接受者的牺牲准确地结合起来。"法律上的"种族隔离是一个太过庞大的历史错误,无法满足这一原则。对"法律上的"种族隔离进行补救,既不可能双赢,也不可能干脆利落。我们所造成上的宪政上一团乱麻的局面没法轻易解开。种族融合当然会使所有人,无论白人还是非裔美国人,都从中受益。但这会涉及成本,而且我们应该接受这项成本是我们宪法义务的一部分。不然的话,种族融合将很难取得成功。

为什么在我们看来属于自由派的领袖会推行种族隔离主义政策?从威尔逊政府到罗斯福政府都实施种族隔离政策,他们这么做的动机是什么?是出于政治权宜还是个人偏执?

两者兼而有之。

如果没有南方民主党人的支持,罗斯福政府和杜鲁门政府就无法执行进步性的经济计划,而这些南方人奉行白人至上的原则。罗斯福总统选择约翰·南斯·加纳(John Nance Garner)这个来自得克萨斯州的种族主义者做他前两个任期的竞选伙伴、副总统候选人。这样的选择至少在开始的时候让民主党保持对政策的一致支持，这些政策对白人的帮助太大了。

但这又不仅仅是权宜之计。罗斯福总统的核心集团包括新闻秘书史蒂夫·厄尔利（Steve Early）——一位坚定的种族主义者，他会确保总统的发言中不会出现任何种族自由主义的蛛丝马迹。南卡罗来纳州参议员詹姆斯·F. 布莱恩斯（James F. Brynes）也是种族主义者，他是罗斯福（后来也是杜鲁门）最亲密的知己之一，罗斯福派他去最高法院任职。布莱恩斯在最高法院只待了一年，就辞职去担任其他行政职务了。如果他一直待在法院，那么在1954年最高法院考虑解除学校里的种族隔离时，时任首席大法官的厄尔·沃伦想劝说所有8名大法官支持他对布朗诉教育委员会一案的判决，恐怕会更加困难。此时布莱恩斯已经是南卡罗来纳州州长，成为南方抵制这一裁定的领袖。

不但南方人，北方的很多新政官员也不怎么关心非裔美国人的福利。在20世纪的前60~70年中，美国的国家领导人基本上无一例外都是白人——以英语为母语、新教徒、男性，而且大多看不起其他人。1960年，新教徒反对一位天主教徒即约翰·F. 肯尼迪成为总统候选人；他的险胜也因此成了转折点。也许，粉碎了白人新教徒精英们对政治权利近乎垄断的掌控的，不是奥巴马的当选，而是肯尼迪的当选。

这群上层人士的偏执不仅仅基于社会阶层，还与种族有关。不管怎么说，让联邦住房管理局的官员们行动起来的，不是下层非裔美国人，而是中产阶级非裔美国人的种族融合。联邦住房管理局的评估专家都是全国房产局联合会的会员，1939年，他们准备了一本手册，供准备参加州政府组织的执照考试的经纪人参考使用。这本手册提醒经纪人提防"有钱的有色人种，他们供孩子上大学，以为自己有资格和白人住在一起"。

难道黑人不应该为自己的成功负起更多的责任吗？黑人社区的犯罪率高，所以白人才会反对融合，因为他们不希望非裔美国人把罪行带入白人社区。即使是在有工作可做的时候，年轻人也会加入帮派，还会贩卖毒品。难道不应该在黑人聚居区文化有所改变之后再来考虑种族融合的问题吗？

当然，每个人——黑人、白人，以及其他人——都应该为自身成功负起更大的责任。非裔美国人不例外，美国白人也不例外。

达成以上共识之后，让我们来看一下事实。

大多数年轻的非裔美国人确实在为自身的成功负起责任，很多人为了成功"加倍努力地"工作。这种责任感及额外的努力往往会有回报——不过这种回报要低于白人从责任和努力中得到的回报。2014年，年轻（25~29岁）的成年非裔美国人中，21%的男性和24%的女性接受过大学教育。高中学业的完成率超过90%。这表明，少数非裔美国人的反社会行为这一焦点问题是个太过方便的借口，以逃避采取行动融合大多数人。

"毒品之战"，包括对居住在低收入非裔美国人社区的年轻男子和青春期男孩的大规模羁押，始于20世纪70年代。根据目前的趋势来估计，现在出生的非裔美国人，多达1/3一生中会在监狱里待上一段时间，主要都是因为非暴力犯罪。考虑到这一点，非裔美国人的大学毕业率居然如此之高，让人惊讶。

米歇尔·亚历山大（Michelle Alexander）在她的重要著作《新吉姆·克罗》(*The New Jim Crow*)中提到，年轻的非裔男性比年轻的白人男性更不太可能去吸食或贩卖毒品，但他们因为吸食或贩卖毒品被逮捕的概率更高；一旦被逮捕，他们更可能被判刑；一旦被判刑，他们更可能会被判长期徒刑。非裔汽车驾驶员不打灯就变道的可能性并不比白人驾驶员更大，但是，他们这么做的时候，被警察拦住的可能性更大，而一旦被拦住，他们更可能受到处罚，包括因为付不出罚金而遭牢狱之灾。司法部对密苏里州弗格森地区警察执法的调查发现，非裔美国人被警察拦住比白人被拦更为常见，但在被拦住并接受搜查的人中，携带违禁药物的白人比非裔美国人更多。如果警察想提高发现毒品的概率，去白人社区开展"盘查"行动可能比在黑人社区效果更好。

将聚居区的非暴力犯罪人员投入监狱，这种做法会影响不止一代人。父母一方的缺席会对孩子的早期发展和学业表现有不利影响。年轻人一旦入狱，哪怕刑期很短（很多人的刑期并不短），可能终生都要处于二等居民的地位：没有选举权，会从公房中被赶出去，没有资格领取食品券。他们的家庭关系，哪怕不是无可挽回地破裂，也会因此受损。多数公司都不会雇用他们。他们无法找到合法工作，而当他们试图借助地下经济谋生的时候，又会再次入狱。

我们不应过分强调行为变化会在多大程度上战胜聚居区的环境，我们这个更广泛意义上的社会要为之负责。铅中毒就是个例子。从全国范围来看，非裔儿童的血铅水平是白人儿童的两倍，这非常危险，且不可逆转。血铅水平的差别应主要归因于长期住在破败的社区中，含铅的涂料从墙上剥落，含铅的管道将水送到家里，送到学校。当发育中的大脑吸收了铅（这会阻碍必要的钙吸收），儿童的自制力会减弱。铅中毒预示着青少年时代会有冒险行为，而成年早期则会有更多的暴力和犯罪行为。例如，因为密歇根州的弗林特（Flint）在 2014 年和 2015 年曾使用铅污染的供水系统，我们可以合理地做出预测，当这个城市的孩子（大多数为非裔美国人）进入青春期或成年早期，犯罪率会上升。

当然，如果每个非裔美国人都拒绝采取对立、疏离的姿态，事情要好办得多。但是，对助长此种姿态的政治、经济体制的改革，对我们每个人都至关重要。谁也不能等着对方主动。

> 非裔美国人无法逃离聚居区的真正原因难道不是无力或无心妥善抚养孩子的单亲妈妈太多吗？我们是不是应该鼓励她们婚后再生育子女，这样她们就能更为妥善地尽抚养之责？

对这个国家进行种族隔离的政府政策，首先针对的就是非裔美国人工人阶级和中产阶级有子女的双职工家庭。弗兰克·史蒂文森和他的家人没法住进米尔皮塔斯，文斯·梅里戴、罗伯特·梅里戴和他们的家人没法住进莱维敦，威尔伯·加里和柏丽斯·加里、比尔·迈尔斯和黛西·迈尔斯、安德鲁·韦德和夏洛特·韦德，还有成千上万名像他们一样在搬进自己的房子时遭遇了警方庇护下的暴力的非裔美国人，他们都不是带着孩子的单亲妈妈。单亲成为拒绝种族融合的理由，这是事后才有的想法，是为不作为找的借口。

非裔女性的生育率在下降，比起成人，少女妈妈的生育率下降得还要快上很多。避孕方面的教育更到位，这有助于将首次怀孕的时间延后，学校计划使女生对事业有了更多期待，也可以起到同样的作用。但是，任何种族的妇女都不会将自愿生育的时间无限推后，她们养育子女的目标并不会因道德说教或学校教育而受到抑制。聚居区的单亲率高，主要是因为年轻的成年女性缺少婚姻伴侣。年轻的黑人男性被羁押或处于无业状态是这一现象的根由。

我们也许会把婚姻看作一种浪漫的承诺，但它也是一种经济制度。双亲家庭的总收入往往更高，可用于子女的抚养与教育。最近的一项调查发现，各种族未婚但希望走入婚姻的女性中，78%希望找到有稳定收入的配偶；这个条件比有同样的宗教信仰、在养儿育女中观念一致、受过同等教育或属于同一种族更为重要。如果一个社区的年轻男性失业率高（或只是做些低收入工作），他们孩子的母亲就没有什么想与之结婚的动机。现在，25~34岁之间从未结过婚的非裔美国人中，有工作的男性与女性的比例是51:100。而在白人、亚洲人与西班牙人等人群中，有工作的男性人数与女性人数大体相同。除非非裔美国人社区中有工作且无犯罪记录的男性人数可以增加，否则我们想减少有孩子但无力将他们抚养教育好的女性的数量，是不太可能成功的。

单亲白人女性的比例在上升，但她们通常有条件雇用别人来帮忙，可以自己养育孩子。而且，很大一部分白人和黑人"单亲"妈妈在和她们孩子的父亲同居；在白人中，结婚率下滑的速度已经超过完整双亲家庭的保持率。

白人的种族偏执中有一个很奇怪的方面——白人女性比白人男

性更愿意与黑人伴侣走入婚姻，这使问题进一步恶化。2010 年结婚的非裔男性中，24% 的配偶不是非裔美国人，但同一年结婚的非裔女性中，只有 9% 的配偶不是非裔男性。这种独特的种族和民族间的不平衡自 20 世纪早期以来一直存在，当时的跨种族婚姻比现在更为罕见。非裔青年男性的被羁押率和失业率本来就更高，再加上异族婚姻中的性别差异，非裔美国人中单亲妈妈的比例显然会居高不下。

我们有精心设计的教育计划，旨在教给低收入非裔妈妈更好的教育技巧，但国会对这些计划的资金支持只维持在象征性的实验范围内。如果我们说要等到非裔妇女做妈妈做得更好些才能支持她们融入中产阶级社区，然后又不提供她们想要并且需要的支持，这就有点儿讽刺了。而且我们也没有权利等到所有低收入、没受过什么教育的妈妈学会完美的教育技巧之后才行动起来，去除大都会地区的种族隔离。中产阶级白人在照料孩子方面做得也不完美，但是，他们的孩子想要成功，妈妈们只要做到黑人妈妈的一半就够了。

你为什么只谈非裔美国人？其他少数族裔不也受到歧视吗？拉美裔难道没生活在种族隔离社区中？

有两个不同问题很容易混淆。一个是本书的主题，即针对非裔美国人、尚未进行补救的"法律上的"种族隔离。另一个是日益严重的经济不平等，其中就包括很多中产阶级住宅区的房屋价格和租金超出了不同肤色、不同民族的家庭的承受能力。

虽然我们在历史上也出现过政府组织下对其他群体的歧视甚至

隔离，包括对拉美裔、华裔和日裔，较非裔美国人所遭受的"法律上的"种族隔离而言，对这些人群的歧视和隔离程度较轻，而且都发生在更久远的过去。

第一代或第二代拉美裔（主要是墨西哥人，但也有来自其他拉美国家的人）往往居住在种族同质的低收入社区。但是，大多数情况下，这些社区中很少有人是"被隔离的"——因为私人歧视或旨在孤立他们的政府政策被迫住在这里。

低收入移民中，前几代人总是住在民族聚居区中，这里讲的是他们自己的语言，有他们熟悉的食物，本民族的教堂就在附近，而且拥挤的公寓租金也相对低廉。爱尔兰人、犹太人、意大利人、波兰人、希腊人和其他移民团体来到美国的历史就是这样的，这些人没什么技能，但愿意接受较低的工资并努力工作，以期获得经济上的安全感，让子女能有更好的生活。他们别无他法。没有技术也没受过太多教育的移民，如果分散到他们所不熟悉的外国本土居民中去，很难生存下来。到第三代或更多代之后，移民的后代通常会离开本民族聚居的社区，融入更广阔的社会。同化并不意味着要失去自己的文化身份，但是，后边的这几代人，他们首先认同的是美国人的身份。

这个模式在很大程度上也可以代表20世纪的拉美裔移民。按移民代际对结果进行分解的数据非常稀少，但是，尽管我们所知甚少，我们所掌握的数据支持这一结论。例如，2010年新结婚的拉美裔人口中，26%与非拉美裔人士结合；就出生在美国的（第二代或之后）拉美裔人口而言，这个比例是36%。对于第三代及第三代以外的移民，这个比例很可能会达到40%，甚至更高。但是黑人家庭的数据则很不一样,这些家庭几百年前就已经是美国人了,而异族婚姻的比例只是第二代拉美裔的一半。

有些研究得出结论,认为拉美裔(特别是墨西哥人)的教育和经济进步在第二代之后就发生"停滞",移民没有融入"白人"中产阶级。这些研究都有问题,因为它们的数据来自社会调查,在调查中,他们会问受访对象是"白人""非裔美国人""拉美裔"还是"亚裔"(或者其他某种分类)。如果第三代及三代以外的西班牙裔回答说他们是"白人",则有关这些人的教育和收入的信息就不包括在"拉美裔"这个类别之下。墨西哥移民同化程度最高的,即受教育最好、收入最高或与非拉美裔人口结婚的人,很可能已经不再把自己看成拉美裔,结果就导致我们对第三代及三代以外拉美裔人口的同化判断过低。

墨西哥移民、墨西哥裔美国人和波多黎各移民有时也会因政府政策而面临"法律上的"种族隔离,也会受到来自警方的残忍对待,不能进入白人的餐饮、购物或娱乐场所,在军中服役时也会遭到虐待。在有些情况下,特别是在得克萨斯州,他们也要面对学校中的种族隔离。现在,住在集各种不利条件于一体的社区中的拉美裔年轻人,他们和警察之间的不良关系,和年轻的非裔美国人与警方的关系差不多,原因也大体相同。

但是,尽管有时候我们对待墨西哥移民和波多黎各移民的方式有些恐怖,但这与非裔美国人的遭遇完全无法相提并论。很多社区的限制性契约条款不但禁止向非裔美国人出售住房,而且禁止向西班牙裔(犹太裔、爱尔兰裔、亚裔和其他被认为"非高加索人种"的人群往往也一样)售房。但是,法官通常会判定墨西哥裔美国人为"高加索人种"，不属于限制性契约条款的排斥对象。进入20世纪以后，除了非裔美国人之外，面向其他族裔的房产与居住限制大多已逐渐消失。只有非裔美国人一直遭受彻底的、违宪的种族隔离，其时间之长、抑制范围之广导致需要通过强制性的宪政手段对他们的境况做出补救。

当然，拉美裔仍饱受歧视之苦，有些地方还颇为严重。双语教育计划使得低收入移民家庭的孩子可以平稳地过渡到使用英语，但是，虽然这种教学方式已经得到检验，本土主义驱动下的运动仍限制了其应用。每4名拉美裔美国人当中，就有一人在买房或租房时遭遇到来自房地产经纪人或房东的歧视。有时候，地方官员把拉美裔移民家庭作为选择性建筑规范的实施对象。在监管机构的眼皮子底下，银行不但歧视性地向非裔美国人家庭推销次级贷款，而且把西班牙裔家庭也当作他们的推销对象。

低收入拉美裔移民的经历在很多方面都与早期欧洲移民群体非常接近，但那些群体经历了几段广泛共享的繁荣时光。欧洲移民或他们的后代作为"二战"退伍军人回来之后，生产工人和非管理人员经历了长达1/4个世纪的工资增长，平均每年增长2.3%，这让他们稳稳地在美国中产阶级站住了脚。1973年以来，生产工人和非管理人员的工资再没有任何增长。可能是这样的趋势，而非未经补救的"法律上的"种族隔离，使20世纪后期的移民无法完全复制前辈走过的路。

在大都会地区，很多第一代或第二代拉美裔移民所在社区中贫困家庭和低收入家庭的比例很高。好的社会政策应该帮助他们，让他们一准备好就可以走出这些机会不多的社区。为了不让第八条款和低收入住房退税计划把非裔美国人困在高贫困率、低资源社区中所进行的改革，对新近的拉美裔移民应该同样有效。

为低收入拉美裔移民创造更多机会是明智的社会政策，为非裔美国人创造更多机会也是明智的社会政策，但同时也是对"法律上的"种族隔离进行补救的宪政要求。

健康的美国社会既需要解除非裔美国人的种族隔离，也需要建立更为平等、以发展为导向的经济机制来造福所有低收入家庭。"法律上的"种族隔离和经济机会受阻是两个不同的问题。每个都需要解决。

你关于解除社区种族隔离的种种论调，不都是某种形式的"社会工程"吗？当政府试图进行这样的变革时，不是常常出现虽非有意但实际有害的后果？

解除种族隔离是要致力于扭转一个世纪以来联邦、州、地方各级政府所推进的社会工程，这些政府部门出台政策将非裔美国人置于孤立、从属的境地。真正特别关心这类社会工程的白人很少，现在提出这样的质疑似乎并不是时候。

我并不想把有些人可能遭受的、去除隔离在无意中造成的不公平待遇说得很轻，但是，比起此类不公，我们更应该关注的是，如果我们不能对这个国家进行净化，根除无论在形式还是实质上都与宪法相矛盾的住房组织形式，非裔美国人和我们所有人都将要面临伤害。

非裔美国人现在面临的最大问题是低级住宅高档化，导致低收入家庭无处可去。对此，我们可以做些什么？

随着收入高的白人重新发现城市生活的好处，此前很多非裔美国人社区和移民社区的住房需求开始上升。房租和房产税上涨，迫使低收入家庭离开。在所有低收入家庭离开之前，住宅高档化似乎形成了种族融合社区。但是，大多数情况下这种现象都是暂时的，只能维持到高收入家庭完成对低收入家庭的替代之时。

大多数低收入家庭在被迫离开高档化进程中的社区之后无处可去，只能去少数几个实行种族隔离的近郊住宅区，很快这些家庭便集中在这些社区之中，因为其他地区要么禁止、要么严格限制建设他们能负担得起的住房。如果公寓位于中产阶级近郊住宅区，对于那些离开内城地区无家可归的家庭来说，通常房价过高，或者允许房东在拒绝接受第八条款优惠券的掩饰下歧视非裔和拉美裔美国人。

如果住宅高档化能和包容性区划政策结合起来，在每个社区都保留一些经济适用房，这将是一种积极发展。但是，这样的政策要么很难见到，要么没什么效力。也应该要求目前的排斥性近郊住宅区进行包容性区划。如果这可以成为现实，所有社区都将迈向种族融合。

作家塔-内西斯·科茨（*Ta-Nehisi Coates*）说，我们要赔偿非裔美国人。你说的是这个意思吗？

在《大西洋月刊》(*The Atlantic*)的多篇文章中，塔-内西斯·科茨都提出，要对继续遭受奴隶制和种族隔离影响的非裔美国人"做出赔偿"。在2016年1月的一篇文章中，科茨提供的调查报告显示，64%的美国白人认为，种族隔离的遗留问题在今天的黑白贫富差距中只是一个"微不足道的因素"，或者"根本不起任何作用"。科茨写道，如果美国人不能治好这种失忆症，讨论具体的提议没有任何意义。如果我们真的能克服失忆，那么我们就可以就遗留问题进行建设性的讨论。

我更愿意用词语"补救"而不是"赔偿"来描述可以治愈非裔美国人及所有美国人、可以抚平使这个国家陷入种族隔离的违宪行为所造成的创伤的政策。在我看来，赔偿更像是因为剥削了非裔美国人而做出的普遍意义上的一次性赔款，也许只有我这么觉得。

我们没法通过诉讼对"法律上的"种族隔离做出补偿——相反，这需要全国上下达成政治共识并由此产生立法。但是，通过补救来抚平受害者的创伤，是我们的法律体系中一个很熟悉的概念。我倾向于用"补救"这个词，还有一个原因是其中也包括不涉及赔款的政策。我们的确要补贴非裔美国人，让他们可以在一度把他们拒之门外的近郊住宅区购买住房，但是，我们也应该要求废除禁止在这些近郊住宅区建设经济适用房的排除性区划法令。教育和就业中的"平权行动"也是宪法所要求的、针对"法律上的"种族隔离的补救行动。

我对科茨青睐赔偿的说法并没有什么意见。如果你愿意把我们应该遵循的政策视为赔偿而非补救，我没有异议。重要的是，如果我们不能让美国人民明白我们如何形成了这样一种违宪的、政府支持下的"法律上的"种族隔离体系，并使他们为此感到愤怒，那么无论是补救还是赔偿，都不会提上公众的议程。

你的观点是不是完全不现实啊？最高法院的法官永远都不会走这一步。

最高法院"跟着选举结果走"的说法可能过于简单，但是，确实是要等到相当大一部分舆论对种族隔离有了新的理解之后，最高法院的法官们才能达成新的认识。不过，虽然赔偿不能通过打官司来实现，法院还是可以起作用的。例如，如果国会要实行"公平分摊计划"，反对者可能会提出挑战，坚持认为这样的政策会是"逆向歧视"，违犯第十四修正案。将来需要一个受教育程度更高的最高法院来驳斥这一论调，并根据第十三修正案第二款裁定该计划是对国会权力的正当实施，该条款赋予国会废除奴隶制标志的权力，而再没有什么标志比种族隔离的社区更为显著了。

将来的最高法院的受教育程度是否能够变得更高，这完全取决于我们。

致　谢
ACKNOWLEDGEMENTS

过去30年的大部分时间里，我都有幸在美国经济政策研究所（Economic Policy Institute）工作，该所为本书的写作提供了支持。他们的支持从未动摇过，有些时候我本人和研究所所长劳伦斯·米歇尔（Lawrence Mishel）并不清楚，研究所努力揭示的经济不平等很大程度上是由居住上的种族隔离所引发的，即使是在这种时候他们也坚定地支持围绕本书的工作。我本人，以及这本书，都要对劳伦斯·米歇尔致以最崇高的谢意。

经济政策研究所的宣传部门和劳伦斯·米歇尔一起，确保我以前的专著和文章，即本书的前期工作，在编辑、设计、发行方面都能达到最好的效果。当时我尚不知博客为何物，并且冥顽不化地拒绝学习。研究所宣传部的主任伊丽莎白·罗斯（Elizabeth Rose）温柔地敦促我兼顾传统出版方式和大众推广方式。如果没有经济政策研究所的支持，这本书是写不成的，而且我也根本不会写完。

其他机构也给我提供了帮助。2009年到2010年间，我有幸参与普林斯顿高等研究院（Institute for Advanced Study in Princeton）一个由斯坦福大学的罗波·赖希（Rob Reich）教授和现任职于哈佛的丹妮尔·艾伦（Danielle Allen）教授牵头的、为期一年的研讨班。我在第9章提到，当时我正在反复玩味最高法院的家长参与案（Parents Involved）裁定。在该裁定中，最高法院反对校方去除种族隔离的努力，因为，它声称，学校之所以具有种族同质性，完全是因为所在社区存在"事实上的"隔离，完全或几乎不干国家政策的事。在高等研究院，研讨班成员探索自己工作中的新方向并提出研究计划，当时我凭直觉认为家长参与案裁定的"事实"基础存在较大谬误，因此决定就此展开更深入的研究。在研讨班闭幕时，我写了一个计划，总结了一些我的发现。研讨班诸位同仁的论文各占一章，集成《教育、司法与民主》（*Education, Justice and Democracy*）一书出版，由艾伦和赖希担任编辑。本书只不过是用更充分的文献资料来证明我在该书中所提出的想法。

我感觉，这个国家在教育和其他领域持续存在的种族问题，其根源就是法律上的居住隔离，而我的这种感觉也自有其根源。50年前，在我还非常年轻的时候，我曾担任哈罗德·巴伦（Harold Baron）的助手，他是芝加哥城市联盟（Chicago Urban League）的研究室主任。在多萝西·高特罗（Dorothy Gautreaux）同住房与城市发展部及芝加哥住房管理局的官司中（我在本书第2章描述过这场诉讼），亚历山大·波里科夫（Alexander Polikoff）是她的代理人，他拿到了透露指令，允许哈罗德细读房管局的档案。此前30年的往来信函及董事会会议记录都装箱存放在罗伯特·泰勒家园（Robert Taylor Homes）一幢高层塔楼的地下室里。那个炎热的夏天，我在这间地下室度过了部分时间，搜集政府有意利用公房使非裔美国人集中远离白人社区的证据。这段经历在我的心中播下的种子，使我对当前最高法院的"事实上的"种族隔离理念持怀疑态度。

就在本书即将付梓之际,哈罗德·巴伦与世长辞。本书是他的成果之一。我真希望他能看到本书出版。我希望他为此感到骄傲。

2010 年,我开始在加利福尼亚州的伯克利度过大量时间,因为我的儿孙都在旧金山湾区定居。当时加州大学伯克利分校法学院的院长是克里斯托弗·埃德雷(Christopher Edley),我把我的研究主题讲给他听,他提出可以接受我做法学院首席大法官厄尔·沃伦法律和社会政策研究所(Chief Justice Earl Warren Institute on Law and Social Policy)的高级研究员。虽然这是一个无薪职位(我的赞助来自经济政策研究所),但沃伦研究所让我在大学图书馆享有种种便利,还提供了一批非常出色、很有天分的研究助理。之后我还要再提到这些优秀的学子,但在此处,我想用我能想到的、最强有力的方式强调一点:没有埃德雷院长和沃伦研究所的支持,这本书不可能面世。谢谢你,克里斯托弗。

沃伦研究所于 2015 年 12 月停办。这时,加州大学哈斯公平与包容性社会研究所(Haas Institute for a Fair and Inclusive Society)热情地同意给我一个类似的位置,也提供图书馆特权,并会派研究生担任我的研究助理,学院领导是院长约翰·鲍威尔(John Powell)与副院长史蒂芬·摩内典(Stephen Menendian)。在我研究的早期,鲍威尔教授对我有特别的影响,他坚持认为我应该把更多的注意力放在针对琼斯诉梅耶公司案展开的、关于第十三修正案的讨论蕴含的意义上。我照做了,结果应该是显而易见的。

与史蒂芬·摩内典的合作尤其建树颇多,我很欣慰能有机会向他表示感谢。有一次,我们代表全国一群住房学者,针对最高法院支持在评估违背《公平住房法》的行为，即得州住房管理局诉包容性社区项目案（Texas Dept. of Housing v. Inclusive Communities Project）中使用"差异性影响"标准，起草了一份非当事人意见陈述并提交给最高法院。我们在意见陈述中吸收了本书一份早期草稿的内容，首席法官安东尼·肯尼迪2015年6月的意见书中援引了该陈述作为对判决的支持。

有好几次，我有机会和雪洛琳·伊菲尔女士一起发言，阐释我在本书中讨论的主题，这位女士体贴周到、魅力超凡，是有色人种协进会法律辩护基金会的主席和法律负责人。随着我们合作的深入，法律辩护基金会把我也列为其于2016年4月刚刚成立的瑟古德·马歇尔研究所（Thurgood Marshall Institute）的研究员，在这个职位的支撑下，我对本书做了最后的修订。感谢伊菲尔女士让我享此殊荣并提供研究经费，也感谢我做研究员期间在法律辩护基金会结识的其他朋友和同事。

本书认为，政府成立"法律上的"种族隔离体系的行动是显性的，从未遮遮掩掩，这样的行为是系统性的，而且，就在不久之前，只要留意的人都清楚这一点。我在参考文献的引言中提到，有几本很重要、很权威的书也对这段历史进行了详述。我的目的并不是补充新的发现，而是想唤起大家对这类作品的关注，呼吁所有人一起来面对这段历史。但是，我也挖掘了一些相对来说不为人所熟知的文件，我这么做并不是要证明什么——我提到的几本早期权威著作在这方面已经做得很好，我只是想阐明这个问题。有那么几次，如果没有加州大学伯克利分校法学院经验丰富、不知疲倦的图书馆研究员的帮助，我恐怕无法挖掘出这些文件。人们往往会说，这些好人为数颇众,就不在此一一把名字列出来了,但是,他们在那么多重要时刻给我提供了如此重要的帮助,我想表达一下我的感激。首先我要感谢罗恩院长,他是文献与研究服务中心的主任;接下来我要感谢他的诸位同事:道格·阿维拉、约瑟夫·塞拉、乔治娅·查翠思、埃伦·吉尔摩、马琳·哈蒙、马尔奇·霍夫曼、凯莉·克莱恩、迈克尔·利维、艾德娜·李维斯、麦克·林德赛、拉蒙娜·马丁内斯、加里·皮特、克里斯蒂娜·塔尔、爱伟·王和尤塔·维姆霍夫。感谢你们每个人。

在马萨诸塞州韦尔弗利特(Wellfleet)的公共图书馆,不管一本书藏在该州哪家图书馆的哪个角落,只要我说我想看,内奥米·罗宾斯(Naomi Robbins)都能找到它。还有几位图书馆馆员和馆长也帮了不少忙,他们是:女子铆钉工"二战"大后方国家历史公园(Rosie the Riveter /WWⅡ Home Front National Historical Park)的馆长维罗妮卡·罗德里格斯(Veronica Rodriguez)和公园管理员领班伊丽莎白·塔克(Elizabeth Tucker),还有戴利城历史博物馆的馆长达娜·史密斯(Dana Smith)。

从个人角度来讲,这本书的研究与写作过程中最让我感到快慰的是有机会和年轻人一起工作。他们是我的研究助手,既有本科生也有研究生。在这些人中,对我的想法影响最大的是萨默·沃尔克默(Summer Volkmer)和卡拉·桑德伯格(Cara Sandberg)。他们现在都已经在法律事业的成功之路上走了很远,但是,在他们还是法学院二年级学生的时候,我有机会聆听了他们的洞见并从中获益。他们都提供了非常重要的建议,帮助我形成本书中关于"法律"的观点。他们都告诉过我,我的观点哪里超越了现有的判例和常规法律思维。虽然他们二人都没有对最终如何表述我的观点产生影响，但是这两位年轻人还在法学院学习的时候，就有过人的智识、勇气和自信。他们都纵容我希望形成理论的心愿，这样的理论并非是为了在与当前某家法院的诉讼中获得成功，但是（我后来认识到）如果法院更忠实于宪法的要求，官司应该可以胜诉。他们并没有说我一定能做成，但谁也没说我是个疯子。

我与拉尔·泰思法（Lul Tesfai）的合作对我帮助尤其大，当时她是公共政策方向的研究生，现在已经走上了政策分析师的职业道路。拉尔仔细查阅了大量档案材料，其中就包括加州大学班克罗夫特图书馆（Bancroft Library），以及阿拉梅达（Alameda）、圣克拉拉、圣马特奥（San Mateo）等县的公共图书馆。她多次参加美国汽车工人联合会米尔皮塔斯分会退休俱乐部的会议，还额外做了文献综述工作。她领我到戴利城的韦斯特雷克，于是我可以亲眼看到这个20世纪50年代的种族隔离近郊住宅区；她带我到当地的历史学会，我们在那里一起仔细翻阅旧的剪报。如果没有她的勤奋工作，如果不是她对那些可能有用的文件深刻细致的理解，这本书不可能对旧金山湾区形成的"法律上的"种族隔离体系做出如此详尽的阐释。

萨拉·布伦戴奇（Sarah Brundage）也是公共政策方向的研究生，她是在本书几近完工之时参与进来的。她仔细检查了尾注和引文来源，以她的能力胜任这个工作绰绰有余。但是，她还为我准备了一份详尽的背景资料报告，内容关于政府政策如何蓄意将巴尔的摩的非裔美国人孤立于种族融合的就业与居住机会之外。遗憾的是，在本书中，她的大量工作不得不缩减为一个段落，我在该段讨论了巴尔的摩交通体系的不足。这样的一个段落既不能充分体现她对住房政策公平的付出，也没法展现她非同寻常的毅力。

萨拉毕业之后走上了住房政策分析师的职业道路，新来的研究生金伯莉·鲁宾斯（Kimberly Rubens）接手了收尾工作，她负责制作索引并寻找图片，同样在工作中游刃有余。

在加州大学伯克利分校，我有机会指导一组本科生进行研究实习，我给他们分配了各种与本书主题相关的研究话题。法学院学生索尼娅·迪亚兹（Sonja Diaz）负责协助我，她很能干，现在已经是一名执业律师了，这些本科生从她那儿学到的研究方法比跟着我所能学到的多多了。他们提交的研究报告对我组织这项研究有很大帮助。对他们每个人所做的工作，我都深表感谢。谢谢乔伊斯·张、加布里埃尔·克拉克、蒂姆·科普兰、丹尼尔·甘兹、哈维尔·加西亚、安娜·乌尔塔多－阿尔达纳、西蒙妮·麦克丹尼尔、马修·莫伊察、凯拉·纳纹、乔纳森·奥贝尔、埃夫林·潘、吉纳维芙·圣地亚哥、保利娜·谭和阿丽尔·特纳。这些学生现在均已毕业，我也和他们失去了联系。但是，如果他们可以读到此书，我希望他们能为自己在其中的贡献而感到骄傲。

2011年，时任斯坦福大学教育学院院长的德博拉·斯蒂佩克（Deborah Stipek）邀请我在下一年去教一门课，讲讲这本书的话题，授课对象是硕士生和高年级本科生。我把这门课设计成学术讨论的形式，邀请我的学生探索一下我在伯克利的学生们讨论的那些话题。我的助教是伊桑·赫特（Ethan Hutt），现在他已经是马里兰大学的教授，指导斯坦福的学生做研究。很多学生的报告都写得非常出色，这多半要归功于赫特的投入与洞见，这些报告进一步证实了我已有的结论，有些报告还对我没留意到的二手资料进行了概述。我没法在这里列出所有提交了报告的斯坦福学生的名字，但有些同学极为出色，我要在此特别感谢他们：丽芙卡·伯斯坦-斯特恩、琳赛·福克斯、劳雷尔·弗雷泽、贾克琳·勒、特伦斯·李、莎拉·梅迪纳、西米娜·波尔蒂拉、维多利亚·罗德里格斯和妮可·斯特雷耶。特伦斯在猎人角长大，他的洞察力及他所做的额外研究都特别宝贵。和我在伯克利的学生一样，这些学生现在也各自有了不同的发展，但我希望他们知道我对他们充满了感激。

为了理解公房是如何从 20 世纪 30 年代之初就有意识地进行种族隔离的，我花了一些时间查阅拉瓜迪亚社区大学（LaGuardia Community College）的纽约市住房管理局档案。档案保管员道格拉斯·迪卡洛（Douglas Dicarlo）在研究中对我进行了指导，没有他的话，我花在这里的时间远没有那么有效，发现也远没有这么多。当我没时间再去纽约市的时候，康奈尔大学的本科生坎迪斯·雷纳（Candice Raynor）继续了我的工作，帮我找到了更多的文献。谢谢他们两位。

杰弗里·盖顿（Jeffrey Guyton）是社区教育委员会 30（纽约昆斯县）两位会长中的一位，他帮忙挖掘了纽约市公房种族隔离的补充证据。吉姆·绍贝尔（Jim Sauber）是邮递员全国联合会（National Association of Letter Carriers）的办公室主任。我去他办公室的时候，他提供了美国邮局纽约市工会的种族隔离文件。

克里斯蒂安·凌达尔（Christian Ringdal）当时还是一名硕士生，他代表我对韦恩州立大学（Wayne State University）沃尔特·罗伊特图书馆（Walter Reuter Library）的汽车工人联合会档案进行了检索。这家图书馆的档案员麦克·史密斯（Mike Smith）还提供了其他一些文件，从他的描述中我可以判断出都是些什么文件。克里斯蒂安·凌达尔和麦克·史密斯找到的文件，再加上我在美国公谊服务委员会旧金山办事处找到的会议记录和信函（见参考文献中相关内容及尾注中对公谊服务委员会旧金山办事处区域副主管史蒂芬·麦克尼尔的致谢部分），使我可以拼凑起对20世纪50年代米尔皮塔斯地区的种族融合住房的调查的相关报道。感谢他们两位。

如果没有弗兰克·史蒂文森先生帮忙，我也会讲述"法律上的"种族隔离史，但是会讲得干巴巴的，不那么引人入胜。我非常感谢他在垂暮之年、身体每况愈下之时还多次与我面谈。史蒂文森先生于2016年6月28日辞世，享年92岁。在写他的故事时，我没法按这类书的体例常规称他为"史蒂文森"。对我来说，他是"史蒂文森先生"，因此在书中提到他的地方，我有时会用这个称呼。还有其他几个地方，因为对一些学者、对为种族融合而奋斗的英雄怀有极大的敬意，我也使用了敬称。如果读者觉得这样做不太合适，请不要责怪我的编辑，这都是我的责任。

当工作转移到近郊区之后，福特公司的非裔工人曾试图在附近寻找住房。在研究他们这段徒劳无功的经历之初，我的打算是不只把目光集中在弗兰克·史蒂文森先生身上，我还关注了另一位福特公司的员工，当福特公司在新泽西州埃奇沃特的装配厂搬到近郊区的莫沃市时，他的遭遇与史蒂文森先生大体相仿。康奈尔大学的一名本科生杰西卡·帕查克（Jessica Pachak）在康奈尔大学图书馆档案室保罗·大卫杜夫（Paul Davidoff）的文集中找到与莫沃市有关的重要文件。大卫杜夫是近郊区行动研究所（Suburban Action Institute）

的所长，该研究所对纽约市近郊区的种族隔离进行了广泛报道。我走访了莫沃市博物馆，时任馆长的托马斯·邓恩（Thomas Dunn）盛情接待了我，使我受益良多。在我访问期间以及后来的日子里，他和我分享了他自己的研究成果，他对近郊的伯根县（Bergen County）经济适用住房短缺的情况做了大量研究。丽萨贝斯·科恩（Lizabeth Cohen）的《消费者共和国》（*A Consumer's Republic*）一书提供了大量有关新泽西州近郊区种族隔离政策的信息。科恩教授特别大方地允许我无拘无束地翻阅她为这本重要著作所准备的文档和笔记。后来我因为必须缩小本书的讨论范围而不得不放弃我在戴维森文集、莫沃布博物馆档案室及托马斯·邓恩和丽萨贝斯·科恩处的收获。但是我非常感谢他们给我机会，让我可以研究这些重要材料。

詹娜·尼克尔斯（Jenna Nichols）是罗格斯大学的一名本科生，她在大卫·本斯曼（David Bensman）教授的指导下，独立进行关于伯根县种族隔离的研究。当我们结束这段调查之后，她又把精力放在阅读并概括20世纪中期有色人种协进会的档案上，当时这些档案刚刚开放，可以在网上浏览。她找到了一些很重要的信息，包括瑟古德·马歇尔写给杜鲁门总统的信，信中抗议联邦住房管理局在谢利诉克莱默案过后仍继续其种族隔离行为，如此一来，这类行为对宪法权利的公然藐视更甚于从前。

在读过与本书主题相关的学术著作或新闻作品之后，如果有意深挖，只要作者还在世，我从来都是毫不犹豫地和他们取得进一步联系。大量的来往信函和电话往往由此产生。对所有以这种方式帮助过我的人，我都心怀感激。这些人有（不包括在致谢的其他部分已经提到的）：理查德·奥尔巴、大卫·贝托、凯伦·本杰明、尼古拉斯·布卢姆、卡尔文·布拉德福德、马克·布里连特、阿龙·卡温、比尔·坎宁安、斯蒂芬妮·德卢卡、艾莉森·多尔西、彼得·德赖尔、大卫·弗罗因德、玛格丽特·加巴、邦尼·吉莱斯皮、科林·戈登、唐娜·格雷夫斯、詹姆斯·格里高利、特雷弗·格里菲、丹·尹默格拉克、安·莫斯·乔伊纳、安德鲁·卡尔、亚瑟·莱昂斯、特雷西·卡麦耶、道格·梅西、戴安·麦克沃特、莫利·梅茨格、丽兹·米勒、J. 桑顿·米尔斯三世、金伯莉·诺伍德、艾伦·帕内尔、温迪·普罗特金、亚历克斯·波里科夫、加勒特·鲍尔、约翰·莱尔曼、扬·莱赛格尔、赫布·拉芬、雅各布·鲁、约翰·鲁里、大卫·鲁斯克、芭芭拉·萨德、阿曼达·赛里格曼、科尼丽亚·赛克斯奥尔、托马斯·夏皮罗、帕特里克·夏基、凯瑟琳·席尔瓦、格里格·斯夸尔斯、托德·斯旺斯托姆、大卫·汤普森、罗力·翁加雷蒂、瓦莱丽·威尔逊和约翰·莱特。我肯定还遗漏了一些人，我为此深表歉意。

如果遇到我不知道该怎么回答的问题，菲尔·特格勒（Phil Tegeler）总能指点我正确的方向，他是贫困与种族研究行动委员会（Poverty and Race Research Action Council）的执行理事。美国上诉法院法官大卫·塔特尔（David Tatel）在其职业生涯的早期，曾在圣路易斯一起重要的学校反种族隔离案中做过原告代理律师。他让他以前所在的律师事务所从档案中挖出他的工作文件，这些文件中有非常宝贵的证据。谢谢你，塔特尔法官。

有大约 6 年的时间，我一直在进行政府支持的种族隔离史方面的研究，但是并没有明确的目的要写这样一本总结性的书。因此，在没有进行下一步研究的时候，我把时间用来写一些短小的文章或就此话题做一些讲座。然后，到了 2015 年的春天，塔-内西斯·科茨找到劳伦斯·米歇尔，让他劝我把接下来的研究先放一放，写一本普罗大众也能读的书。我一答应这个提议，塔-内西斯就让我接触他的代理人格洛丽亚·卢米思（Gloria Loomis），这位女士属于沃特金斯-卢米思事务所。葛洛莉亚马上就看到了这样一本书的价值所在，并把其中一些章节拿给诺顿出版公司李福莱特版面的鲍勃·韦伊（Bob Weil），后者热情地接受了这个项目。如果没有塔-内西斯、格洛丽亚和鲍勃，就不可能有这本书。我感谢他们每一个人。

找到并挑选可以用作本书插图的图片，然后取得图片的使用权，这个任务远远超过我的能力范畴。我很幸运，有人向我引荐了一位研究图片的人士——希拉里·迈克·奥斯汀（Hilary Mac Austin）。如果没有他，这本书将是一页又一页无穷无尽的文字。谢谢你，希拉里。

在研究进行的过程中及本书原稿的写作过程中，我都利用很多机会发表了一些文章，它们均基于我所展开的调查。有些文章刊登在杂志或期刊上，有的则成为出版作品中的某一章节，还有的是网络上的评论或研究报告。在最终的纸书版中，我并未有意识地对文字进行修改，我并不想假装这本书具有特殊的"独创性"，其中的具体文字从来没有在读者面前出现过。所有的文章、书中的章节、评论和报告都已在美国经济政策研究所存档，或可以在该所的网站找到。这些已出版的著作太多，不可能在此处一一列举，但是如果有读者在美国经济政策研究所的网站发现有和本书中一模一样的文字，对此我丝毫无愧：我一直希望能够用我所掌握的最有效的方式去表达我的分析，越频繁越好。

在过去已发表的文章中，有一组（涉及从杜鲁门政府到尼克松政府的政策）是与马萨诸塞大学教授马克·桑托（Mark Santow）合著的。他同意我再度使用他重要的档案研究。谢谢你，马克。

我感谢审阅全书草稿并认真提出修改意见的诸位。几乎所有的修改意见我都采纳了，有些意见我没有采纳，但我毫无保留、义不容辞地支持这样的免责声明：本人为本书所有的不足之处负全责。我深深感激以下几位审阅者：戴维·伯恩斯坦、雪洛琳·伊菲尔、史蒂芬·摩内典、劳伦斯·米歇尔、莱拉·穆尔西、戴维·奥本海默、朱迪斯·彼德森和弗洛伦斯·罗伊斯曼。

在之前的写作中，我从与几位优秀编辑的交往中获益良多。他们每一个人都在各种场合向我证明，化腐朽为神奇是真能做到的事情。就本书而言，有3位编辑读过手稿并给出了非常重要的编辑批评与建议。他们是鲍勃·库特纳（Bob Kuttner）、萨拉·莫斯勒（Sara Mosle）和基特·雷奇尔斯（Kit Rachils）。鲍勃对书名提出了建议，这既是一个隐喻，也是一个典故。基特花了几个星期和我一起紧张工作，进行了详细的结构编辑和逐行编辑。在把书交付出版商之前，我飞往洛杉矶，这样基特就可以和我并肩作战，我们逐字逐行地对文字和观点做了最后的修订。如果你在《法律的颜色》中找到了宝的话，那是他的功劳，而不是我的。他是这本书真正意义上的合著者。

紧接着，李福莱特的鲍勃·韦伊把整个暑假的时间都花在这本书上，尽量让材料的呈现更有逻辑、更清晰、更具说服力。如果没有他的仔细与付出，我和我的同事、学生投入到这本书中的所有努力可能都会白费。谢谢你，鲍勃。

我对鲍勃的感谢还包括对他和他在李福莱特的同事所组成的工作团队的感谢——设计护封的艺术指导史蒂夫·阿塔尔多、文字编辑珍妮特·比尔、编辑主任南希·帕姆奎斯特、项目编辑安娜·玛格拉斯、产品经理安娜·奥莱。当然，最重要的是玛丽·潘多扬，她监督了整个编辑和生产过程，确保万无一失。

通常在这种地方总要感谢家人的支持，虽说这是惯例，但丝毫不减我的感激之情。我的妻子朱迪斯·彼德森（Judith Petersen）从未抱怨过我时时日日、月月年年地投入本书的工作而忽略了对她所负有的责任。我的孩子们也一如既往地支持我。谢谢他们，他们的宽容部分来自我们的共识——本书要表达的是非常重要的东西。我希望他们知道，我明白我有多么幸运。

我还想感谢一个人。我提到过，我对这个话题的兴趣源自最高法院对家长参与案的复杂裁定。这并不是事情的全部。我的兴趣来得还要更早一些。我小的时候生活在纽约，那是20世纪四五十年代，当杰基·罗宾逊（Jackie Robinson）开始为布鲁克林道奇队效力时，我的世界发生了翻天覆地的变化。多丽丝·科恩斯·古德温（Doris Kearns Goodwin）在《明年再来》（*Wait Till Next Year*）中描述了当时作为一名忠实的道奇队球迷的经历如何塑造了她的人生观（她不知道的是，那段经历也塑造了我的人生观），而我们正是在这样的人生观引导下走向了成年。谢谢你，罗宾逊先生，也谢谢利基先生。

注 释
NOTES

引文来源是按照页码和完整段落数来报告的。某一段落中提到的所有文献都汇总到关于该段的唯一一条注释中。有些文献涉及的内容所在的段落会延续到下一页，这种情况下注释所标注的页码为该段落的起始页码。为了避免不必要的重复，如果对某一事件的描述不止一个段落，则文献来源都合并到同一条注释中，标记为该事件描述的起始段落。我觉得如果读者能够对更广泛的背景有所了解会更好，或者有更容易获得的二手资料时，我会提供不止一条文献来源来支撑文中的观点。

卷首插图

1937年1月，在第二次就职演说中，罗斯福总统讲道，"我发现全国有1/3的人住房简陋、衣衫破烂、营养不良"，这里所指的主要是白人工人家庭及下层中产阶级家庭。罗斯福政府的公房政策是为了解决这些人的需求问题。这张照片展示的是总统向彻奇菲尔德（Churchfield）的家庭交付公寓钥匙，让他们入住匹兹堡的纯白人住宅区特勒斯村（Terrace Village），该住宅区由美国住房管理局与地方房管局合力建造。

前言

第 iii 第 1 段　　Civil Rights Cases 1883.1866年的法令规定，任何族裔的

居民均享有同等的购房或租房权利，任何个体否认该项权利的行为均属轻度犯罪。1875 年该法令再度颁布，最高法院驳回的是 1875 年的版本。

第 vi 第 2 段	*Milliken* v. *Bradley* 1974,757;*Bradley* v. *Milliken* 1971,587,592.
第 vii 第 1 段	*Parents Involved in Community Schools* v. *Seattle School District No.1* et al. 2007,736. 文内引号略。
第 vii 第 2 段	*Freeman* v. *Pitts* 1992, 495—496.

第 1 章　如果旧金山是，那么到处都是？

第 5 页第 1 段	Record 1947,18（table Ⅳ）,26,32—33; Johnson 1993,53.1947 年接受访谈的 50 名里士满失业黑人工人中，只有 6 人移居当地之前在农场劳动，另外 4 人自己拥有农场。里士满的黑人移民"在职业背景和教育方面优于平均水平，并且……他们的能力和潜力在其原居住地区并无用武之地"。1944 年对整个湾区的黑人移民的调查表明，这些移民的受教育程度接近 9 年。
第 5 页第 2 段	Moore 2000,84—85; Graves 2004, 未标页码。
第 5 页第 3 段	Johnson 1933,128—129;Moore 2000,84-85;Alancraig 1953,89.
第 6 页第 3 段	Johnson 1933,107,222;Record 1947,9;Barbour 1952, 10;Woodington 1954,83—84.1952 年留在里士满的 1.3 万名非裔美国人中，80% 仍住在暂时性的战时住房中，而白人只有 50% 住在同样的地方。
第 7 页第 2 段	Moore 2000,89;White 1956,2.
第 7 页第 3 段	Wenkert 1967,24—26;Johnson 1933,129.
第 8 页第 1 段	Stevenson 2007,1—00:36:13;Moore 2007,77;NPS online. 这家工厂由国家公园管理处改建为女子铆钉工"二战"大后方国家历史公园，主要是为了纪念"二战"期间参与

	工作的女性（退伍军人回乡找工作的时候她们被解雇或迫于压力辞职）。
第9页第2段	PG&E 1954,2;Grier and Grier 1962,4;Munzel 2015.
第11页第2段	随着白人离开里士满，到1980年，非裔美国人数量增至该市总人口的近一半。自那时起，非裔美国人不断减少，现在已不足1/4。将非裔美国人排挤走的，既有低收入拉美裔移民，也有富有的白人。这些白人在该市部分地区抬高房租，使得低收入家庭无力承受这些社区的生活成本。很多非裔美国人都离开了，但他们并没有分散到种族融合社区中去，而是去了新的、非裔美国人越来越集中的近郊区，如安蒂奥克（Antioch）。
第11页第3段	Stegner 1947;Benson 1996,153;Friend and Lund 1974,19—22; Treib and Imbert 1997,150.
第13页第2段	Leppert 1959,657;Williams 1960a,11;Alsberg 1960,637;Johnson 1960,722,725;German 1955;Williams 1960b,483. 我没有直接证据（如董事会决议）表明房产局对在白人社区向非裔美国人出售住房的房地产经纪人实行官方排挤政策，但1960年，在洛杉矶的美国人权委员会听证会上，好几名目击证人重申，房地产经纪人拒绝向非裔美国人出售住房，是因为他们相信这么做之后会受到排挤。富兰克林·威廉斯（Franklin Williams）是加利福尼亚州的一名首席检察官助理，他说"几名（掮客或经纪人）都跟我们讲过，害怕在从业中实行民主的话会被'排挤'或遭受其他排斥"。威廉斯还提到，很多房地产经纪人都认为，他们的房管局视在白人社区向非裔美国人出售住房为"不合伦理的"行为，会把犯规之人从房产局赶出去。在对地方房地产经纪人的调查中，有人问这些经纪人："你不能房子卖给尼格罗人吗？"经纪人回答："不行，在白人地区不行，否则我们会受到其他经纪人的排挤。"

第 14 页第 1 段	Leler and Leler 1960.
第 15 页第 3 段	Williams 1960a,11;Alsberg 1960,638—639.

第 2 章　公房，黑人聚居区

第 19 页第 2 段	Sard and Fischer 2008,16(fig.6),Technical Appendix tables 2b,3b2;Atlas and Dreier 1994. 到 2008 年为止，全国范围内所有公房单元中，近 1/3 位于低贫困率社区（贫困家庭比例低于 20%）。所有单元中只有 1/4 位于高贫困率社区（超过 40% 的家庭属于贫困家庭）。到 2008 年，大都会地区的公房单元，除纽约市之外，只有 9% 所在住宅区超过 500 个单元，1/3 的单元所在住宅区只有 100 个单元，甚至更少。但是，这 9% 位于大型住宅区的单元里，2/3 属于高贫困率社区。而那不足 100 个单元的住宅区的 1/3 中，只有 10% 位于高贫困率社区。 1935 年，内政部长哈罗德·伊克斯称这个国家的第一个民用公房工程"旨在迅速获利。除了（少数几项工程）之外，用来资助这种低成本住房的资金很快就会通过收取租金的方式回归国库"。随着时间的推移，有资助与无资助的工程的比例不断增大，但是中产阶级工程的建设又持续了 20 年。
第 19 页第 3 段	Bloom 2008,8,176—177,209;NYCHA 1970;Vale 2002,24—25,74—80,102.
第 20 页第 1 段	Ben-Joseph online;Dunn-Haley 1995,38ff;Jackson 1985,192;Donohue 2014—2015. 第一次世界大战期间负责战时工人住房的联邦机构是美国房产公司（The U.S. Housing Corporation），该公司在华盛顿州的布雷默顿（Bremerton）、康涅狄格州的布里奇波特、新泽西州的卡姆登、宾夕法尼亚州的切斯特（Chester）、威斯康星州的科勒（Kohler）、加利福尼亚州的马累岛（Mare

注　释　　　　　　　　　　　　　　　　　　　　　　　299

Island）及特拉华州的威尔明顿（Wilmington）建造了白人专享的住宅区，而且这些只是其中数例而已。可能有些住宅区之所以只有白人入住，是因为它们所服务的军工厂中几乎没有非裔美国人工人。但是，新罕布什尔州的朴次茅斯（Portsmouth）则是在政府支持下进行种族隔离的例子：非裔美国人从事与战争相关的工作，却没有资格入住美国房产公司为白人工人建设的大西洋高地住宅群（Atlantic Heights housing complex）。在纽约州的尼亚加拉瀑布城（Niagara Falls），美国房产公司为意大利裔美国人和波兰裔美国人分别建设了住宅区。

第 21 页第 2 段	Fishel 1964—1965,114;Houston and Davis 1934,290—291.
第 21 页第 3 段	Fishel 1964—1965;Kifer 1961,5—31.
第 22 页第 1 段	Kifer 1961,27,35—41.
第 22 页第 2 段	Fishel 1964—1965,116;Guzda 1980,32.
第 23 页第 1 段	Redford 1996,100—101(table 4.2);Alancraig 1953,20. 不包括波多黎各的两个住宅区和处女岛的一个住宅区，这些住宅区是为"原住民"准备的。
第 23 页第 2 段	Hirsch 2000a,209; Hirsch 2005,58—59;Connerly and Wilson 1997,203;Miller 1964,65;Mohl 2001,321. 迈阿密的民间领袖约翰·C.格拉姆林（John C. Gramling）是名退休法官，他代表戴德县房管局与公房管理局进行磋商。
第 23 页第 3 段	Moore 2000,14,19—21.
第 24 页第 2 段	Holliman 2008.
第 24 页第 3 段	Heathcott 2011,89—90,94.1930 年该社区居民约 65% 为白人；后来非裔美国人口不断增加，到社区拆毁时已超过 35%。
第 25 页第 2 段	Hughes 1940,30—31;ECH 2011;PWA 1939,283(table 15);Cleveland Historical online;Rotman online;Weaver 1948,75—76.
第 25 页第 3 段	Radford 1996,100—101（table 4.2）;Weaver 1948,74; *NYT*

1936. 从全国范围来看，政府的种族隔离政策清楚明白，无任何遮掩之处。《纽约时报》称建设哈莱姆河公寓是为了给"574个尼格罗人家庭"提供住所。

第26页第1段	USHA 1939,7—8.
第26页第3段	McGhee 2015,15—16,24,26;Busch 2013,981—983;Busch 2015. 住房管理局在罗斯伍德巷安装了户外晾衣绳，他们认定居住在该社区的女性会为奥斯汀的白人提供家政、洗衣等服务。还有一个为墨西哥裔美国人建设的种族隔离住宅区，位于紧挨着东区的黑人聚居区的社区内。城市规划方案并未要求将墨西哥裔美国人隔离在单独区域内，但公房工程导致这些人越发被孤立。
第27页第1段	Bowly 1978,24;Hirsch 1983.1998,14;Choldin 2005. 这些工程的种族身份也因其命名而进一步确认。茱莉娅·C.莱斯罗普和简·亚当斯都是白人，是20世纪初的社会工作者和改革家，致力于为低收入白人移民提供服务。艾达·B.威尔斯是非裔美国人，是全美有色人种协进会的创始人之一。通过命名来识别住宅工程或社区的种族，这种做法也延续到了近代，很多城市把穿过非裔美国人社区的林荫路重新以小马丁·路德·金的名字命名。穿过白人社区的林荫路则很少以他的名字命名。
第28页第3段	Vale 2002,37,55,80;USCCR 1967,65.
第29页第1段	Cunningham 16—19;Stainton and Regan 2001,12.
第29页第2段	Weaver 1948,171—174.1945年，联邦政府最后接受少数非裔美国人家庭进入威楼峦住宅区，但事先为这些家庭另辟了一块种族隔离区域。1946年，非裔美国人终于获准可以居住在该住宅区的任何区域。但是，此刻已为时过晚，难以形成实质性的种族融合住宅区。随着战争的结束，轰炸机生产厂的工作也消失了，很多白人家庭返回故乡。该住宅区的白人区域出现了很多空置单元，因此，允许非裔美国人入住这些单元并不意味着剥夺白人

工人及其家庭习惯享有的优惠待遇。很多白人都回到移居威楼峦之前所在的郊外社区或小镇，随着更多白人离去，最后，这个住宅区的黑人越来越多。非裔美国工人来到威楼峦并不仅仅是为了找工作，也是为了躲避南方的种族暴力和剥削。对他们来说，在丢掉轰炸机生产厂的工作之后返乡并不是个诱人的选择。

第29页第3段　这是又一个政府利用命名来明确住宅区的种族归属的例子。因为这项工程是为非裔美国人建造的，所以他们把它命名为索杰纳·特鲁斯，这是内战前及内战中一位废奴主义者的名字。

第30页第1段　罗斯福政府因创立了各种权限互相重叠的机构而臭名昭著。在1939年的重组中，美国住房管理局成为联邦工程署的一部分。随后联邦工程署被授权直接负责《兰哈姆法》工程，但没有任何当地房产局参与该项工程。

　　关于索纳杰·特鲁斯骚乱中的死伤人数，各种说法不一。这里我引用的是罗伯特·韦弗（Robert Weaver）的说法（1948，92—94），因为他更接近事件发生的时期。如果像其他文献，如Funigiello, 1978, 99，他引用的是肖甘（Shogan）、克雷格（Craig）1964年出版的《底特律种族骚乱》（The Detroit Race Riot）中所说的那样，很多人不是受伤而是送了命，我认为韦弗应该了解这一情况。韦弗是第二次世界大战期间联邦政府中最重要的非裔美国人官员，负责对非裔美国人在就业、培训和住房方面的权益进行监督。萨格鲁（Sugrue, 1996, 2005, 74）提供的数据也和韦弗的描述基本吻合，按照他的说法，"至少40人受伤，220人被捕，109人接受审讯——除3人外，其余皆为黑人"。其他对索纳杰·特鲁斯事件有过描述的文献有Goodwin 1994, 326—327；White 1942；Foreman 1974。

第31页第1段　Sugrue 1996, 2005, 80, 85；Sugrue 1995, 569, 571—572.

第 31 页第 2 段　　Weaver 1948,199—200. 后来的说法（Broussard 1993,175—176）似乎和韦弗的说法相矛盾，认为猎人角住宅区融合得很彻底。我接受韦弗关于种族隔离的说法，因为韦弗的描写基本上是同期进行的，而且他所在的位置使他可以了解（可能还参与了）有关猎人角种族隔离的争端（见上文第 26 页第 1 段的注释）。关于罗伯特·韦弗的角色，见 Hill 2005。布鲁萨德把猎人角归为种族融合住宅区，可能是因为虽然该住宅区内部实行种族隔离，但确实既有黑人单元也有白人单元。把猎人角描述为种族融合住宅区，可能是因为战后不久，像密歇根州的威楼峦（见第 28 页第 2 段的注释）一样，因为住户找到了私有住房，白人单元出现越来越多的空房，于是允许非裔美国人搬入这些空置单元。

第 32 页第 1 段　　Broussard 1993,177,179,222;Johnson,Long,and Jones 1944,22; *Banks* v. *Housing Authority of City and County of San Franscisco* 1953;Weaver 1948,168—169;Alancraig 1953,74—75.

第 33 页第 2 段　　France 1962,39—40,58(n.23);Wirt 1974,251;Link 1971,53;Alancraig 1953,93—96;Broussard 1993,223—225; *Banks* v. *Housing Authority of City and County of San Franscisco* 1953;Quinn 1960,550. 宣布实行无歧视政策，但在履行该诺言时仅允许少数其他种族家庭入住种族隔离住宅区。除了政策的虚伪，这种做法似乎找不到其他合理的解释。例如，1939 年，纽约市住房管理局通过了一项无歧视政策，但是，和波士顿及旧金山的政策一样，纽约市的政策也只是名义上的，象征性地安排几个其他种族家庭入住原本为单一种族的住宅区，以此来表示所言非虚，这些住宅区的确实现了种族融合。1949 年，住房管理局在昆斯县建设了伍德赛德公寓（Woodside Houses），该住宅区是为白人中产阶级家庭建造的，坐落在以白人为主的社区，不过社区也有屈指可数的几个非裔美国人家庭。几千米之外的南杰梅卡公寓（South Jamaica Houses）则建在以非裔美国人为主的社区，该社区的白人寥寥无几。住房管理局解释说，他们的政策是要尊重"现有的社区模式"，房管局认为南杰梅卡住宅区应该为少数族裔提供住房，因为该住宅区"位于有色人种占多数的社区"（Bloom 2008, 87）。关于此事，很多政府官员都饱受良心的拷问，其中最典型的例子就是伊丽莎白·伍德（Elizabeth Wood），她在1937年到1954年间任芝加哥住房管理局领导，一边敦促董事会成员停止种族隔离，一边尽职尽责地执行房管局的歧视性政策。最后，芝加哥住房管理局解雇了这位女士，因为她把这些冲突透露给了报界（又见第156页的讨论与注释）。

第35页第1段　　Davies 1966, 108; Julian and Daniel 1989, 668—669; Hirsch 2000b, 400—401; von Hoffman 2000, 309。争论发生时，道格拉斯和汉弗莱都是新议员，半年前才刚刚当选，开始作为参议员的第一个任期。他们成为民主党中自由派的领袖人物。当汉弗莱参议员意识到，他不得不为种族隔离做出妥协才能让住房法案获准通过时，他可能觉得格外难堪。上一年，在任明尼阿波利斯（Minneapolis）市长时，他曾在民主党全国大会上对杜鲁门总统及其在党内的领导地位提出质疑，他领导下的自由派要求党纲谴责种族隔离。在参议院落败后，他又把这个问题在大会上提了出来。他告诉与会代表："我不相信，在少数派报告中……在保障民权方面可以有任何让步。"南部各州坚称有权利实行种族隔离，为表反对，他补充说："现在美国的时机已经成熟，民主党应该走出各州权利的阴影，昂首踏入人权的明媚阳光中。"与会代表通过了他的少数派报告，导致南部民主党人罢会并单独成立了一个政党（南部各州民主党，Dixiecrats），提名南卡罗来纳州州长斯托姆·瑟蒙德（Storm Thurmond）作为第三党派总统候选人参加 1948 的大选，其施政纲领倾向种族隔离。但是，所有人的预测都落空了，杜鲁门总统获得连任，击败了共和党的托马斯·杜威（Thomas Dewey）、南部民主党的斯托姆·瑟蒙德及亨利·华莱士，后者作为进步党（Progressive Party）候选人发起了一场左翼运动。汉弗莱继续当选参议员，两个任期之后，1964 年，他作为林登·约翰逊总统的竞选伙伴当选副总统。但是，4 年后，当汉弗莱本人被提名为民主党总统候选人的时候，他却失去了自由派的支持，因为他的很多朋友和盟友认为他在原则问题上妥协，拒绝出声反对约翰逊总统一心想在越南战争中获胜的追求。这是他在总统选举中败给理查德·尼克松的部分原因。

1949 年的住房法案意在清拆贫民窟，同时也是一种公房措施。该法案要求，每建起一个公房单元，就要拆除一个贫民窟单元。尽管这个条件并没有得到完全执行，但该法规对加大面向非裔美国人的住房供应不会有什么作用。这是人们怀疑道格拉斯和汉弗莱做出妥协是否明智的另一个原因。

第 36 页第 2 段	Hirsch 2000b,401,406,417—418.
第 36 页第 3 段	von Hoffman 2000,320.
第 36 页第 4 段	*James v. Valtierra* 1971;Murasky 1971,115—116;UPI 1971;Herbers 1971. 要求先进行某种形式的全民公投才能建设公房的地区包括亚拉巴马州、加利福尼亚州、科罗拉多州、艾奥瓦州、明尼苏达州、密西西比州、蒙大拿州、俄克拉何马州、得克萨斯州、佛蒙特州、弗吉尼亚州和威斯康星州。
第 37 页第 1 段	USCCR 1961,111.
第 37 页第 2 段	Hirsch 2000a,218;Abrams 1955,30—32.

第 38 页第 2 段	Kennedy v. *Housing Authority of Savannah* 1960.
第 38 页第 3 段	Flournoy and Rodrigue 1985.
第 39 页第 2 段	Hills v. *Gautreaux* 1976;Polikoff 2006,98,148,153;Orfield 1985.
第 39 页第 4 段	在最高法院的案子过去 10 年之后, 1987 年, 总统罗纳德·里根提名博克担任最高法院的职位。参议院就此展开了激烈争论, 博克的任职未能得到参议院的批准。
第 40 页第 2 段	PRRAC 2005;Daniel & Beshara online;*Banks* v. *Housing Authority of City and County of San Franscisco* 1953;Berger 1998;Mohl 2001,345. 家庭影院的一个迷你剧《示我真英雄》(*Show Me a Hero*)以丽莎·贝尔金(Lisa Belkin)1993 年的著作《示我真英雄——谋杀、自杀、种族与救赎的故事》(*Show Me a Hero: A Tale of Murder, Suicide, Race and Redemption*)为蓝本, 讲述了扬克斯(Yonkers)对联邦上诉法院裁定的反抗, 以及该市最后三心二意的服从。
第 41 页第 1 段	Abrams 1951,327;Hirsch 2005,59—60;Nixon 1973. 但是尼克松的版本是一种夸张的定型。种族隔离的公房会固化种族孤立, 因为各种随之而来的问题将成为低收入少数族裔社区的典型特征, 不利局面会愈演愈烈。但是从急需住房的家庭的角度来看, 种族隔离的住房也好过没有住房。因为收入太低而无力在私有市场购房或租房的家庭一直都希望得到并且很愿意入住公房, 多数城市漫长的轮候名单可佐证这一点。国会在 1949 年所面临的选择, 不应该是种族隔离的高层公房与没有住房之间的选择, 而应该是种族隔离的公房与种族融合社区中的(在种族与收入意义上)种族融合公房之间的选择。
第 42 页第 1 段	Johnson 1993,105.

第 3 章　种族区划

第 45 页第 1 段　　Logan et al.2015,26(fig.4);Logan and Stults 2011. 种族居住隔离很难定义，因此也难以进行准确的估算。最常见的人口统计学描述是"相异指数"（index of dissimilarity），该指数计算的是一个社区中非裔美国人相对于其他群体的比例，并与非裔美国人在大都会地区的比例进行对比。但是，当贫穷的拉美裔移民搬进之前以黑人为主的社区时，该指数会显示"融合度"上升。对于理解非裔美国人"法律上的"种族隔离来说，这个相异指数并不是什么有用的工具。我们最应该关心的是，非裔美国人在多大程度上和占多数的白人居住在一起。以这个标准来看，如果从拥有不同种族的邻居的概率，或从居民所在社区不同种族居民的比例，即黑人和白人出现在对方面前的机会来评估的话，从 1880 年到 1950 年，无论是郊区还是城区，融合度都在下降。对 1880 年到 1940 年美国最大的 10 座城市的人口分析发现，1880 年，典型的非裔美国人所在的社区（街区）只有 15% 的黑人；到 1910 年，这个数字是 30%，而到了 1930 年，即使是在大迁徙之后，黑人比例也仅为 60%。到了 1940 年，典型的非裔美国人居住的当地社区有 75% 的居民为黑人。另一个分析使用了社区的不同定义，该分析发现，1950 年，从全国范围来看，非裔美国人普遍居住在 35% 人口为白人的社区中，这个数字到今天仍基本未变。

第 47 页第 2 段　　Hennessey 1985,103—110;Smith 1994,144—150;Simkins 1944,63,270;Kantrowitz 2000,69,121,143;Dew 2000;Kingkade 2015. 这些历史陈述在细节上有些出入，如多少人被害、红衫军进攻的顺序、（组成了自卫队的）非裔美国人的抵抗、州长的行动以及事件发生的准确地点等。较早的版本对蒂尔曼表现出更多同情。我们只能假定这里的文本大致是准确的。

第 48 页第 1 段　　Loewen 2005,9;Lang 1979,50,57.

第 48 页第 2 段　　Lang 1979;Ogden 2007.

第 48 页第 3 段　　Loewen 2005;Palm Beach online. 明文的城市条例也并非没有。棕榈滩县的历史学会有如下记录:"1939 年的佛罗里达指南（Guide to Florida）提到了贝尔格莱德镇（Belle Glade），'市政条例要求所有尼格罗人，除了在城里有工作的之外，都要在晚上 10 点半之前离开这里，周六可以在商业区逗留到午夜'。其他镇也有类似的限制。"

第 49 页第 1 段　　本书无法深入研究那段历史的细节，但这并非什么秘密，有几位知名作家都提到过。60 年前，C. 范恩·伍德沃德（C.Vann Woodward）在《吉姆·克罗的奇异生涯》(*The Strange Career of Jim Crow*)中描述了种族隔离的发展。离现在更近一些的是尼古拉斯·里曼恩（Nicholas Lemann）的《救赎》(*Redemption*)，该书详细讲述了重建时期结束后非裔美国人遭受的暴力镇压。詹姆斯·洛温（James Loewen）的《日落之镇》(*Sundown Towns*)讲述了全国上下如何暴力驱逐非裔美国人，并禁止他们进入他们以前居住的社区。洛温收集了全国各城镇种族暴力的大量信息，并上传到网络。该网站 2017 年 1 月关于蒙大拿州的页面为 sundown.tougaloo.edu/sundowntownsshow.php?state= MT。要了解其他各州的信息，可以点击 sundown.tougaloo.edu/content.php?file=sundowntowns-whitemap.html 的地图。

第 50 页第 1 段　　Wolgemuths 1959,159—67;King 1995,9—17;Weiss 1969,63—65;*NYT* 1914;Kifer 1961,viii;*Chicago Defender* 1932.

第 50 页第 4 段　　*NYT* 1910.

第 51 页第 3 段　　Pietila 2010,24;Power 1983,303—304.

第 51 页第 4 段　　*Crisis* 1917;Silver1997,27,32;Power 1983,310;Rabin

	1989,106;Wehle 1915.
第 52 页第 1 段	*Buchanan* v. *Warley* 1917.按照法官威廉·R.戴（William R. Day）的说法，法院也承认种族区划使非裔美国人无法得到同等的保护，但法院所做的裁定并非以此为基础。
第 52 页第 2 段	Whitten 1922;Randle 1989,43;Rabin1989,107—108;Freund 2007,66;Atlanta 1922,10.
第 53 页第 1 段	*Bowen* v. *City of Atlanta* 1924.
第 53 页第 2 段	Thornbrough 1961,598—599;*Harmon* v. *Tyler* 1927.
第 53 页第 3 段	*Richmond* v. *Deans* 1930;Williams 2015.
第 54 页第 1 段	*Birmingham* v. *Monk* 1950;Williams 1950;Greenberg 1959,278.
第 54 页第 2 段	Greenberg 1959,278;Palm Beach online;*Dowdell* v. *Apopka* 1983;Rabin 1987.
第 55 页第 3 段	Flint 1977,50,103,114,119,207,322,345—357,394;Gordon 2008,122—128.
第 58 页第 1 段	Freund 2007,76-78;Chused 2001,598—599;Advisory Committee on Zoning 1926.
第 58 页第 2 段	American City Planning Institute 1918,44—45;Freund 2007,73—74.小奥姆斯特德是弗雷德里克·劳·奥姆斯特德（Frederick Law Olmsted）的儿子，后者是19世纪著名的园林规划师。在使用"种族隔阂"（racial division）这个词时，小奥姆斯特德和当时的很多国家区划领导人一样，既指白人和欧洲移民之间的区别，也指白人和非裔美国人之间的区别。新教徒多为盎格鲁-撒克逊精英，他们认为南欧人和中欧人（包括意大利人和斯拉夫人这样的天主教徒和犹太人）"黑黢黢的""肤色太深"，与北欧人不是一个人种。但是，一段时间之后，精英们和城市规划者逐渐接受欧洲移民也是"白人"（当然对这些人仍然有一定程度的偏见），但是继续强烈反对与非裔美国人"来往"。

第 58 页第 3 段　　Hancock 1988,200—201. 该引文摘自第一作者贝特曼于 1933 年为美国城市规划研究院发送的一份备忘，当时他是该研究院的成员。

第 59 页第 1 段　　McEntire 1960,245.

第 59 页第 2 段　　Freund 1929,93.

第 59 页第 3 段　　*Euclid* v. *Ambler* 1926;Freund 2007,,83.

第 60 页第 2 段　　*Dailey* v. *Lawton* 1970.

第 61 页第 1 段　　*Arlington Heights* v. *Metropolitan Housing Corp.* 1977;Mendelker 1977,1221(n.15).

第 62 页第 1 段　　Collin and Collin 1997,226—227.

第 63 页第 1 段　　Sides 2003,113;*Los Angles Sentinel* 1947c；*Los Angles Sentinel* 1947b。

第 63 页第 2 段　　Collin and Collin 1997,227—228.

第 64 页第 1 段　　Collin and Collin 1997,230;Clinton 1994.

第 4 章 "居者有其屋"

第 68 页第 1 段　　Vale 2007,20;Cannato 2010;Hayward 2013,121-122.

第 68 页第 2 段　　Hutchison 1997,194;Better Homes in America,1926;*NYT* 1922;Pelo 1922. 美国建筑理事会是 1922 年应商务部长赫伯特·胡佛的要求建立起来的，第一任主席是罗斯福。这是罗斯福在感染脊髓灰质炎之后第一次参与公共活动，此前，在 1920 年的时候，他是民主党的副总统候选人。罗斯福的目的是"树立公众对建筑业的信心"，民众对建筑业可能缺乏信心，因为建筑业的工作季节性很强，夏天的几个月工资高、就业形势好，冬天则比较惨淡，由此导致建筑业的就业情况很糟糕。很难理解罗斯福打算怎么克服这一障碍。罗斯福暗示他会采取一定手段，冬天把劳动力从纽约这样的州转移到佐治亚这样的州，夏天再倒过来。他说，这样来回转移劳动力可以降低建筑成本。罗斯福打算把与建筑相关的各行各业及所有工会的代表都召集到一起，由胡佛部长牵头，大家共同想出一个解决方案。我不想费神去猜测罗斯福的主意是否可行。一言以蔽之，美国建筑理事会并没有存在太久。但是我发现这件事中最有趣的一点是，罗斯福作为建筑业的代表，出现在胡佛的美好家园顾问委员会中。这表明，早在1922年，未来的胡佛总统和未来的罗斯福总统就已经有了工作上的联系，共同致力于让工人阶级和中产阶级美国白人住进独户单元。

第68页第3段	Freund 2007,75;Hutchison 1997,193;Wright 1981,197—198;Lands 2009,126. 我说美好家园的代表"可能"跟听众讲了这些，是因为赖特（Wright）提到买房还有避免"种族冲突"这一好处，但我没找到原始资料。我推测，原始资料可能是美好家园组织或商务部出版的、用来指导地方上美好家园委员会之工作的小册子。可以理解，对于35年前在研究中用到的文献，赖特教授可能已经没有复本了。
第69页第1段	Hoover 1932,xi;Hoover 1931.
第69页第2段	Ford 1931,615,617;Gries and Taylor 1931,92—95. 这些公共领导人和私人领袖可能也觉得，欧洲移民也是应该避开的人群。见第57页第2段的注释。
第69页第3段	Ecker 1932,46;Kushner 2009,31.
第70页第2段	Johnson 1932,114—115. 这份报告的卷首是一张颇让人羡慕的照片，"纽约市哈莱姆区保罗·劳伦斯·邓巴尼格罗公寓"，以此表示非裔美国人的住房状况良好。邓巴公寓是约翰·D. 洛克菲勒（John D. Rockfeller）建的，比胡佛的大会还要早上几年。
第71页第2段	Jackson 1985,196—197.
第71页第4段	Freund 2007,115.
第72页第2段	Jackson 1985,200.

第 73 页第 2 段	FHA 1936, Part Ⅱ, Section 233;FHA 1935,Sections 309-312.
第 73 页第 3 段	Jackson 1985,207;Abrams 1955,30;FHA 1935, Section 229;FHA 1938,Part Ⅱ,Section 909(e),Section 935. 公路规划者也怀有同样的目的。例如，他们在芝加哥修改了丹·雷恩高速公路（Dan Ryan Expressway）的最初方案，移动了几个街区的位置，目的是在缓慢扩大的非裔美国人区域与白人社区之间建起一道"防火墙"。
第 74 页第 1 段	FHA 1938,Part Ⅱ,Section 951.
第 74 页第 2 段	FHA 1947,Part Ⅱ, Section 12,1215(4)(d), Part Ⅲ,Section 13,1315,1320(1),1320(2);Hirsch 2000b,413;FHA 1952, Section 131. 在 1947 年的《保险手册》中，联邦住房管理局把尊重社区居民的种族偏见作为联邦政府的一个原则。这个版本的《保险手册》中已经去掉了种族混合会导致面向社区的贷款风险过高的绝对论断，但手册声明，社区的种族变化"不一定要招致"附加风险。什么时候会招致这样的附加风险呢？只有当联邦住房管理局"认定这种混合会使该社区对现有的及潜在的居民失去吸引力"的时候。
第 74 页第 3 段	Freund 2007,130—131.
第 75 页第 1 段	Williams 1959;Hirsch 2005,50.
第 78 页第 1 段	Goodwin 1994,169,329—330.
第 78 页第 2 段	拿骚县有几个地区是向非裔美国人开放的，但这些地区人满为患，导致环境有碍健康、破败不堪。位于弗里波特村（Village of Freeport）的本宁顿公园（Bennington Park）就是这样一个社区，文斯·梅里戴的叔叔查尔斯（Charles）就安居在这里。1946 年，纽约住房委员会宣布，本宁顿公园是该州状况最差的贫民窟，给弗里波特提供了一笔贷款，建造新的公共住房。这笔贷款不会让该村承担任何成本，因为本宁顿公园的非裔美国人都有

工作，他们住在这里并不是因为买不起像样的房子，而是因为那些房子把他们赶了出来。他们所付的公房租金应该足够弗里波特不必动用公库就可以偿还贷款。该村就贷款提议提交公投，规定只有弗里波特的业主可以投票。业主们以接近2∶1的差额拒绝了这一提议。Baxandall and Ewen 2000,171—173 中有对查尔斯·梅里戴的访谈。他和他哥哥罗伯特一样，战争期间曾在格鲁曼飞机制造厂工作，战争结束后则成立了自己的载重汽车运输公司。

第79页第1段　Jackson,231—245(Chapter 13);Yardley 2009;Bobker and Becker 1957;Lambert 1997;Cotter 1951;NYT 1950b;NYT 1951;Williamson 2005,48;Baxandall and Ewen 2000,175—176. 但是，威廉·莱维特的感觉并没有什么不同。联邦住房管理局禁止在其提供财政支持的近郊住宅区实行种族融合，对于这一政策，莱维特简直太愿意接受了。1950年，莱维特取消了与两户白人家庭的租赁合同，因为有非裔小伙伴来拜访他们的孩子。(全美有色人种协进会试图阻止莱维特收回合同，但纽约州法院拒绝介入。)实际上，莱维特对一个采访他的人说，最初促使他搬到近郊住宅区并在这里建起住房的原因，就是他想避免与中产阶级非裔美国人为邻："(黑人作为奴隶被带到这片大陆)几个世纪之后，他们迁到北方，搬到布鲁克林，跟我们住在同一条街上。紧挨着我们搬进来一个黑人地方检察官助理。我们担心过多黑人迁入可能会导致房产贬值，就收拾收拾搬出去了。因此我们来到了近郊区，投入房屋建设。"但是，莱维特声明他并没有偏见："作为一名犹太人，无论是思想上还是心理上我都不会有任何种族偏见。但是……我逐渐意识到，哪怕我们只向一户尼格罗人家庭出售住房，90%~95%的白人客户就不会再买房入住我们的社区了。"

电影《莱维敦危机》(Crisis in Levittown, PA) 讲的就是莱维特开发的另一个小区的故事。这部影片展示了莱维敦居民对种族融合的反对和支持,反对者占多数。但是,访谈者表示,莱维特估计 90%~95% 的居民会强烈反对种族融合,会因此拒绝购买他的公寓,这有些夸大其词,考虑到下层中产阶级白人和黑人家庭面临的严重住房短缺,他的判断尤其显得夸张。实际上,针对建筑商和联邦住房管理局的种族隔离政策,莱维敦社区内部不乏积极并且直言不讳的抵制。例如,在长岛开发的第一个小区里,居民成立了莱维敦结束歧视委员会,派发传单反对"吉姆·克罗主义"。在最高法院宣布种族限制性条款无效之后,莱维特还继续在房契中加入这些条款,于是该委员会和外界民权组织一起,发起运动反对他的政策,并在该裁定出台两年之后,终于让莱维特停止了这些条款的要求。

如果联邦住房管理局把无歧视作为接受它的资助为这些家庭开发住宅小区的一个条件,出于种族原因拒绝购买莱维敦融合小区住房的白人就算还有其他选择,恐怕也很少了。

第 79 页第 2 段	Hirsch 2000a,208.
第 80 页第 1 段	Larrabee 1948,86.
第 82 页第 1 段	Clark 1938,111;Weiss 1987,147—151;Jackson 1985,208—209,238;*Levitt v. Division against Discrimination* 1960,523.
第 82 页第 3 段	VerPlanck 2008;Hope 2011,32,58;Jackson 1985,238;*Architectural Forum* 1947;Baxandall and Ewen 2000,122;Houlihan 2010,10—13. 另一个是芝加哥近郊区的帕克弗雷斯特(Park Forest),这个小区是菲利普·克鲁兹尼克(Philip Klutznick)建的。1946 年,联邦住房管理局提供了资助,虽然克鲁兹尼克说他的住宅区是种族融合住宅区,但在 1959 年之前,并没有非裔美国家庭

	在此处购买住房。
第 83 页第 1 段	Sexsauer 2003,180,199,210—211,215,226—228,232.
第 84 页第 1 段	Jackson 1985,209;Sagrue 1993,113 页 ;USCCR 1961,67—68.
第 84 页第 2 段	Hirsch 2005,55—56.
第 85 页第 2 段	USCCR 1973,3,5.

第 5 章 私人协议，政府执行

第 88 页	在这张照片中，开发商亨利·窦尔格（Henry Doelger）面带微笑看向联邦住房管理局地方主管麦金尼斯，他太太则给长钉找了个合适的位置。典礼进行时，距最高法院做出禁止执行限制性契约条款的裁定已经过去了将近一年，该小区却禁止向非裔美国人出售，尽管如此，联邦住房管理局仍继续对该小区提供资助。
第 89 页第 3 段	Jackson 1985,76.
第 91 页第 2 段	Jackson 1985,177—178;Nichols 1923,174;Colby 2012,91—93;Hayward 2013,114—117.
第 91 页第 3 段	Dean 1947,430(table II).
第 92 页第 1 段	Weaver1948,250,247;Sugrue 1995,557.
第 92 页第 2 段	*Lyons* v. *Wallen* 1942.
第 92 页第 3 段	Silva 2009.
第 92 页第 4 段	Pates 1948;*Claremont Improvement Club* v. *Buckingham* 1948.
第 93 页第 1 段	Miller 1965b,2—3.
第 93 页第 2 段	Thompson 2014。
第 94 页第 1 段	Kushner 1979,562—566;McGovney 1945,6-11.
第 94 页第 2 段	Power 2004,791—792,801—802;Power 1983,315;*California Eagle* 1943a.
第 94 页第 3 段	*Corrigan* v. *Buckley* 1926.

第 95 页第 1 段　　Bartholomew 1932,50,57—58;Weiss 1989;Monchow 1928,50,72—73. 海伦·曼周（Helen Monchow）1928 年撰写的这份审查报告由土地经济与公共设施研究所（Institutie for Research in Land Economics and Public Utilities）出版。当时，该研究所是最有影响力的全国性规划机构。这份报告大量引用近期（1926 年）的最高法院意见（科里根诉巴克利案），肯定了禁止向非裔美国人转售的契约的合法性："这个观点（种族限制性契约条款违犯第五、十三和十四修正案并被禁止）完全没有依据，也没有任何法律意义。第五修正案只限制一般性政府部门的权力，并不针对个体行为。第十三修正案涉及的则是奴隶制和强制劳役，即强迫他人劳动的情况，并不保护尼格罗种族的个体在其他事项中的个人权利。而第十四修正案的禁令仅关乎政府行为，不涉及任何私人行为。它所禁止的是某种性质的政府行为。个体侵犯个人权利的行为不属于该修正案的内容。"

第 96 页第 1 段　　FHA 1935,Part Ⅱ,Sections 309—312.

第 96 页第 2 段　　FHA 1936,Part Ⅱ,Sections 284(2)—(3).

第 97 页第 2 段　　Johnson 1993,92. 有关半岛住房联合会的资料，见第 11 页第 3 段的注释；有关圣安的资料，见第 83 页第 1 段的注释；有关莱维敦的资料，见第 79 页第 1 段和第 82 页第 1 段的注释。Dean 1947,430—431;Hirsch 2000a,207—209 的结论是，联邦住房管理局将限制性契约条款作为"联邦政府提供保险的抵押贷款的实质性先决条件"。对于具体的贷款担保，联邦住房管理局要求有限制性契约条款，但是作为总的方针，联邦住房管理局大力推荐这类契约。即使房契中没有附加任何种族性条款，开发商也可以承诺不向非裔美国人出售住房。联邦住房管理局确实为一些没有限制性契约条款的贷款提供了保险。非裔美国人社区中有极少数贷款是由联邦住房管理局提供保险的，种族

第 97 页第 3 段	融合社区中也有少数贷款拿到了这样的保险。 Dean 1947,430.
第 98 页第 1 段	1926 年的裁定没有考虑私人契约的合法性与契约执行过程中的违宪性之间的区别。1926 年的案子发生在华盛顿哥伦比亚特区，因此在科里根案中，法庭只就根据第五修正案这些契约是否合法做出裁定，并未考虑其在第十四修正案下是否合法。
第 98 页第 2 段	在华盛顿哥伦比亚特区的赫德诉霍奇案（*Hurd* v. *Hodge*）中，最高法院的裁定并非基于宪法，而是基于 1866 年的民权法案。最高法院依然主张 1866 年的民权法案只禁止政府的种族歧视行为，对私人行为并未禁止，但一旦联邦法庭卷入其中，种族性契约的执行就成了政府行为。20 年后，在琼斯诉梅耶公司案中，最高法院承认 1866 年的民权法案也适用于私人歧视，因为国会之所以通过该法案是为了实施第十三修正案，而法庭承认该修正案不但禁止奴隶制，而且禁止奴隶制的标志和事件。因此，虽然这种说法可能不太准确，但颇合情理——联邦法院执行限制性契约条款，或联邦机构推广此类契约，都既违犯 1866 年的民权法案，也违犯宪法第十三修正案。
第 98 页第 4 段	Hirsch 2000a,211—214;Marshall 1949,8.
第 99 页第 1 段	Streator 1949.
第 99 页第 2 段	Will 1949,1;Marshall 1949,7—8,12.
第 100 页第 1 段	Will 1949,2—3.
第 100 页第 2 段	Hirsch 2000a,212—213.
第 101 页第 1 段	Hinton 1949.
第 101 页第 2 段	Davies 1966,125;Polikoff 2006,113;Hirsch 2000a,213.
第 101 页第 3 段	Wood 1949;Miller 1965b,6.
第 103 页第 1 段	*Weiss* v. *Leaon* 1949;*Correll* v. *Earley* 1951.
第 103 页第 2 段	调整所有城市消费者的消费者价格指数，可以帮助我们理解工人家庭和下层中产阶级家庭的购房承受能力。调

整之后，韦斯特雷克的房价按照现值（2016年）美元来计算约为9.9万美元（1949年）和11.4万美元（1955年）。向8户邻居每户支付2 000美元的损害赔偿，合成现值美元约为14万元。现在家庭收入的中位数约为6万美元，差不多是1950年（按现值美元计算）的两倍。工人家庭和下层中产阶级家庭可以负担售价在收入中位数2~3倍之间的房子，如果再有联邦住房管理局或退伍军人管理局的抵押贷款，更不成问题。2016年年初，戴利城韦斯特雷克小区双卧室单卫生间的公寓售价在45万~80万美元之间。同样的房子，20世纪50年代初的现值美元价格与现在的售价之间的差额，减去家居装修方面的投入，就代表了60年前买房入住韦斯特雷克的白人家庭在资产升值中的收益。

第103页第3段　*Barrows* v. *Jackson* 1953;Gotham 2000,624;Silva 2009. 如果你住在主要大都会地区的独户住宅中，房子是1953年之前建的，你可以去县书记官或契约登记官处，向他们要一份适用于你的房子的文契约束说明。很多时候，你会发现，在绿化规范和油漆颜色说明中间，还夹着种族限制性条款。如果你想看看这些文契约束的范本，西雅图民权工程建了一个网站，里边就有环绕该市的白人专享近郊住宅区的详细目录，包括限制性契约条款的范例。

第104页第1段　*Mayers* v. *Ridley* 1972;Greenberg 1959,283—286.
第104页第2段　最高法院的法官并不会解释他们为什么退出某些案子，但是学者一致认为，在这个案例中，原因是这3位法官的房子均属于种族限制性地区。参与了该案裁定的6位法官中，可能也有几位，甚至所有人都住在限制性社区；是否拒绝参与某案完全取决于法官本人。

　　与谢利诉克雷默案不同，1953年的巴罗斯诉杰克逊（*Barrows* v. *Jackson*）判决案（推广谢利案，禁止不要求收回住房而是要求货币赔偿的契约）并非没有异议。持异议的人中就包括首席法官弗雷德·文森（Fred Vinson），他坚持认为，应该继续允许就违反契约的行为索取损害赔偿。几个月后，沃伦伯爵代替他成为首席法官。沃伦新官上任后重审去除学校隔离的案件，在他的带领下，最高法院在布朗诉教育委员会案中意见一致，禁止建立单独的黑人和白人学校。

第6章 白人群飞

第107页第1段　　Kimble 2007,404.

第107页第2段　　Hoyt 1939,iii,62;Kimble 2007.

第108页第1段　　Laurenti 1960,12—15,37,51—53;Laurenti 1952,327. 查尔斯·阿布拉姆斯（Charles Abrams）（1951, 330）提到1948年《华盛顿商业评论》（*Washington Business Review*）中鲁弗斯·S. 勒斯克（Rufus S. Lusk）的一篇文章，认为这篇文章是"尼格罗人渗入"会导致房产增值这一说法的出处。但是，阿布拉姆斯的引文并不准确，我未能找到原始材料。因为阿布拉姆斯是20世纪中叶很受尊敬、总的来说值得信赖的住房专家，我认为他从勒斯克的文章中引用的这句话应该是准确的，不过他的引文出处并不准确。1948年《华盛顿商业评论》中的另一篇文章描述了华盛顿特区的人口增长，这篇文章的确注意到"在（尼格罗人）刚进入一个社区时，房价可能会上升，但最后价值有下降倾向。也并非所有情况均如此，因为现在住在T街14号西侧的高层次有色人士把他们的房子维护得很好"。

　　在联邦住房管理局努力把非裔美国人从白人社区中赶出去的整个过程中，还有其他声音就房产将不可避免地因非裔美国人购房或入住而贬值的说法提出了反驳。有一本专业期刊《住房评估师协会评论》（*Review of the*

Society of Residential Appraisers），联邦住房管理局的职员可能也比较熟悉，该刊1945年的一篇文章称，由于非裔美国人可购或可租的住房不足，种族融合开始后，3年之内社区房价的上涨幅度从60%增至100%。第二年，同一家期刊的另一篇文章说："有色人种的渗入会摧毁市场这一规律不再成立，这已成为事实。"1952年，联邦住房管理局自己在洛杉矶的前任副首席评估师在同一家期刊发表文章，称"（过去）几乎所有人都普遍相信，社区中出现尼格罗人或其他少数族裔是会对房产价值造成严重伤害的因素……在很多地方这样的普遍规律已不能成立"。该文引用了《估价》杂志中的一篇文章，原文作者是加州大学伯克利分校的经济学教授路易吉·劳伦蒂（Luigi Laurenti）。劳伦蒂教授对旧金山、奥克兰和费城的1万宗产权过户案例进行了分析，其中一半发生在正处于种族融合过程中的测试组社区，另一半则发生在为纯白人的控制组社区。在1960年的一篇报告中，他提到，在41%的案例中，测试组和控制组的房价基本一致，44%的案例中测试组房价高过控制组，15%的案例中测试组房价相对控制组有所下滑。劳伦蒂还回顾了对芝加哥、底特律、堪萨斯城及波特兰（俄勒冈）等地的研究，发现趋势基本相同。他认为，搬进白人社区的非裔美国人的社会地位往往比他们新的白人邻居更高。

第109页第1段	Vitchek 1962;McPherson 1972;Colby 2012,75;Baxandall and Ewen 2000,183—186;Sugrue 1995,560.
第111页第1段	Satter 2009;Satter 2009b,2,8.
第112页第1段	McPherson 1972;Vitchek 1962;Seligman 2005. 就我所知，没有任何全国性研究提供文献资料，说明合约购买系统在哪个地方具有普遍性。这里举出的几个城市都是在对具体城市的研究中发现的。诺里斯·维特赫克（Norris Vitchek）称，除了芝加哥之外，房地产抛售风潮在巴尔

的摩、波士顿、克利夫兰、底特律、纽约市、费城、圣路易斯、华盛顿哥伦比亚特区"和其他城市及这些城市的近郊住宅区"也很普遍。不过，他并没有明确地说上述所有城市的房地产抛售体系中都包含合约销售，但是，出售给非裔美国人的房屋价格抬得很高，而银行又拒绝向购房的非裔美国人提供常规的，或由联邦住房管理局提供保险的抵押贷款，很可能情况确实如此。赛里格曼（Seligman）2005 年的著作中提到了水牛城的房地产抛售风潮。更多有关合约购买的讨论，可以参考科茨 2014 年的文章。

第 113 页第 1 段　Satter 2004,42;Greenberg 1959,301;Drake and Cayton 1945(rev. and enlarged,1962),179；Taylor 1994,180;Gordon 2008,84—86;Moore 1963. 从全国范围来看，地方上的房产管理局普遍威胁房地产经纪人和掮客，如果他们把白人社区的房子卖给非裔美国人，就要把他们开除。真的开除了几个人之后，州监管委员会并没有任何反应，使得这一威胁真的产生了威胁。1921 年，芝加哥房产管理局承诺"立即开除……任何成员把只有白人业主的街区的住房售与尼格罗人都会遭到这样的处罚"。1948 年，西雅图房产管理局开除了一名成员，因其把白人社区的房子卖给了一对跨种族结合的夫妻。1955 年，圣路易斯房地产交易所知会掮客与经纪人，"房管局的任何成员，不得以直接或间接的方式，向尼格罗人出售住房……除非该街区已经有 3 幢不同的建筑被尼格罗人占领……这条规则长期有效，这是（我们对）全国房产局联合会道德规范（的解读）"。密苏里州房地产委员会认为，房地产掮客如果把白人社区的房子卖给非裔美国人，就犯有渎职罪，执照应被取缔。第 13 页第 3 段的注释描写了 20 世纪 50 年代旧金山南部地区的房地产经纪人普遍都有的一种恐惧，他们担心如果把白人社区的房子卖给非裔美国人，会遭到"排挤"。1963 年，佛罗里达州萨拉索塔（Sarasota）的房地产管理局因一名成员将白人社区的住房卖给一位非裔医生而将其开除。

第 7 章　国税局的支持及监管机构的姑息

第 116 页　　当几户非裔美国人搬进丹佛的帕克山（Park Hill）白人社区时，房地产经纪人开展了恐吓业主低价抛售房屋的运动。然后这些经纪人就高价把房屋转售给非裔美国人。乔妮·诺埃尔（Joni Noel）是丹佛的一位白人教师，从小在帕克山长大。她告诉我，20 世纪 50 年代末 60 年代初的时候，房地产经纪人"锲而不舍、面目可憎。他们打电话，留下名片，上门游说，寄来传单，在学校、教堂、旅馆召开社区会议。他们表达得很清楚，已经在隔壁、在整条街都竖起了出售的牌子，如果我们不搬走，可能就会被留在一个贫民窟里，我们的房子会一文不值，我们的生命都可能有危险"。科罗拉多州房地产执照管理处不会对这一做法一无所知，但是没有采取任何行动。

第 118 页第 1 段　　Spratt 1970.

第 118 页第 2 段　　Coleman 1982,31—32.

第 119 页第 1 段　　Bob Jones University v. United States 1983,586(n.24);Coleman 1982,86,127.1913 年的税收法案建立起来的所得税系统的相关条款一直沿用到今天。该系统规定，教堂、大学和其他"出于慈善、宗教或教育目的成立并开展工作的团体、公司、联合会等，包括互助兄弟会"可以免税。1917 年的税收法案允许个人捐赠者从自己的所得税中扣除给免税组织捐的款。国税局是根据财政部的规定做出决议的，而这些规定对有资格享受免税的慈善机构的定义是那些在"去除种族偏见与歧视中"做出特别努力的组织。

最高法院做出裁定,"如果扣减的结果'破坏明确规定禁止某种行为并有政府声明为证的国家政策或州政策',则不能同意扣减税款"。即使是在1968年的《公平住房法》出台之前,根据1866年的民权法案1982款,住房歧视也是不合法的。因此,尽管20世纪20年代到60年代公众的注意力并没有集中在住房歧视上,对操作中违反1982款规定的机构实行免税不但背离"国家政策或州政策",也违犯了第五修正案。

鲍勃·琼斯案具体涉及的是有种族歧视倾向的教育机构是否应该获得免税资格。法院判决的依据是承认去除学校的种族隔离是一项国家政策,但是,该理由也同样适用于以税收政策的方式为任何有种族歧视的机构提供的政府支持。

第 119 页第 2 段	Cote Brilliante Presbyterian Church online;Wright 2002,77;Long and Johnson 1947,82.
第 120 页第 1 段	Miller 1946,139;Brilliant 2010,97. 社区业主联合会本身很少能够免税,给这些组织的捐款也不能抵扣税款。但是,试图阻止社区走向种族融合的企业有时会把给种族隔离组织的捐款作为企业开支扣除,这种做法并不恰当。西雅图民权工程公开了一张1948年由西雅图的国会山社区俱乐部(Capitol Hill Community Club)分发的传单,为其所在社区在修订种族限制性契约条款过程中发生的法律费用征集捐款。该传单承诺捐款可以作为企业支出来抵税。我不知道这种做法的范围有多广,或者说,这种做法是否普遍到了国税局应该提起注意的程度。
第 120 页第 3 段	Long and Johnson 1947,53,83.
第 121 页第 1 段	Plotkin 1999,75,118—119;Long and Johnson 1947,74,83. 温迪·普罗特金(Wendy Plotkin)2016年5月12日致作者信。

第 121 页第 3 段	Brilliant 2010,94.
第 122 页第 1 段	Hirsch 1983,1998,144—145;Plotkin 1999,122—130. 阿诺德·赫希（Arnold Hirsch）的结论是："大学并非仅仅被动支持这些组织，还是这些组织背后的诱因和推动力。"
第 122 页第 3 段	NYT 1938;Greenhouse 1969.1968 年，纽约市民权委员会正式对大都会人寿保险公司提起诉讼，此时帕克切斯特只面向白人开放已长达 24 年。民权委员会的诉讼理由是大都会人寿拒绝向非裔美国人或波多黎各裔美国人出租住房的政策"蓄谋已久、蓄意而为、一贯如此、公然为之、臭名昭著"。这 24 年中的前 22 年里，没有任何非白人家庭获准租住帕克切斯特的住房。
第 122 页第 4 段	Caro 1975,968;NYT 1947c;Weaver 1948,227;Henderson 2000,122;*Dorsey* v. *Stuyvesant Town Corporation* 1949;USCCR 1961,121;Bagli 2010 ; NYT 1947a;NYT 1947b。
第 123 页第 1 段	NYT 1947c;McEntire 1960,264;*Fordham Law Review* 1957,681;NYT 1950a;Buckley 2010;CUR 2011. 史蒂文森城的数据包括其相邻的姊妹工程彼得库珀村（Peter Cooper Village）。
第 124 页第 1 段	Caro 1975,968. 罗伯特·摩西（Robert Moses）估计，在被逐出史蒂文森城及其他类似的驱逐事件中，37% 的人口是非裔美国人或波多黎各裔美国人，约为他们在该市人口占比的 3 倍。罗伯特·卡罗（Robert Caro）是为摩西作传的作者，他认为摩西的估计偏低。
第 125 页第 1 段	USCCR 1961,36—37.
第 125 页第 2 段	USCCR 1961,42,49—51,45.
第 126 页第 1 段	*Davis* v. *Elmira Savings Bank* 1896,283. 亦见 *Franklin Naitonal Bank* v. *New York* 1954,375:"美国已经建立起了一套作为联邦机构的国民银行体系。"
第 126 页第 2 段	Immergluck and Smith 2006.

第 126 页第 3 段　　　Warren 2007;Nguyen 2011.

第 128 页第 1 段　　　Bradford 2002,vii,37,69. 低收入借款人是指那些收入低于所在大都会地区收入中位数 80% 的借款人。高收入借款人则指收入超过中位数 120% 的借款人。以非裔美国人（或白人）为主的人口普查区指至少 75% 的人口为非裔美国人（或白人）的街区。

第 128 页第 2 段　　　Brooks and Simon 2007;Avery,Canner,and Cook 2005. 其他研究如 Squires,Hyra,and Renner 2009;Bocian and Zhai 2005 也发现了类似的种族差异。这些数据只不过是启发性的。我们会觉得，少数族裔借款人申请常规贷款的合格率通常要低于白人借款人，因为通常来讲，少数族裔在与信用贷款资格相关的经济特点（收入、资产、就业等）上不如白人有优势。但是，数据的差异太大，虽然尚不能肯定，但很可能只用信贷资格是无法解释的。
拉美裔借款人也有极大比例的人口成为次级贷款侵略性销售的目标。

第 129 页第 1 段　　　Powell 2010;Donovan 2011;National Coalition for the Homeless et al. 2009.

第 130 页第 1 段　　　Memphis and Shelby County 2011,34,33.

第 130 页第 2 段　　　Baltimore 2011,21—22.

第 130 页第 3 段　　　*Cleveland* v. *Ameriquest* 2009,26.

第 130 页第 5 段　　　Stevenson and Goldstein 2016;NYT 2016. 人口普查局的数据表明，非裔美国人置业的比例从 2004 年的 50% 跌至 2016 年的 24%，而白人的比例仅从 76% 降至 72%。

第 131 页第 1 段　　　有些批评家提出，造成房地产泡沫及随后崩盘的，并不仅仅是联邦监管机构未能抑制不负责任且种族针对性很强的次级贷款，还有联邦政府对此种行径的积极鼓励。按照该理论的说法，联邦政府给银行施压，要求增加面向低收入和少数族裔借款人的贷款，如果银行不这么做的话，根据 1974 年的《社区再投资法》(Community

Reinvestment Act），将面临遭受政府制裁的威胁。批评家声称，银行如不给资格不符的购房人提供贷款，就无法满足政府监管机构对增加少数族裔社区贷款的要求。这种说法没什么说服力。例如，它无法解释为什么向符合常规贷款资格要求的少数族裔借款人发放了那么多的次级贷款。《社区再投资法》只适用于接受消费者存款的银行和储蓄机构。这些银行和储蓄机构在发放了次级贷款，并在 2008 年房屋泡沫破碎之后贷款被取消抵押品赎回权的机构中只占很小的比例。巴尔（Barr, 2009,172）发现，受社区再投资法约束的机构所发放的次级贷款，只占所有次级贷款的约 25%。大多数次级贷款是由不受法律约束的独立按揭银行家或贷款经纪人发放的。这些贷款很多被非储蓄型机构买走，如雷曼兄弟（Lehman Brothers）或贝尔·斯特恩斯（Bear Stearns），这些机构并没有承受来自《社区再投资法》的压力，不是非这样做不可。不过，虽然房地产泡沫可能并非《社区再投资法》造成的，但在银行和储蓄机构出于种族动机瞄准次级贷款市场时，监管机构并没有干预。

第 8 章　地方策略

第 135 页第 1 段　Johnson 1993,91—93;Hayward Area Historical Society online;Stiles 2015;Self 2003,113.1941 年，大卫·博安农当选为全国住房建筑商协会（National Association of Home Builders）的首任主席，进一步确立了他在大规模建筑商中的领袖地位。后来，到了 1958 年，他被选为一个很有影响力的规划师研究组织——城市土地学会（Urban Land Institute）的全国主席（称赞他是"西海岸最成功的土地开发商和社区建筑商之一"），对他在种族隔离中的所作所为只字未提；1986 年，他又因"通过创新、公共服务和慈善行为丰富了住房建筑业"而获得加州住房基金会（California Homebuilding Foundation）的荣誉奖，并成为该基金会名人堂中的一员。

第 135 页第 2 段	*Architectural Forum* 1945;San Lorenzo Village,mid-1950s.
第 136 页第 1 段	Devincenzi,Gilsenan,and Levine 2004,24—26.
第 136 页第 2 段	Moore 2000,110. 在此处我们所讨论的这段时期中，大部分时间美国公谊服务委员会的社会工业委员会（Social-Industrial Committee）都是由克拉克·克尔（Clark Kerr）担任主席，他是加州大学伯克利分校的校长。他极力倡导种族融合，并因拒绝解聘不在反共产主义效忠誓言上签字的教员而受到景仰。但是，1964 年，在反对种族隔离和越南战争的抗议行动中，他却成了反对学生在校园里"言论自由"的代表人物。后来，林登·约翰逊总统否决了他的卫生、教育与福利部长提名，因为联邦调查局认为他是个颠覆分子。

　　2013 年，美国公谊服务委员会在旧金山的西部地区办事处的区域副主管史蒂芬·麦克尼尔（Stephen McNeil）允许我对 20 世纪四五十年代的相关文献进行梳理、阅读、复印。这些文件涉及美国公谊服务委员会在帮助福特工厂非裔美国人工人方面的努力，既涵盖福特工厂位于里士满的那段时期，也涵盖后来这些工人在米尔皮塔斯地区寻找住房的时候。第 8 章第 1 部分的很多描述都基于美国公谊服务委员会的旧金山执委会和社会工业委员会的会议记录及信函所提供的信息，包括菲尔·巴斯柯克（Phil Buskirk）的报告，当时这些活动都是在他领导下、在克尔的委员会的监管下进行的。

　　我在美国公谊服务委员会旧金山办事处的研究结束之后，该组织将从这一时期开始的所有文档运到费城的美国公谊服务委员会总部存档。我无法确定我的描述所依据的具体会议记录、报告和信函在该处的存档位置。

不过，尽管接下来的注释中并没有对信件和会议记录——进行描述，我对米尔皮塔斯地区寻找融合住房的描写在很多重要方面都基于美国公谊服务委员会的这些记录。如果有公众可以接触到的资料，我也会引用，但很多情况下这些文献的信息量不如美国公谊服务委员会的文件。

第 136 页第 3 段　关于在米尔皮塔斯附近寻找种族融合住房的描写，从这段开始，一直到阳光山丘开盘，这部分内容的文献来源除了旧金山办事处的文件之外，还包括：Bernstein 1955;Bloom 1955a;Bloom 1955b;Briggs 1982,5—9;Callan 1960,800—801;*Daily Palo Alto Times* 1955;Grant 1992;Grier and Grier 1960,80—85; Grier and Grier 1962,7—11;Hanson 1955;Harris 1955a;Harris 1955b;Oliver 1955;Oliver 1957,3—5;Oliver and Callan 1955;*San Francisco News* 1955;*San Jose Evening News* 1955;*San Jose Mercury* 1955;*San Jose News* 1957;Self 2003,114;Stevenson 2013,2015;UAW 1979;USCCR 1961,136—37.

第 137 页第 2 段　有几份文献都讲到福特工厂附近一个小镇的故事，该镇把最小占地面积从约 557.4 平方米扩大到约 743.2 平方米，以阻止建设种族融合住宅区。但我没找到这个镇的名字。

第 139 页第 3 段　莫特·莱维尼（Mort Levine）是当时《米尔皮塔斯邮报》（*Milpitas Post*）的编辑。在 2013 年 3 月 6 日的访谈中，他告诉我，他相信污水管连接费用的提高并不是由于种族因素，而是因为之前的计算有误。我无法判断他的说法是否准确，但是为提高收费所召开的会议遵循的并非常规程序，而其他参与者也都公开表达了种族动机，这些情况都表明该决定即使并非完全出于种族考虑，种族也是其动机的一部分。

第 140 页第 2 段　尽管当时加利福尼亚州并没有公开的住房法规，但是布朗可能是基于州宪法或联邦宪法中的平等保护条款，也可能是基于此前加州最高法院两个判决案（James v. Marinship 1944,739）的观点，即种族歧视"有悖于美国及该州的公共政策，并且美国宪法长期以来禁止因种族或肤色而针对个人的政府歧视行为"。但是，布朗的投诉一直都未能进入真正的诉讼阶段。

第 141 页第 2 段　　1950 年，国家住房法案新增一项条款，允许联邦住房管理局为合作公寓的贷款提供保险。1959 年，本来是作为独立单元建造的工程获准改建为合作公寓，以享受联邦住房管理局背书后的低利率带来的好处。汽车工人联合会把阳光山谷工程改建为合作公寓，就是为了享受这一条款的好处。搞不清楚为什么种族融合工程以合作公寓的方式进行组织联邦住房管理局就愿意支持，如果为个人所有他们就不肯支持。第 213 款的目的是鼓励为工人阶级家庭建设低成本公寓。也许联邦住房管理局认为，这样的政策不会破坏他们在更中产的近郊住宅区推广种族隔离政策，出于这样的考虑他们愿意在价格低廉的工人阶级住宅区容忍种族融合的存在。我认为，更可能的情况是，负责 213 款工程的管理人员倾向合作公寓，这些人在种族问题上比联邦住房管理局常规项目的负责人更为开明，后者大多是由房地产行业进入政府部门的。早年联邦住房管理局拒绝为融合的合作公寓背书，这些公寓必须向常规项目负责人提出申请，华莱士·斯特格纳领导的合作公寓、伊利诺伊州朗博德（Lombard）家族试图建设的合作公寓就属于这种情况。现在，到了 20 世纪五六十年代，他们在联邦住房管理局内部有了一个特别组织，他们的银行可以向该组织提出申请。

第 141 页第 3 段　　*Milpitas Post* 1955 or 1956.

第 142 页第 2 段　　Theobold 2004;Smith 1967,600;Reagan 1967,592. 特雷尔汽车公司（Trailmobile）从伯克利（Berkeley）搬到弗里蒙

特（Fremont），该市毗邻米尔皮塔斯。该厂经理关于为何不雇用非裔美国人工人的说辞可能理由并不充分。美国民权委员会的法律总顾问问弗里蒙特一家家具生产厂（该厂也有工人家住奥克兰，每天通勤）的人事经理，因通勤路程较长而造成的旷工是否很严重的问题，这位经理回答说："我觉得，在住得比较近的员工中，我们发现迟到或旷工的情况可能更严重些。我们感觉大多数情况是这样。住在街对面的人正是永远迟到的那一群。"

第 143 页第 3 段　　Grier and Grier 1960,86—87;*Chester Times* 1955;*Chester Times* 1956;*Evening Bulletin* 1955.

第 144 页第 2 段　　USCCR 1961,132—134;*Progress v. Mitchell* 1960,712;Lathers 1960;*Time* 1959;*Time* 1960. 联邦法院还发现开发商"手脚不干净"，因为法院提议维持 80% 购房者为白人、20% 为黑人的配额制，并要求在合同中强制购房者在转售房产时只能卖给跟自己同一种族的后续买房人。这样的合同在法庭上是不具备法律效力的。种族配额是向种族融合社会过渡的一种手段，法院对该手段的态度过于拘谨，此后这种拘谨也一直是联邦法院处理种族问题的典型方式。之前法院在批准百分百白人零黑人的配额时并未犹豫，此刻他们也不觉得有义务采取切实的办法来抹去这段历史的影响。这一裁定预示了今天的法院审理规程，首席法官约翰·罗伯茨在裁定中强调，要结束基于种族的歧视，办法就是结束基于种族的歧视。

第 145 页第 3 段　　USCCR 1961,135—136;*Creve Coeur v. Weinstein* 1959,404.

第 146 页第 1 段　　Herbers 1970;Ayres 1971;Rosenthal 1971a;Rosenthal 1971b;Gordon 2008,147—150;*Park View Heights v. Black Jack* 1972;*U.S. v. Black Jack* 1974,1185(n.3),1186（去掉了文内引号，另加粗体）。

第 148 页第 3 段　　Mohl 2000,230—234.

第 149 页第 2 段	Schwartz 1976,485(n.481).
第 150 页第 1 段	*Garratt v. Hamtramck* 1974,1239,1246(斜体另加);USCCR 1961,100;*Garratt v. Hamtramck* 1975,1156—1157.
第 150 页第 3 段	Mohl 2001,340—344;Mohl 1987,14.
第 151 页第 1 段	Mohl 2000,239.
第 151 页第 2 段	McWilliams 1949;*California Eagle* 1943b;Sides 2003,124;*California Eagle*,1954. 几年前，在经济拮据、想寻找白人租客的房主的请求下，也曾试图进行类似的重新区划，但被洛杉矶市长否决。
第 153 页第 1 段	USCCR 1961,99—100;Mohl 2000,231;Schwartz 1976,483;Mohl 2002,16—18.
第 153 页第 3 段	Busch 2013,981—983;McGhee 2015,6,7,15,21—22;Koch & Fowler 1928,57;Busch 2015.
第 155 页第 2 段	Benjamin 2012b.2015 年 11 月，在与我的邮件往来与通话中，凯伦·本杰明提供了更多关于利用学校选址来对罗利县和亚特兰大进行种族隔离的细节和文件。我特别要感谢她的是，她向我提供了一份 1919 年 7 月 19 日亚特兰大教育局会议记录的复印件。
第 156 页第 2 段	Benjamin 2012a.
第 158 页第 1 段	Benjamin 2013. 凯伦·本杰明计划在即将出版的书中对这些事件进行更为详细的描述，书名是《一朝形成经久不衰的种族隔离：新南部地区的学校及隔离住房模式的建设》(*Segregation Built to Last: Schools and the Construction of Segregated Housing Patterns in the New South*)。

第 9 章　政府默许的暴力

第 163 页第 1 段	Beckles online; Moore 2000, 116—118; Barbour 1952, 26; Rollingwood Improvement Association Board 1952; Wenkert 1967, 44; *Toledo Blade* 1952; *Milwaukee Journal* 1952.

第 164 页第 2 段　　Kushner 2009, 83, 88, 91, 100—101, 116, 136—137, 140, 147, 154, 157, 163, 167—170, 175, 181—182; Yardley 2009; Bobker and Becker 1957; Weart 1957.

第 166 页第 2 段　　迈尔斯一家后来退居宾夕法尼亚州的约克。1969 年，该市白人和非裔美国人发生武装冲突，导致一名警察和一名非裔美国人妇女丧生，后者拐错了弯，驾车穿过了一个白人社区。对这名妇女的死亡进行的调查直到 2000 年才展开，犯罪嫌疑人被逮捕，包括当时该市的市长。1969 年的时候，这位市长还是个警察，他被指控向害死该名妇女的平民分发弹药，而且他承认曾高呼"白人力量"，煽动平民发起暴乱。但是，事情已经过去了 30 多年，对于一个纯白人的陪审团来说，证人关于分发弹药的证词不够有说服力，于是市长被无罪释放；两名开枪打死了该妇女的平民被定罪。

第 168 页第 1 段　　Rubinowitz and Perry 2002,350;Spear 1967,22.

第 168 页第 3 段　　Tuttle 1970,266—282;Bell 2008,540;Rubinowitz and Perry 2002,381.

第 169 页第 2 段　　Hirsch 1983,1998,52—53. 韦弗（1948,96）的说法是 46 起全部为纵火、爆炸事件。

第 169 页第 3 段　　*Time* 1951;Hirsch 1983,200;Wilkerson 2010,373—375;Leowen 2005,10—11;Coates 2014.

第 170 页第 1 段　　后来撤销了对哈维·克拉克及其同事的指控。

第 170 页第 2 段　　Hirsch 1995,537and throughout;Hirsch 1983,1998,97—99. 唐纳德·霍华德（Donald Howard）和贝蒂·霍华德（Betty Howard）是第一户搬入特兰博尔公园的非裔美国人家庭。他们之所以能搬进来，是因为贝蒂肤色白皙，项目经理并未意识到她"可能是尼格罗人"，便接受了她的申请。一旦霍华德一家的入住已是既成事实，而邻居们发现这家人是非裔美国人为时已晚，暴力行为就开始了。在霍华德一家搬进特兰博尔公园后，房管局又接受了其他几名非裔美国人进入该住宅区。房管局有无种族歧视的官方政策，但实际遵循的却是种族隔离的策略。

第 171 页第 1 段	Royko 1971,123—137.
第 171 页第 2 段	Sugrue 1993,111—112;Zineski and Kenyon 1968,6.
第 172 页第 1 段	Bauman 1987,161—162.
第 172 页第 2 段	Rubinowitz and Perry 2002, 381; Sides 2003, 102—106; Miller 1965b, 5; Miller 1965a,11; Robertson 1952; Wilkerson 2010, 232, 330, 331.
第 172 页第 3 段	Bell 2008,543,546-547;smothers 1990.
第 173 页第 3 段	Braden 1958;Fosl 1989.
第 176 页第 1 段	*Marshall* v. *Bramer* 1987. 两名肇事者中有一名是提供住宅举行三K党集会的三K党徒的连襟，二人均对率先用燃烧弹发起攻击供认不讳。马歇尔一家试图找出纵火烧毁其住宅的肇事者，但未能成功，不过如果警察局一个部门中有20名警员都是三K党成员，该部门若想找出肇事者，想必是能够做到的。

第 10 章　收入抑制

第 182 页第 3 段	Wilkerson 2010,50—54，150—153，160,172；Lemann 1991,17—23,48.
第 182 页第 4 段	Blackmon 2008,7,9,91,94,289,381;McPherson 1996.
第 183 页第 1 段	Wilkerson 2010,161,556.
第 183 页第 3 段	Katznelson 2005;Wolters 1969,143;Dowden-White 2011,175.
第 184 页第 1 段	Houston and Davis 1934,291;Fishel 1964—1965,113.
第 184 页第 2 段	Fishel 1964—1965,113—114;Katznelson 2013,241-242;Davis 1933,271.
第 185 页第 2 段	Fishel 1964—1965,115;Kifer 1961,3—61;Foreman

	1974;Hills 2010,27—28.
第 186 页第 2 段	Wolters 1969,143,148—152.
第 187 页第 3 段	Archibald 1947,130—131.
第 188 页第 1 段	Wenkert 1967,16—17;Brown 1973,1;Johnson 1993,46—48.
第 188 页第 2 段	Stevenson 2007,2—00:08—13.Johnson,Long,and Jones 1944,67;Goodwin 1994,228.1941年,为了争取工会的认可,密歇根州迪尔伯恩(Dearborn)的一家福特工厂发生了罢工。罢工期间,在给埃莉诺·罗斯福的备忘中,国家青年管理局黑人事务主管、全国黑人妇女委员会(National Council for Negro Women)创始人玛丽·麦克利奥德·贝休恩(Mary McCleod Bethune)写道,福特已经赢得了非裔美国工人的忠心(他们一开始持反对意见,拒绝参加罢工),因为福特"在熟练岗位和半熟练岗位雇用的黑人比其他汽车制造商都多"。
第 188 页第 3 段	Wollenberg 1990,74;Johnson 1993,65,69;Moore 2000,54;Quivik,年代不详,129页以后内容;Goodwin 1994,247.
第 189 页第 1 段	Moore 2000,59—60;Johnson 1933,71—73;Quivik undated,162—169;Johnson,Long,and Jones 1944,71—72;Marshall 1944,77;Archibald 1947,83—84;Record 1947,11;Broussard 1993,157;Rubin 1972,35.
第 189 页第 2 段	Quivik undated,164;Marshall 1944,77—78;Northrup 1943,206—208.
第 190 页第 1 段	Postal Record 2011,8ff.1962年1月17日的第10988号总统行政命令禁止联邦政府认可的工会实行种族歧视。
第 189 页第 3 段	Idependent Metal Workers 1964.
第 191 页第 1 段	Burns 1970, 123—124; Goodwin 1994, 246—253; Broussard 1993, 148—151.
第 191 页第 3 段	Burns 1970,264; *Afro American* 1942.因为埃斯里奇(Ethridge)采取了诸如力劝暴民不要对安德鲁·韦德实施

暴力等行为，他在全国上下就有了种族开明人士的名声。他于 1981 年过世，《纽约时报》的讣告称赞他是"美国新闻业最受尊敬的人物之一"，并补充说："很久以前，在此举尚不流行，甚至并不安全的时候，埃斯里奇先生就在抨击种族主义与镇压行为，并对他在这个富庶之国所目睹的贫穷进行谴责。他个子不高，圆脸，面色红润，带着南方口音，热情洋溢地抨击偏见与地方主义。"

第 192 页第 1 段　　Moore 2000,54—55;France 1962,68.

第 194 页第 1 段　　Broussard 1993,151-152,154—157;Broussard 2001,198;Ungaretti 2012,126—127;Angelou 1969,2015,258ff. 从玛雅·安杰卢自传的上下文来看，她在大约 16 岁的时候得到有轨电车的工作，当时是 1943 年或 1944 年。她说自己是"旧金山有轨电车雇用的第一个黑人"，但是，1942 年，一位名叫奥德利·科尔（Audley Cole）的司机，可能还有其他非裔美国人，先于她开始在有轨电车上工作。安杰卢的意思可能是她是第一位非裔女售票员。

第 194 页第 2 段　　Wollenberg 1981, 269—271; Moore 2000, 61; Wollenberg 1990, 78—82; France 1962, 69—72; Quivik undated, 164—166; Johnson 1993, 73; *James v. Marinship* 1944, 739.

第 195 页第 2 段　　Johnson 1993, 81; Foner 1974, 247; Goodwin 1994, 246—247; Whelan et al. 1997(not paginated re: St. Louis plant); O'Neil 2010.

第 196 页第 1 段　　Katznelson 2005,136—137;Herbold 1994—1995;Onkst 1998;Turner and Bound 2002;Tygiel 1983,59ff;Vernon 2008. 由路易斯·纪佑（Louis Guilloux）创作、爱丽丝·卡普兰（Alice Kaplan）翻译的历史小说《好了，乔》（*OK, Joe*）描述道，在解放后的法国，如果非裔美国兵被指控犯强奸罪，通常会被处死，而白人士兵如果被指控同一罪名，只会受到很轻的惩罚或者被遣返回国。如果对于

注　释　　335

解雇的问题,这种待遇上的不平等也同样极端,那么太多非裔美国人在名誉受损的状况下被开除,自然也就有多到离谱的人没有资格享受《退伍军人法》在职业培训、就业、教育方面提供的好处。

第 197 页第 1 段	Myrdal 1944,417—418;de Graaf and Taylor 2001,28.
第 197 页第 2 段	Sugrue 1993,107—108. 即便密歇根州的法律可以得到大力执行,1955 年才让非裔美国人完全参与到战后就业及住房建设的繁荣中来,也为时太晚,更何况法律并未得到很好的执行。
第 198 页第 1 段	USCCR 1967,119(n.78),55—57;Hayes 1972,78(table 4—2).
第 198 页第 2 段	Swarns 2015.
第 199 页第 3 段	Bremer et al. 1979,24—26. 实际上这份报告说概率不足千分之一。因为已经无法得知研究者的数据计算方式,也不能排除印刷错误的可能,我用的是更保守的估计,即百分之一。
第 200 页第 2 段	Lyons 1982,74.
第 200 页第 3 段	Oldman and Aaron 1965,42(table III),48. 西罗克斯伯里(West Roxbury)离罗克斯伯里(Roxbury)不远,但两地并不接壤。
第 200 页第 4 段	Karhl 2015,13(fig.1).
第 201 页第 1 段	Little 1973,2(table A),12(table 1.2).
第 201 页第 3 段	Karhl 2015;Capps 2015.
第 202 页第 3 段	Hughes 1940,27;Clark and Perlman 1947,30;Kimble 2007,422;Woofter 1928,126—127. 联邦住房管理局对人满为患的定义是每个房间超过 1 人,对合住的定义是不止一个家庭同居一个独户单元。
第 203 页第 2 段	Velie 1946,112,117;Weaver 1948,119.
第 204 页第 1 段	Weaver 1948,36—37,60—61.
第 204 页第 2 段	Weaver 1948, 104, 119. 布朗等(Brown et al. 2003, 22—25)把这一过程叫作非裔美国人的"财富分解"(disaccumulation

	of wealth），与白人在住房方面的财富累积形成对比。
第204页第4段	Dunn 2013;Rosenhous 1971;Herbert 1971;SAI 1972;Nix,undated.

第11章 向前看，向后看

第209页第2段	Mondale 2015;Schill and Friedman 1999;Hannah-Jones 2013;Tegeler 2013. 在本书中，FHA 指的都是联邦住房管理局，而非《公平住房法》。

  参议院中支持《公平住房法》的政党领袖是沃尔特·蒙代尔（Walter Mondale），这位参议员来自明尼苏达州，后来成了吉米·卡特的副总统，也是1984年民主党提名的总统候选人。1968年，南方的民主党人展开冗长辩论，阻挠该法案的通过。他们在1966年也这么干过，并且获得了成功。蒙代尔参议员差一票未能拿到结束辩论（提出辩论终结）所需要的67票。当时的副总统是休伯特·汉弗莱，他辅佐的是林登·约翰逊。最近，蒙代尔回顾了他是如何让参议院通过《公平住房法》的。"于是我就去找汉弗莱，我问说：'我怎么办呢？'他说：'给林登·约翰逊打电话。'于是我就给总统打了电话（这事可不是每天都干的），对他讲了我们的窘境。他说：'嗯，你知道有哪个人可以投票支持该法案，而这个人不会受到伤害，不会在政治上有麻烦吗？'我说：'呃，阿拉斯加州议员应该可以，但他反对辩论终结，不过他也想在安克拉治（Anchorage）市中心搞个住房工程。'总统说了'谢谢'，然后挂了电话。于是第二天我们在议员席上问：'我们能终结辩论吗？'多数人觉得不能——就在投票统计将要结束的时候，我看见阿拉斯加的议员从后门进来投了'赞成'，于是我们就通过了《公平住房法》，在第4轮的时候终结了辩论，真是一票

都不富余，但是我们通过了！然后法案就送到议院。"

《公平住房法》的执行并不得力，但也不能说一点儿作用没起。现在，中产阶级非裔美国人以最低的限度出现在了很多之前只面向白人的近郊住宅区中（目前莱维敦有 1% 的非裔美国人）。根据 1968 年的法案，遭受住房歧视的个人可以向住房与城市发展部提起诉讼，但该部门只能尽力"调和"各方，没有执行权力。原告也可以提起私人民事诉讼，惩罚性赔偿最高限额为 1 000 美元。司法部可以对歧视行为的惯犯提起民事诉讼，但不能代表独立的个体。《公平住房法》于 1988 年进行了修订，建立了一套体系，住房与城市发展部的行政法法官可以据此解决来自州或地方公平住房机构，已经推定成立的诉讼案件，但是住房与城市发展部的执法行为一直更关注基于家庭地位和残疾的歧视，而非基于种族的歧视。审计研究（将非裔美国人和白人受试对象结对，让他们假装寻找住房的潜在买房人或租房人）仍显示住房中的种族歧视继续存在。

第 210 页第 2 段	Santow and Rothstein 2012;Rothstein 2013,14(table 7);Orfield et al. 2016,4—5(table 1). 种族隔离加剧既有社区去隔离失败的原因，也有公立学校白人学生比例下降的缘故。在纽约州，有 66% 的非裔学生在白人学生人数不足 10% 的学校就读；伊利诺伊州这种情况的非裔学生比例为 60%，密西西比州为 45%，亚拉巴马州为 42%。
第 212 页第 3 段	数据来自人口普查，附加的分析是瓦莱丽·威尔逊（Valerie Wilson）做的，她就职于经济政策研究所，是位经济学家。
第 213 页第 3 段	Baxandall and Ewen 2000,131,164. 售房所得的财富是指房屋售价减去购房价格和在住期间装修改造方面的投资。在"二战"后回乡的退伍军人和其他下层中产阶级家庭购买的住房中，装修改造的情况通常比较普遍，但这类

装修的成本有时并不高。很多在这一时期参与到郊区化进程中的城市居民都是熟练工人，他们懂工艺知识和维修技术，自己或者找邻居帮忙对住房进行装修，需要扣减的成本可能比预期的要少。

第215页第3段　　无论父母的收入位于收入分配中的哪个位置，孩子的情况都是一样的。在一个具有完美流动性的社会里，不但最穷的孩子成为富人的机会和别的孩子一样，最富有的孩子变穷的概率也和别的孩子一样。但是，这有点儿把问题过于简单化了。即使是在一个机会完全均等的社会中，如果有大量低收入移民进入，本国低收入父母的孩子成年后的收入在收入分配中上升的概率也大于随机概率。但是，与此相反的是，如果大量高收入移民涌入这个国家，低收入父母生育的孩子成年后收入在收入分配中上升的机会就比较小。另外一个限制条件是，如果低收入父母普遍比高收入父母孩子多，那么低收入父母所生育的孩子成年后的收入在收入分配中有所上升的概率就较大。因为我们最近迎来的低工资移民比高工资移民要多，而且低收入父母确实比高收入父母生育孩子更多，这两个条件互相抵消，虽然并没有完全抵消。

第216页第1段　　Lopoo and DeLeire 2012,6(fig.3). 估计数据比较的是5年时间内父母的平均收入与孩子在大致达到开始收集数据时父母年龄的平均收入。

第216页第2段　　Lopoo and DeLeire 2012,20(fig.15). 非裔美国人的流动性不如白人，部分原因可能是，如果把成年后在5年的时间段内处于贫困状态的非裔美国人和白人放在一起比较，比起白人，非裔美国人更可能在这个5年时间段之前、之后都处于贫困状态。比起白人的贫困，非裔美国人的贫困更可能是一种永久性的或长期的局面。

第217页第1段　　Federal Reserve Board online. 由经济政策研究所的瓦莱丽·威尔逊（Valerie Wilson）进行微数据分析。

注释　　　　　　　　　　　　　　　　　　　　　　　　339

第 217 页第 3 段	Lopoo and DeLeire 2012,15(fig.11).
第 217 页第 4 段	Lopoo and DeLeire 2012,21(fig.15).
第 218 页第 2 段	Wilhelm 2001,141(table 4.2).
第 219 页第 1 段	Sharkey 2013,27(fig.2.1),38(fig.2.6).
第 219 页第 2 段	Sharkey 2013,39.
第 219 页第 3 段	Morsy and Rothstein 2015;Rothstein 2004.
第 221 页第 3 段	*Baltimore Sun* 1975;Gutierrez et al.,30.
第 222 页第 1 段	Dresser and Broadwater 2015.
第 223 页第 1 段	Leviner 2004;Khadduri,Bulon,and Climaco 2006,7.
第 223 页第 2 段	McClure,Schwartz,and Taghavi 2014;Sard and Rice 2014,35(fig.7);Sard and Rice 2016,26(table A-1). 税收抵免计划和第八条款也用来支持老年市民的住房工程；中产阶级社区中更可能出现的是面向老年人的工程。文本中只提到了家庭住房单元。
第 224 页第 1 段	ICP 2008.
第 224 页第 2 段	*Texas Dept. of Housing* v. *Inclusive Communities Project* 2015.

第 12 章　考虑补救

第 228 页	贝尔内斯婷·威廉斯拿着价值更高的第八条款优惠券搬到了普莱诺（Plano），这是 1985 年起诉达拉斯房管局及住房与城市发展部的民权诉讼案沃克诉住房与城市发展部案（*Walker* v. *HUD*）的结果。她在普莱诺养大了两个孩子。对于在像普莱诺这样的种族融合社区就读的孩子来说，上大学是普遍现象，她的两个孩子现在都在读大学。这就是住房流动性计划想要获得的结果。
第 229 页第 2 段	Levine et al. 2014;Levine and Stark 2015;American Psychological Association 2015,27;Wells,Fox,and Cobo 2016. 其中一组实验给各金融专家组提供模拟股票的基本

特征信息。种族和民族多元的专家组的估值比种族和民族同质的专家组更接近股票的真实价值。最近最高法院就一起平权官司提起的诉状中，美国心理学协会提交的研究概要表明，在讨论组中，"少数族裔个体的出现会激发学生——特别是主流社会的成员——在面对问题时考虑得更复杂一些"。

第 230 页第 2 段　　CDC 2016;Edozien 2004. 从全国范围来看，非裔儿童患哮喘的比例是 13.7%，白人儿童是 7.6%。纽约市卫生专员 2004 年报告，尽管整体来看哮喘患病率在下降，"（但）低收入社区 5 岁以下儿童因哮喘住院的比例是高收入社区儿童的 4 倍"。这一年，哮喘是纽约市中小学学生缺课的首要原因。

第 233 页第 1 段　　Danzer et al. 2012,288,492,506.

第 234 页第 1 段　　Lapsansky-Werner et al. 2016,304,431—432,449. 这本教材对"'事实上的'种族隔离"用黑体进行了强调，意思是希望这会帮助学生记住教材的作者赋予这个概念的意义。

第 234 页第 3 段　　Sewall online 试图记录使用最为普遍的教材。我翻阅了他所列出的很多教材，但没有全部都看。

第 235 页第 3 段　　Santow and Rothstein 2012 简要描述了罗姆尼（Romney）的开放社区计划及其结局。书中引用的文献包括：Romney 1969;Herbers 1969;Lilley 1970;Bonastia 2006;Danielson 1976;McDonald 1970;Lamb 2005;Lemann 1991,209.

第 238 页第 2 段　　Sharkey 2014,925(table 2). 数据来自 2000 年。夏基对中产阶级的定义是家庭年收入至少达到 3 万美元，对"极度贫困"的普查区的定义是领取福利金、贫困、失业、女性当家及低龄儿童的集中情况高于全国平均水平两个标准差。

第 239 页第 3 段　　这并不是作为完全成熟的建议提出来的。非裔美国人较少的大都会地区可能需要对公平分摊有不同的定义。例

第 240 页第 1 段	如，黑人人口占 10% 的大都会地区可能把非裔人口比例低于 5% 的近郊住宅区定义为种族隔离住宅区。Racioppi and Akin 2015;O'Dea 2015;Krefetz 2000—2001;Herr 2002;Smart Growth America 2016;Massey et al. 2013. 在新泽西州，2008 年之前，各市镇（实际上是居民比较富裕的市镇）一直都可以付费给其他市镇让它们来承担公平分摊的义务，以此规避该项要求。2008 年禁止这种安排的立法获得通过。2015 年，面对富裕市镇和州长的故意拖延，新泽西州最高法院免去了地方政府规划公平分摊住房建设的责任，将其作为一种司法职能。1969 年通过的马萨诸塞州 40B 计划推翻了现有住房中"经济适用房"不足 10% 的司法辖区的排斥性地方区划法规。经济适用房指的是收入在该地区收入中位数的 80% 或以下的家庭可以付得起房租或买得起房的地方。开发商如果想利用这一弹性规定，他们所开发的住宅项目在使用了联邦政府对中低收入住房的补贴之后，至少有 25% 的单元必须属于永久性经济适用住房。自从这项法律通过之后，住房存量中经济适用房的比例不足 10% 的司法辖区的数量有了下降。
第 241 页第 2 段	Schwartz 2010.
第 242 页第 1 段	Boger 1993.
第 243 页第 1 段	Berdahl-Baldwin 2015;Donovan 2015;Darrah and Deluca 2014. 巴尔的摩工程的参与标准比此处描述的要更复杂些，但没有本质区别。
第 244 页第 1 段	Berdahl-Baldwin 2015. 另外一些城市也有力度温和的工程，帮助持有优惠券的家庭搬入贫困程度较低的地区。这些地区有水牛城、芝加哥和库克县（伊利诺伊州）、辛辛那提、康涅狄格州种族隔离程度高的城市、明尼阿波利斯、费城、里士满（弗吉尼亚州）、圣迭戈、西雅图（金县）、扬克斯，可能还有其他城市。

第 244 页第 2 段	Sard and Rice 2014, 38, 51, 53—57; Metzger 2014, 556; McClure, Schwartz,and Taghavi 2014,3.
第 244 页第 3 段	根据人口普查和住房与城市发展部的管理数据对住房选择券的领取资格和使用情况进行的分析，是由预算和政策重点研究中心（Center on Budget and Policy Priorities）的艾丽西亚·马扎拉（Alicia Mazzara）和芭芭拉·萨尔德（Barbara Sard）于 2016 年 5 月 23 日向作者提供的。
第 245 页第 1 段	目前第八条款计划已经形成，以备提供给因为家庭暴力必须搬家的家庭或无房的家庭。我并不是想说要给愿意搬到高机会社区的家庭优先权，以此来取代紧急情况优先权，但是紧急情况出现之后应该轮到这些家庭。
第 245 页第 2 段	Sard and Rice 2004,38,51,54. 事与愿违的是，把优惠券的金额定在大都会范围内的租金中位数，也导致优惠券金额对低收入少数族裔社区来说过高。这些社区的房东往往把房租提到高于市场行情所允许的水平，以攫取这部分额外费用。
第 245 页第 3 段	HUD 2016.
第 245 页第 4 段	Sard and Rice 2014,38,50—53. 第八条款也有些毫无必要的官僚主义。住房与城市发展部要求对公寓进行特殊的卫生与安全检查，之后领取优惠券的家庭方可租住。这条规定的本意是好的，但是市政当局的建筑与卫生检查和住房与城市发展部设定的标准之间，协同效率应该可以更高一些。
第 246 页第 1 段	Sard and Rice 2014,56—57.
第 246 页第 2 段	关于政府住房计划中其他可行性改革方案的概述，见 Tegeler,Haberle,and Gayles 2013。
第 247 页第 1 段	Kirp 1982,123.
第 247 页第 2 段	Rubin 1972,79.
第 247 页第 3 段	Rubin 1972,78,127—133;Kirp 1982,121,123,128—129,138.
第 248 页第 1 段	Kirp 1982,130—143.

第 248 页第 2 段　　Himachi 1954,96.
第 248 页第 3 段　　Kirp 1982,142—144.

常见问题

第 259 页第 5 段　　Wolgemuth 1959,166;Unger 2015.
第 260 页第 1 段　　Foreman 1974;Guzda 1980,32.
第 260 页第 2 段　　Roosevelt online;Goodwin 1994,370—371.
第 261 页第 1 段　　White 1942,214.
第 261 页第 3 段　　Ashmore 1989,307;Mayer 1993,275—276,380. 在 20 多年后的一次访谈中，哈钦斯回忆起，谢利诉克莱默案是在他决定不辞职后过了"几个月"才判决的。哈钦斯的记忆，或者是他的传记作者弥尔顿·梅耶（Milton Mayer）的笔记出错了。谢利诉克莱默案是在他做出这一决定九年后才判决的，而这 9 年间，芝加哥南区的种族隔离越发变本加厉。

　　哈钦斯并非只在种族隔离这一个问题上选择随波逐流，放弃听从自己的良心。他还是一个和平主义者，反对美国参与第二次世界大战，但是当军方要求他监管开发原子弹的工程时，他同意了。梅耶是个很难缠的记者，我们不妨先听听他和哈钦斯在讨论过大学区的隔离之后就原子弹问题的言语交锋，再对有关种族隔离的"当时的标准"这一解释做出让步不迟：

　　梅耶：我认为你在意……你反对招致战争的很多事情，但当战争真的来了，军号吹响的时候，上前线的却是哈钦斯。

　　哈钦斯：是的。

　　梅耶：如果前景是这样，你还会做同样的事情吗？

　　哈钦斯：不会。

　　梅耶：为什么不会？

哈钦斯：因为我现在更明智了……人明白得太晚。如果我像现在一样明智，有很多事情我会做，或者不会做。推动芝加哥的种族隔离可能就是其中的一件。

第267页第2段　Kennedy 2013,18;Boddie 2015.2016年6月，最高法院驳回了阿比盖尔·费希尔对平权行动的质疑，但是，无疑还会有人继续对平权行动提出批评。

第268页第5段　Katznelson 2013,159-160;Goodwin 1994,163.罗斯福对全美有色人种协进会领袖沃特·怀特（Walter White）说："如果我站出来支持反对私刑的法案，他们（国会中的南方人）为了使美国免于瓦解就会阻挠我请求国会通过的每一个法案。我不能冒这个险。"

第269页第2段　Larson 2011,30—31,38,39,130,235;Goodwin 1994,100,173,397; Olson 2013,381—382.新政领袖不但对非裔美国人抱有固执的偏见，而且排斥犹太人。20世纪30年代，罗斯福政府国务院和国防部的不少官员私下对希特勒在德国屠杀犹太人持支持态度，虽然他们也觉得希特勒的方式过于极端。这些官员无意接受犹太难民进入美国，也不觉得阻止希特勒在死亡集中营的所作所为应该成为军事问题。威廉·J.凯尔（William J. Carr）是罗斯福政府负责领事服务的副国务卿，他称犹太人为"犹太佬"，而且，去过底特律之后，他抱怨该市到处都是"灰尘、烟雾、垃圾、犹太人"。国务院严格执行要求移民提供原籍国警方书面陈词、证明他们品行端正的法规，这是一项逃离纳粹德国的犹太难民根本没法满足的要求，此举使得犹太人逃离德国进入美国虽非完全不可能，但也极其困难。布雷肯里奇·朗（Breckinridge Long）是国务院签证部的负责人，他的日记中"充斥着对犹太人、天主教徒、纽约人、自由派——说白了就是任何和他自己背景不一致的人——的恶言谩骂"。威廉·F.多德（William F. Dodd）是美国驻德国大使，他说

	虽然他"不赞成这里（德国）对犹太人如此残酷……我很坦率地说他们（德国人）面临严重问题……犹太人占据了德国的很多重要位置，远远超过他们的人数和才干应得的"。在会见德国外交部长康斯坦丁·冯·纽赖特（Konstantin von Neurath）时，多德向他保证："我们在美国也不时会有犹太人方面的困难，他们在精神生活和商业世界的某些方面控制了太多。"多德继续让纽赖特放心，说他在国务院的部分同僚"非常理解德国人在这方面的困难，但是他们一刻也不能同意用一种往往会陷入无情的残忍的方式来解决问题"。
第 269 页第 3 段	Weaver 1948,217;Kushner 1979,599(n.118).
第 270 页第 4 段	对于白人来说，具备可比性的人数占比分别是 38%、44% 和 93%。关于受教育程度的数据来自美国教育部全国教育统计中心。占据比例的高中毕业生包括中途辍学后继续学习、参加高中文凭同等学力考试的学生。统计这个数据时可能将一些在监狱中学习并参加考试的人包括了进来。有证据表明，持有同等学力文凭者，在劳动力市场的表现通常不如持有正规文凭者。但是，如果来自成绩分布队列底层的辍学者多到不成比例，那么，持同等学力文凭者的表现则可能好于具备可比性的学生中留在学校、拿到常规文凭的那部分人。无论是在监狱中参加考试的，还是在非监禁状态下参加考试的，努力学习参加同等学力考试都是具有很强的主动性和责任感的表现。
第 270 页第 5 段	Lyons and Pettit 2011, 258; Alexander 2010, 6—7, 97; Braman 2004, 33. 根据来自华盛顿特区惩教署（Department of Correcitons）的数据，该市可能有 3/4 的非裔男子一生中会在监狱里待上一段时间。
第 271 页第 2 段	Morsy and Rothstein(2016).
第 271 页第 3 段	Morsy and Rothstein(2015,19—22) 总结了铅吸收及其影

	响方面已知的种族差异。
第 273 页第 1 段	Hamilton et al. 2015,43(table 16).
第 273 页第 2 段	Wang and Parker 2014,6,33,34.
第 273 页第 4 段	Wang 2012,9;Merton 1941,232. 关于 2010 年非裔美国人婚姻的数据指向的是与异性非非裔伴侣的婚姻,有白人、亚裔、太平洋岛民和西班牙裔。这些伴侣中有少数亚裔、美洲原住民或其他人,但大多数为白人。1941 年,罗伯特·K. 默顿(Robert K. Merton)曾有过这样的描述:"在我们的样本中,这样(黑人男性与白人女性)的结合比黑人女性与白人男性结合的情况常见得多,在 3~10 倍之间。"
第 275 页第 3 段	Wang 2012,8,9.
第 276 页第 1 段	Waters and Pineau 2015,6—7. 美国国家科学院(National Academy of Sciences)的一个专家组对这个问题进行了审查,并得出这样的结论:"关于种族减员的假设(同化程度较高的西班牙裔认为自己是西班牙裔的可能性较小)表明,实际上第三代在教育上有了进步,但这很难准确测量。"
第 276 页第 3 段	Miller 1946,138. 美国原住民的历史经历和宪政经历又有不同。
第 277 页第 1 段	Rothstein 1998;Bowdler 2008。
第 280 页第 1 段	Coates 2014;Coates 2016a;Coates 2016b;Conyers 2015. 科茨提议通过众议员约翰·科尼尔斯(John Conyers)在 2015 年的国会议程中提出的立法,成立一个委员会来考虑对非裔美国人的补偿。立法提案用了"补救"和"赔偿"两个词来阐释其目的,呼吁委员会"承认"非裔美国人经受了"对基本权利的侵犯",并"就合理的补偿向国会提出建议"。

参考文献
BIBLIOGRAPHY

　　网络上能够找到的文献层出不穷，具体文档的地址可能经常变化。因此，虽然本书中引用的很多文献网络上都有，我并没有试图给出具体网址。不过，我相信，引文已经提供了足够的信息，读者搜索这些文件不会有什么困难。人口普查、劳工统计局和学区数据唾手可得，我就没再提供引文来源。少数情况下只能在网络上找到某篇文献，而且我判断找起来并不容易，则提供了网址，但我只能保证该网址在本书付印前不久是准确的。

　　本书的一个主题就是，"法律上的"种族隔离的种种侧面一度为人所熟知，但我们一直压抑对这段历史的记忆，因为面对它似乎太让人气馁。本书的目的就是要让读者重新熟悉这些证据。正如文献来源所示，本书中有些研究具有独创性，但大多数情况下我只是总结了一些现有的，但已不为很多人所知的文献。

　　有两本较早的著作对"法律上的"种族隔离进行了概述，这两部作品帮助我构建了后来的研究和想法，将"法律上的"种族隔离的方方面面整合在一起。对这两部文献的引用并不足以代表它们的价值，我希望读者明白，我在形成自己的思想框架时，对这两部文献依赖颇多。很多时候，是它们带我走向更为详细的文献。

　　对我影响最大的两部概述：罗伯特·韦弗的《黑人聚居区》及詹姆斯·A.库什纳（James A. Kushner）足有一本书那么长的法律评论文章《美国的种族隔离》(*Apartheid in America*, 1980)。我在研究的早期阶段就读了这两部著作，而且，无论我怎么强调每一部著作对我构建后来的研究与思想的影响都不为过。肯尼斯·杰克逊（Kenneth Jackson）的《杂草的前沿》(*Crabgrass Frontier*, 1985)让我们注意到，联邦住房管理局在创建白人专享的近郊住宅区中的作用并不仅仅是通过单个的抵押贷款保险计划实现的，还有它对大规模开发种族隔离住宅的资金支持。这个领域的大多数学术成就都可以追溯到这本具有开创性的著作以及道格拉斯·梅西与南希·丹顿（Nancy Denton）合著的《美国式种族隔离》（American Apartheid）。还有两本近期的著作，是关于个别城市的隔离史的，也帮助我形成了在本书中的整体观点：阿诺德·R. 赫希（Arnold R. Hirsch）的《建设第二个聚居区：1940—1960 年芝加哥的种族与住房》（Making the Second Ghetto: Race and Housing in Chicago, 1940—1960），该书最初于 1983 年出版，1998 年做了修订；另一本则是托马斯·J. 萨格鲁（Thomas J. Sugrue）的《城市危机的起源：战后底特律的种族与不平等》（The Origins of Urban Crisis: Race and Inequality in Postwar Detroit, 1996）。

我对这 6 本文献的引用无法充分表达它们给我的帮助。如果诸君有兴趣更深入地钻研本书的各个主题，我建议各位先熟悉一下这几本文献，再去研读参考文献中列出的范围更窄、主题更为集中的著作。

我还推荐米歇尔·亚历山大的《新吉姆·克罗》。居住隔离是我们现在的种族问题的基础，而通常在并没有充足理由的情况下对年轻黑人男性的大规模羁押是最为严重的。在居住领域对这个国家进行种族融合是一个长期的项目，但是，刑事司法体系把矛头对准居住在黑人社区的年轻男性，这是个迫在眉睫的危机，是我们只要愿意就可以马上解决的问题。理解《新吉姆·克罗》中的分析可以成为第一步。

访谈

我对史蒂文森家族和梅里戴家族成员个人历史的描述基于我对他们的访谈——有些是当面进行的，有些是通过电话或电子邮件。我的访谈对象包括小罗伯特·梅里戴（Robert Mereday Jr.）的侄子帕姆·哈里斯、勒罗伊·梅里戴的女儿即文斯·梅里戴的姐姐雪莉·霍尔西（Shirley Haulsey）、罗伯特·梅里戴的儿子小罗伯特·梅里戴、弗兰克·史蒂文森，以及他的妻子芭芭拉和他的女儿特里·史蒂文森。

法院与机构诉讼案件

Arlington Heights v. Metropolitan Housing Corp. 1977. U.S. Supreme Court, 429 U.S. 252.

Banks v. Housing Authority of City and County of San Francisco. 1953. District Court of Appeal, First District, Division 1, California. 120 Cal. App. 2d 1.

Barrows v. Jackson. 1953. U.S. Supreme Court, 346 U.S. 249.

Birmingham v. Monk. 1950. U.S. Court of Appeals, Fifth Circuit, 185 F.2d 859.

Bob Jones University v. United States. 1983. U.S. Supreme Court, 461 U.S. 574.

Bowen v. City of Atlanta. 1924. Supreme Court of Georgia, 159 Ga. 145.

Bradley v. Milliken. 1971. U.S. District Court, Eastern District of Michigan, Southern Division, 338 F. Supp. 582.

Brown v. Board of Education. 1954. U.S. Supreme Court, 347 U.S. 483.

Buchanan v. Warley. 1917. U.S. Supreme Court, 245 U.S. 60.

Civil Rights Cases. 1883. U.S. Supreme Court, 109 U.S. 3.

Claremont Improvement Club v. Buckingham. 1948. District Court of Appeal, First District, Division 2, California. 89 Cal. App. 2d 32.

Cleveland v. Ameriquest. 2009. U.S. District Court, Northern District Of Ohio, Eastern Division, 1:08 cv 139.

Correll v. Earley. 1951. Supreme Court of Oklahoma, 205 Okla. 366.

Corrigan v. Buckley. 1926. U.S. Supreme Court, 271 U.S. 323.

Creve Coeur v. Weinstein. 1959. St. Louis Court of Appeals, Missouri, 329 S.W.2d 399.

Dailey v. Lawton. 1970. U.S. Court of Appeals, Tenth Circuit, 425 F.2d 1037.

Davis v. Elmira Savings Bank. 1896. U.S. Supreme Court, 161 U.S. 275.

Dorsey v. Stuyvesant Town Corporation. 1949. Court of Appeals of New York, 299 N.Y. 512, July 19.

Dowdell v. Apopka. 1983. U.S. Court of Appeals, Eleventh Circuit, 698 F.2d 1181, February 28.

Euclid v. Ambler. 1926. U.S. Supreme Court, 272 U.S. 365.

Franklin National Bank v. New York. 1954. U.S. Supreme Court, 347 U.S. 373.

Freeman v. Pitts. 1992. U.S. Supreme Court, 503 U.S. 467.

Garrett v. Hamtramck. 1974. U.S. Court of Appeals, Sixth Circuit, 503 F.2d 1236.

Garrett v. Hamtramck. 1975. U.S. District Court, Eastern District of Michigan, 394 F.

Supp. 1151.

Harmon v. Tyler. 1927. U.S. Supreme Court, 273 U.S. 68.

Hills v. Gautreaux. 1976. U.S. Supreme Court, 425 U.S. 284.

Hurd v. Hodge. 1948. U.S. Supreme Court, 334 U.S. 24.

Independent Metal Workers, Locals 1 & 2 (Hughes Tool Co.). 1964. National Labor Relations Board, 147 N.L.R.B. 1573.

James v. Marinship. 1944. Supreme Court of California, 25 Cal.2d 721.

James v. Valtierra. 1971. U.S. Supreme Court, 402 U.S. 137.

Jones v. Mayer. 1968. U.S. Supreme Court, 392 U.S. 409.

Kennedy v. Housing Authority of Savannah. 1960. Superior Court of Chatham County, Georgia, Case No. 2004 [*Race Relations Law Reporter* 5 (1960): 804–7].

Levitt v. Division Against Discrimination. 1960. Supreme Court of New Jersey, 31 N.J. 514.

Lyons v. Wallen. 1942. Oklahoma Supreme Court, 191 Okla. 567.

Marshall v. Bramer. 1987. U.S. Court of Appeals, Sixth Circuit, 828 F.2d 355.

Mayers v. Ridley. 1972. U.S. Court of Appeals, District of Columbia Circuit. 465 F. 2d 630.

Milliken v. Bradley. 1974. U.S. Supreme Court, 418 U.S. 717.

Parents Involved in Community Schools v. Seattle School District No. 1, et al. 2007. U.S. Supreme Court, 551 U.S. 701.

Park View Heights v. Black Jack. 1972. U.S. Court of Appeals, Eighth Circuit, 407 F. 2d 1208.

Progress Development Corp. v. Mitchell, 1960. U.S. District Court, Northern District of Illinois, 182 F.Supp. 681.

Richmond v. Deans. 1930. U.S. Supreme Court, 281 U.S. 704.

Shelley v. Kraemer. 1948. U.S. Supreme Court, 334 U.S. 1.

Texas Dept. of Housing v. Inclusive Communities Project. 2015. U.S. Supreme Court, 576 U.S. _.

U.S. v. Black Jack. 1974. U.S. Court of Appeals, Eighth Circuit, 508 F. 2d 1179.

Weiss v. Leaon. 1949. Supreme Court of Missouri, Division No. 1, 359 Mo. 1054.

文章、著作、论文、证词及档案材料

Abrams, Charles. 1951. "The New 'Gresham's Law of Neighborhoods' —Fact or Fiction." *Appraisal Journal* 19 (3), July: 324–37.

Abrams, Charles. 1955. "Housing, Segregation, and the Horne Case." *Reporter* 13, October 6: 30–33.

Advisory Committee on Zoning. 1926. *A Zoning Primer*, rev. ed. Advisory Committee on Zoning, U.S. Department of Commerce. Washington, D.C.: U.S. Government Printing Office.

Afro American. 1942. "Ethridge Should Resign from President's FEPC." Baltimore: Vol. 50 (July 11): 4.

Alancraig, Helen Smith, 1953. *Codornices Village: A Study of Non-Segregated Public Housing in the San Francisco Bay Area.* M.A. thesis, University of California.

Alexander, Michelle. 2010. *The New Jim Crow: Mass Incarceration in the Age of Color Blindness.* New York: New Press.

Alsberg, Elsa. 1960. "Statements of Miss Elsa Alsberg, Executive Director, Palo Alto Fair Play Council, and Lee B. Spivak, Real Estate Salesman." In USCCR 1960, 636–57.

American City Planning Institute. 1918. *Proceedings of the Tenth National Conference on City Planning.* St. Louis, May 27–29.

American Psychological Assocation. 2015. "Brief of *Amicus Curiae* the American Psychological Association in Support of Respondents, *Fisher v. University of Texas*," November 2.

Angelou, Maya. 1969, 2015. *I Know Why the Caged Bird Sings.* New York: Random House.

Archibald, Katherine. 1947. *Wartime Shipyard.* Berkeley: University of California Press.

Architectural Forum. 1945. "Bohannon Building Team." Vol. 82, June: 172.

Architectural Forum. 1947. "The Industrialized House: The Greatest House-Building Show on Earth." Vol. 86 (3), March: 105–13.

Ashmore, Harry S. 1989. *Unseasonable Truths: The Life of Robert Maynard Hutchins.* Boston: Little, Brown.

Atlanta. 1922. *The Atlanta Zone Plan.* City of Atlanta, City Planning Commission.

Atlas, John, and Peter Dreier. 1994. "Public Housing: What Went Wrong?" *Shelterforce* 74, October–November.

Avery, Robert B., Glenn B. Canner, and Robert E. Cook. 2005. "New Information Reported under HUDA and Its Application in Fair Lending Enforcement." *Federal Reserve Bulletin*, Summer: 344–94.

Ayres, R. Drummond, Jr. 1971. "Bulldozers Turn Up Soil and Ill Will in a Suburb of St. Louis." *New York Times*, January 18.

Bagli, Charles V. 2010. "A New Light on a Fight to Integrate Stuyvesant Town." *New York Times*, November 21.

Baltimore (Mayor and City Council of). 2011. "Second Amended Complaint for Declaratory and Injunctive Relief and Damages." In *Baltimore v. Wells Fargo*, Civil Case No. JFM-08-62, filed in U.S. District Court for the District of Maryland, April 7.

Baltimore Sun. 1975. "Transit Fears in Anne Arundel" (Editorial). April 22.

Barbour, W. Miller. 1952. *An Exploratory Study of Socio-Economic Problems Affecting the Negro-White Relationship in Richmond, California*. National Urban League and United Community Defense Services, November–December.

Barr, Michael S. 2009. "Community Reinvestment Emerging from the Housing Crisis." In "Revisiting the CRA: Perspectives on the Future of the Community Reinvestment Act," *Community Development Investment Review* 4 (1), February.

Bartelt, David. 1993. "Housing the Underclass." In Michael B. Katz, ed., *The Underclass Debate: Views from History*. Princeton: Princeton University Press.

Bartholomew, Harold. 1932. "Planning for Residential Districts. Chapter II. Report of Committee on Subdivision Layout." In John M. Gries and James Ford, eds., *Planning for Residential Districts: The President's Conference on Home Building and Home Ownership*. Washington, D.C.: National Capital Press.

Bauman, John F. 1987. *Public Housing, Race, and Renewal*. Philadelphia: Temple University Press.

Baxandall, Rosalyn, and Elizabeth Ewen. 2000. *Picture Windows: How the Suburbs Happened*. New York: Basic Books.

Beckles, Jovanka. Online. "The Gary Family of Richmond: Fighting for Equality and Standing for Their Rights." Richmond Black History.org.

Bell, Jeannine. 2008. "The Fair Housing Act and Extralegal Terror." *Indiana Law Review* 41 (3): 537–53.

Ben Joseph, Eran. Online. "Workers' Paradise: The Forgotten Communities of World War I. A Research Project by Prof. Eran Ben-Joseph."

Benjamin, Karen. 2012a. "City Planning, School Site Selection, and the Rise of Residential Segregation in the Urban South, 1890–1930." Paper presented at the annual meeting of the American Historical Association, Chicago, January.

———. 2012b. "Suburbanizing Jim Crow: The Impact of School Policy on Residential Segregation in Raleigh." *Journal of Urban History* 38 (2): 225–46.

———. 2013. "Segregation Built to Last: School Construction and the Formation of Segregated Housing Patterns in Interwar Houston." Paper presented at the conference

"The Past and Present of Race and Place in Houston, Texas," Rice University, February.

Benson, Jackson J. 1996. *Wallace Stegner: His Life and Work*. New York: Viking.

Berdahl-Baldwin, Audrey. 2015. *Housing Mobility Programs in the U.S. 2015*. Prepared for the Sixth National Conference on Housing Mobility, Chicago, June. Poverty and Race Research Action Council.

Berger, Joseph. 1998. "Judge Orders State to Help Yonkers Pay for Integration." *New York Times*, February 6.

Bernstein, Robert. 1955. "Supervisor Levin Relates Behind-Scenes Maneuvers." *Daily Palo Alto Times*, May 17.

Better Homes in America. 1926. *Guidebook for Better Homes Campaigns in Cities and Towns*. Publication no. 12.

Blackmon, Douglas A. 2008. *Slavery by Another Name*. New York: Doubleday.

Bloom, Irving N. 1955a. "Milpitas Housing Project. Memorandum of Meeting of April 15, 1955" and "Milpitas Housing Project. Memoranda of Meetings on April 18, 1955." Wayne State University, Walter Reuther Archives, UAW Fair Practices and Anti-Discrimination Department Collection, Folder 65-18 "Sunnyhills; memorandum, meeting reports, 1955," April 19.

——. 1955b. "Milpitas Housing Project. Memoranda of Meetings of April 19, 1955" and "Milpitas Housing Project. Memorandum of Special Meeting of the Board of Sanitation District No. 8." Wayne State University, Walter Reuther Archives, UAW Fair Practices and Anti-Discrimination Department Collection, Folder 65-18 "Sunnyhills; memorandum, meeting reports, 1955," April 21.

Bloom, Nicholas Dagen. 2008. *Public Housing that Worked: New York in the Twentieth Century*. Philadelphia: University of Pennsylvania Press.

Bobker, Lee, and Lester Becker. 1957. *Crisis in Levittown, PA*. Dynamic Films.

Bocian, Debbie Gruenstein, and Richard Zhai. 2005. *Borrowers in Higher Minority Areas More Likely to Receive Prepayment Penalties on Subprime Loans*. Center for Responsible Lending, January.

Boddie, Elise C. 2015. "Why Supreme Court Justices Should Celebrate College Diversity, Not Reject It." *New York Times*, December 8.

Boger, John Charles. 1993. "Toward Ending Residential Segregation: A Fair Share Proposal for the Next Reconstruction." *North Carolina Law Review* 71 (5), June:

1573–618.

Bonastia, Christopher. 2006. *Knocking on the Door: The Federal Government's Attempt to Desegregate the Suburbs*. Princeton: Princeton University Press.

Bowdler, Janis. 2008. "Creating a Fair Housing System Available to Hispanic Families." National Council of La Raza, September 22.

Bowly, Devereux, Jr. 1978. *The Poorhouse: Subsidized Housing in Chicago*, 2nd ed. Carbondale and Edwardsville: Southern Illinois University Press.

Braden, Anne. 1958. *The Wall Between*. New York: Monthly Review Press.

Bradford, Calvin. 2002. *Risk or Race? Racial Disparities and the Subprime Refinance Market*. Center for Community Change, May.

Braman, Donald. 2004. *Doing Time on the Outside: Incarceration and Family Life in Urban America*. Ann Arbor: University of Michigan Press.

Bremer, Fred, et al. 1979. *Relative Tax Burdens in Black and White Neighborhoods of Cook County*. School of Urban Sciences, University of Illinois at Chicago Circle, April 24.

Briggs, Wayne E. 1982. *Sunnyhills Methodist Church: A History. 1957–1982*. Sunnyhills Methodist Church, Milpitas.

Brilliant, Mark. 2010. *The Color of America Has Changed*. New York: Oxford University Press.

Brooks, Rick, and Ruth Simon. 2007. "Subprime Debacle Traps Even Very Credit-Worthy; As Housing Boomed, Industry Pushed Loans to a Broader Market." *Wall Street Journal*, December 3.

Broussard, Albert S. 1993. *Black San Francisco: The Struggle for Racial Equality in the West, 1900–1954*. Lawrence: University Press of Kansas.

Broussard, Albert S. 2001. "In Search of the Promised Land: African American Migration to San Francisco, 1900–1945." In Lawrence B. de Graaf, Kevin Mulroy, and Quintard Taylor, eds., *Seeking El Dorado: African Americans in California*, 181–209. Seattle: University of Washington Press.

Brown, Hubert Owen. 1973. *The Impact of War Worker Migration on the Public School System of Richmond, California, From 1940 to 1945*. Ph.D. dissertation, Stanford University.

Brown, Michael K., et al. 2003. *Whitewashing Race: The Myth of a Color-Blind Society*. Berkeley: University of California Press.

Buckley, Cara. 2010. "Tenants and Landlords Criticize Paterson's Rent Regulation

Proposal." *New York Times*, May 26.

Burns, James MacGregor. 1970. *Roosevelt: The Soldier of Freedom, 1940–1945*. New York: Harcourt Brace Jovanovich.

Busch, Andrew. 2013. "Building 'A City of Upper-Middle-Class Citizens': Labor Markets, Segregation, and Growth in Austin, Texas, 1950–1973." *Journal of Urban History* 39 (5), September: 975–96.

———. 2015. "Crossing Over: Sustainability, New Urbanism, and Gentrification in Austin, Texas." *Southern Spaces*, August 19.

California Eagle. 1943a. "Communiques from the Housing Front: Venice Race-Hate Meet Reported On." Vol. 64 (32), November 18: 1, 2.

———. 1943b. "Sugar Hill Residents Battle to Keep Homes." Vol. 63 (50), March 24: 1.

———. 1954. "Sugar Hill's Fate to Be Decided at Freeway Hearing." Vol. 73 (48), February 18: 1, 10.

Callan, Arnold. 1960. "Statement of Arnold Callan, Subregional Director, Region 6, United Auto Workers." In USCCR 1960: 799–802.

Cannato, Vincent J. 2010. "A Home of One's Own." *National Affairs* 3, Spring.

Capps, Kriston. 2015. "How the 'Black Tax' Destroyed African-American Homeownership in Chicago." *CityLab*, June 11.

Caro, Robert. 1975. *The Power Broker: Robert Moses and the Fall of New York*. New York: Vintage Books.

CDC. 2016. "National Current Asthma Prevalence (2014)." Centers for Disease Control and Prevention.

Chester Times. 1955. "Home Plan Submitted." March 16, p. 28. Online at *Newspaper Archives of Delaware County Library*.

Chester Times. 1956. "Court Rule Asked on Harvard Av. in Swarthmore Development Tiff." March 25, p. 1. Online at *Newspaper Archives of Delaware County Library*.

Choldin, Harvey M. 2005. "The Chicago Housing Authority." *Electronic Encyclopedia of Chicago*. Chicago Historical Society.

Chicago Defender. 1932. "Roosevelt Exposed as Rapid Jim Crower by Navy Order." October 15, p. 1.

Chused, Richard H. 2001. "Euclid's Historical Imagery." *Case Western Reserve Law Review* 51 (4), Summer: 597–616.

Clark, Charles D. 1938. "Federal Housing Administration Standards for Land

Subdivision." *Journal of the American Institute of Planners* 4 (5): 109–12.

Clark, Tom C., and Philip B. Perlman. 1947. "Brief for the United States as Amicus Curiae." *Shelley v. Kraemer*, 334 U.S. 1, December.

Cleveland Historical. Online. *Outhwaite Homes*. Center for Public History and Digital Humanities, Cleveland State University.

Clinton, William J., President. 1994. Executive Order. *Federal Actions to Address Environmental Justice in Minority Populations and Low-Income Populations*. February 11.

Coates, Ta-Nehisi. 2014. "The Case for Reparations." *Atlantic*, May 21.

——. 2016a. "The Case for Considering Reparations." *Atlantic*, January 27.

——. 2016b. "Ta-Nehisi Coates is Voting for Bernie Sanders Despite the Senator's Opposition to Reparations." *Democracy Now*, February 10.

Colby, Tanner. 2012. *Some of My Best Friends Are Black*. Viking.

Coleman, William T., Jr. 1982. Brief of amicus curiae in *Bob Jones University v. United States*, U.S. Supreme Court, 461 U.S. 574, August 25.

Collin, Robert W., and Robin Morris Collin. 1997. "Urban Environmentalism and Race." In June Manning Thomas and Marsha Ritzdorf, eds., *Urban Planning and the African American Community: In the Shadows*, 220–36. Thousand Oaks, Calif.: Sage.

Connerly, Charles E., and Bobby Wilson. 1997. "The Roots and Origins of African American Planning in Birmingham, Alabama." In June Manning Thomas and Marsha Ritzdorf, eds., *Urban Planning and the African American Community: In the Shadows*, 201–19. Thousand Oaks, Calif.: Sage.

Conyers, John. 2015. "H.R.40—Commission to Study Reparation Proposals for African-Americans Act." 114th Congress, 1st session (2015–16).

Cote Brilliante Presbyterian Church. Online. *Our History*.

Cotter, William G. 1951. "Dear Friend." Committee to End Discrimination in Levittown. Levittown Public Library archives.

Crisis. 1917. "Segregation." Vol. 15 (2), December: 69–73.

CUR 2011. *NYC Population Change: New York City Demographic Shifts, 2000 to 2010*. Center for Urban Research.

Daily Palo Alto Times. 1955. "Work Under Way at Milpitas on Pioneer Inter-Racial Subdivision." April 7.

Daniel & Beshara. Online. *Walker v. HUD*. http://www.danielbesharalawfirm.com/Pages/WalkervHUD.aspx.

Danielson, Michael N. 1976. *The Politics of Exclusion*. New York: Columbia University Press.

Danzer, Gerald A., et al. 2012. *The Americans: Reconstruction to the 21st Century*. Holt McDougal, Houghton Mifflin Harcourt.

Darrah, Jennifer, and Stefanie DeLuca. 2014. " 'Living Here has Changed My Whole Perspective' : How Escaping Inner-City Poverty Shapes Neighborhood and Housing Choice." *Journal of Policy Analysis and Management* 33 (2), Spring: 350–84.

Davies, Richard O. 1966. *Housing Reform During the Truman Administration*. Columbia: University of Missouri Press.

Davis, John P. 1933. "What Price National Recovery?" *Crisis* 40 (12), December: 271–72.

de Graaf, Lawrence B., and Quintard Taylor. 2001. "Introduction: African Americans in California History, California in African American History." In Lawrence B. de Graaf, Kevin Mulroy, and Quintard Taylor, eds., *Seeking El Dorado: African Americans in California*, 3–69. Seattle: University of Washington Press.

Dean, John P. 1947. "Only Caucasian: A Study of Race Covenants." *Journal of Land and Public Utility Economics* 23 (4), November: 428–32.

Devincenzi, Robert J., Thomas Gilsenan, and Morton Levine. 2004. *Milpitas: Five Dynamic Decades*. Milpitas, Calif.: City of Milpitas.

Dew, Charles B. 2000. "Tightening the Noose." *New York Times*, May 21.

Donohue, Mary M. 2014–15. "Housing Factory Workers During Wartime." *Connecticut Explored*, Winter.

Donovan, Doug. 2015. "Housing Policies Still Pin Poor in Baltimore, But Some Escape to Suburbs." *Baltimore Sun*, December 13.

Donovan, Shaun. 2011. "Prepared Remarks of Secretary Shaun Donovan during the Countrywide Settlement Press Conference." December 21.

Dowden-White, Priscilla A. 2011. *Groping Toward Democracy: African American Social Welfare Reform in St. Louis, 1910–1949*. Columbia: University of Missouri Press.

Drake, St. Clair, and Horace R. Cayton. 1945 (revised and enlarged, 1962). *Black Metropolis: A Study of Negro Life in a Northern City*. New York: Harper and Row.

Dresser, Michael, and Luke Broadwater. 2015. "Hogan Says No to Red Line, Yes to Purple." *Baltimore Sun*, June 25.

Dunn, Tom. 2013. "Mahwah and Mt. Laurel." Powerpoint presentation, Mahwah Museum, January 12.

Dunn-Haley, Karen. 1995. *The House that Uncle Sam Built: The Political Culture of Federal Housing Policy, 1919–1932*. Ph.D. dissertation, Stanford University.

ECH. 2011. "Central (Neighborhood)." *Encyclopedia of Cleveland History*.

Ecker, Frederick H. 1932. "Report of Committees on Home Finance and Taxation. Chapter I. Financing Home Ownership." In John M. Gries and James Ford, eds,. *Planning for Residential Districts: The President's Conference on Home Building and Home Ownership*. Washington, D.C.: National Capital Press.

Edozien, Frankie. 2004. "Kids Breathing Easier As Asthma Plummets." *New York Post*, January 14.

Evening Bulletin. 1955. "Swarthmore Gets Plans for Interracial Development." Philadelphia, April 12: 16.

Federal Reserve Board. Online. "Survey of Consumer Finances 2013."

FHA. 1935 (June 1); 1936 (April 1); 1938 (with revisions to February); 1947 (January 1); 1952 (January). *Underwriting Manual: Underwriting Analysis Under Title II, Section 203 of the National Housing Act*. Federal Housing Administration. Washington, D.C.: U.S. Government Printing Office.

Fishel, Leslie H., Jr. 1964–65. "The Negro in the New Deal Era." *Wisconsin Magazine of History* 48 (2), Winter: 111–26.

Flint, Barbara J. 1977. *Zoning and Residential Segregation: A Social and Physical History, 1910–1940*. Ph.D. dissertation, University of Chicago.

Foner, Philip S. 1974. *Organized Labor and the Black Worker, 1619–1973*. New York: Praeger.

Ford, James. 1931. "Factors of Bad Housing that Contribute to Ill Health." In Blanche Halbert, ed., *The Better Homes Manual*, 614–19. Chicago: University of Chicago Press.

Fordham Law Review. 1957. "Constitutional Aspects of Legislation Prohibiting Discrimination in Housing." Vol. 26 (4): 675–83.

Foreman, Clark. 1974. "Interview with Clark Foreman," November 16. *Oral Histories of the American South*, Interview B-0003. Southern Oral History Program Collection (#4007). University Library, University of North Carolina at Chapel Hill.

Fosl, Catherine. 1989. "Interview with Andrew Wade, November 8, 1989." *Anne Braden Oral History Project*, Louie B. Nunn Center for Oral History, University of Kentucky Libraries.

France, Edward Everett. 1962. *Some Aspects of the Migration of the Negro to the San Francisco Bay Area since 1940*. Ph.D. dissertation, University of California.

Freund, David M. P. 2007. *Colored Property: State Policy and White Racial Politics in Suburban America*. Chicago: University of Chicago Press.

Freund, Ernst. 1929. "Some Inadequately Discussed Problems of the Law of City Planning and Zoning." In *Planning Problems of Town, City and Region: Papers and Discussions at the Twenty-First National Conference on City Planning, held at Buffalo and Niagara Falls, New York, May 20 to 23, 1929*, 79–101. Philadelphia: William F. Fell.

Friend, Hallis, and Nancy Lund. 1974. *Ladera Lore*. Ladera, Calif.

Funigiello, Philip J. 1978. *The Challenge to Urban Liberalism: Federal-City Relations During World War II*. Knoxville: University of Tennessee Press.

German, Art. 1955. "Belle Haven Practices Eyed by State Official." *Palo Alto Times*, August 5. Reproduced in USCCR 1960, 645.

Goodwin, Doris Kearns. 1994. *No Ordinary Time: Franklin and Eleanor Roosevelt: The Home Front in World War II*. New York: Simon and Schuster.

Gordon, Colin. 2008. *Mapping Decline. St. Louis and the Fate of the American City*. Philadelphia: University of Pennsylvania Press.

Gotham, Kevin Fox. 2000. "Urban Space, Restrictive Covenants and the Origins of Racial Residential Segregation in a US City, 1900–1950." *International Journal of Urban and Regional Research* 24 (3), September: 616–33.

Grant, Joanne. 1992. "How Milpitas Became Integration 'Showplace.'" *San Jose Mercury News*, May 25: 1B, 5B.

Graves, Donna. 2004. *Mapping Richmond's World War II Home Front*. A Historical Report Prepared For National Park Service Rosie the Riveter/World War II Home Front National Historical Park, July.

Greenberg, Jack. 1959. *Race Relations and American Law*. New York: Columbia University Press.

Greenhouse, Linda. 1969. "Parkchester: Trouble in Paradise." *New York Magazine* 2 (7), February 17: 36–43.

Grier, Eunice, and George Grier. 1960. *Privately Developed Interracial Housing: An Analysis of Experience*. Berkeley: University of California Press.

——. 1962. *Case Studies in Racially Mixed Housing. Sunnyhills, Milpitas, California*. Prepared for Princeton Conference on Equal Opportunity in Housing. Washington, D.C.: Washington Center for Metropolitan Studies.

Gries, John M., and James S. Taylor. 1931. "Property Considerations in Selecting the

Home Site." In Blanche Halbert, ed., *The Better Homes Manual*, 87–95. Chicago: University of Chicago Press.

Gutierrez, Roberto, et al. 1990. *Baltimore Metro: An Initiative and Outcome in Rapid Public Transportation*. December 3. Johns Hopkins University.

Guzda, Henry P. 1980. "Frances Perkins' Interest in a New Deal for Blacks." *Monthly Labor Review* 103: 31–35.

Hamachi, Roy. 1954. *Postwar Housing in Richmond, California: A Case Study of Local Housing Developments in the Postwar Period*. Master's thesis, University of California, Berkeley.

Hamilton, Brady E., et al. 2015. "Births: Final Data for 2014." *National Vital Statistics Reports* 64 (12), December 23. National Center for Health Statistics.

Hancock, John. 1988. "The New Deal and American Planning: the 1930s." In Daniel Schaffer, ed., *Two Centuries of American Planning*, 197–230. Baltimore: Johns Hopkins University Press.

Hannah-Jones, Nikole. 2013. "Housing Crisis: Widespread Discrimination; Little Taste for Enforcement." *ProPublica*, June 11.

Hanson, Sam. 1955. "Off the Beat. Inter-Racial Issue Rears Its Ugly Head in Milpitas Housing." *Los Gatos Daily Times*, May 19.

Harris, Michael. 1955a. "Negro-White Project: A Bold Housing Plan for Milpitas." *San Francisco Chronicle*, January 26.

——. 1955b. "Sewer Fees Boosted At Inter-Racial Tract." *San Francisco Chronicle*, May 14.

Hayes, Edward C. 1972. *Power Structure and Urban Policy. Who Rules in Oakland?* New York: McGraw-Hill.

Hayward, Clarissa Rile. 2013. *How Americans Make Race*. New York: Cambridge University Press.

Hayward Area Historical Society. Online. "History of San Lorenzo."

Heathcott, Joseph. 2011. " 'In the Nature of a Clinic' : The Design of Early Public Housing in St. Louis." *Journal of the Society of Architectural Historians* 70 (1), March: 82–103.

Hennessey, Melinda Meek. 1985. "Racist Violence During Reconstruction: The 1876 Riots in Charleston and Cainhoy." *South Carolina Historical Magazine* 86 (2), April: 100–12.

Herbers, John. 1969. "Romney Making His Greatest Impact Outside Government by

Challenging U.S. Institutions." *New York Times*, May 15.

———. 1970. "Housing: Challenge to 'White Power' in the Suburbs." *New York Times*, November 15.

Herbert, Robert M. 1971. "Mahwah Accused of Zoning Bias." *Star Ledger* (Newark), January 29.

Herbold, Hilary. 1994–95. "Never a Level Playing Field: Blacks and the GI Bill." *Journal of Blacks in Higher Education* 6, Winter: 104–8.

Herr, Philip B. 2002. "Zoning for Affordability in Massachusetts: An Overview." *NHC Affordable Housing Policy Review* 2 (1), January: 3–6.

Hill, Walter B., Jr. 2005. "Finding Place for the Negro: Robert C. Weaver and the Groundwork for the Civil Rights Movement." *Prologue: Journal of the National Archives* 37 (1).

Hills, Patricia. 2010. *Painting Harlem Modern: The Art of Jacob Lawrence*. Berkeley: University of California Press.

Hinton, Harold B. 1949. "No Change Viewed in Work of F.H.A." *New York Times*, December 4.

Hirsch, Arnold R. 1983, 1998. *Making the Second Ghetto: Race and Housing in Chicago, 1940–1960*. University of Chicago Press.

———. 1995. "Massive Resistance in the Urban North: Trumbull Park, Chicago, 1953–1966." *Journal of American History* 82 (2), September: 522–50.

———. 2000a. "Choosing Segregation. Federal Housing Policy Between Shelley and Brown." In John F. Bauman, Roger Biles, and Kristin M. Szylvian, eds., *From Tenements to the Taylor Homes: In Search of an Urban Housing Policy in Twentieth Century America*, 206–225. University Park: Pennsylvania State University Press.

———. 2000b. "Searching for a 'Sound Negro Policy': A Racial Agenda for the Housing Acts of 1949 and 1954." *Housing Policy Debate* 11 (2): 393–441.

———. 2005. *"The Last and Most Difficult Barrier": Segregation and Federal Housing Policy in the Eisenhower Administration, 1953–1960*. Poverty and Race Research Action Council, March 22.

Hogan, James. 1996. *Scattered-Site Housing: Characteristics and Consequences*. Prepared for the U.S. Department of Housing and Urban Development, Office of Policy Development and Research, September.

Holliman, Irene V. 2008. "Techwood Homes." *New Georgia Encyclopedia* (edited by

NGE staff in 2013).

Houlihan, Joseph. 2010. "Integrating the Suburbs: A Park Forest Case Study." *Cities in the 21st Century* 2 (1), Article 4. Online at Macalester College Digital Commons.

Hoover, Herbert. 1931. "Address to the White House Conference on Home Building and Home Ownership." December 2. Online at the American Presidency Project.

Hoover, Herbert. 1932. "Foreword." In John M. Gries and James Ford, eds., *Planning for Residential Districts: The President's Conference on Home Building and Home Ownership*. Washington, D.C.: National Capital Press.

Hope, Andrew. 2011. *Tract Housing in California, 1945–1973: A Context for National Register Evaluation*. Sacramento: California Department of Transportation.

Houston, Charles H., and John P. Davis. 1934. "TVA: Lily-White Reconstruction." *Crisis* 41 (10), October: 290–91, 311.

Hoyt, Homer. 1939. *The Structure and Growth of Residential Neighborhoods in American Cities*. Washington, D.C.: Federal Housing Administration. Washington, D.C. USGPO.

HUD (United States Department of Housing and Urban Development). 2016. "HUD Announces New Approach to Expand Choice and Opportunity for Section 8 Voucher Holders in Certain Housing Markets." Press Release, HUD No. 16-173, November 15.

Hughes, Langston. 1940. *The Big Sea*. New York: Hill and Wang.

Hutchison, Janet. 1997. "Building for Babbitt: The State and the Suburban Home Ideal." *Journal of Policy History* 9 (2): 184–210.

ICP. 2008. *Inclusive Communities Project v. Texas Department of Housing and Community Affairs*, Civil Action No. 308 CV-546-D, filed in U.S. District Court, Northern District of Texas, Dallas Division, March 28, complaint.

Immergluck, Dan, and Geoff Smith. 2006. "The External Costs of Foreclosure: The Impact of Single-Family Mortgage Foreclosures on Property Values." *Housing Policy Debate* 17: 57–79.

Jackson, Kenneth T. 1985. *Crabgrass Frontier*. New York: Oxford University Press.

Johnson, Charles S. 1932. "Negro Housing: Report of the Committee on Negro Housing." In John M. Gries and James Ford, eds., *The President's Conference on Home Building and Home Ownership*. Washington, D.C.: National Capital Press.

Johnson, Charles S., Herman H. Long, and Grace Jones. 1944. *The Negro War Worker in San Francisco: A Local Self-Survey*. Race Relations Program of the American Missionary Association.

Johnson, Elaine D. 1960. "Survey of Peninsula Realtors to Determine Devices Used to Enforce Racial Segregation and Realtors' Attitudes toward Negroes." Exhibit 2 to "Prepared Statement of Mrs. Tarea Hall Pittman," Acting Regional Secretary, West Coast Region, National Association for the Advancement of Colored People. In USCCR 1960, 722–36.

Johnson, Marilyn S. 1993. *The Second Gold Rush: Oakland and the East Bay in World War II*. Berkeley: University of California Press.

Julian, Elizabeth K., and Michael M. Daniel. 1989. "Separate and Unequal: The Root and Branch of Public Housing Segregation." *Clearinghouse Review* 23: 666–76.

Kahrl, Andrew W. 2015. "Capitalizing on the Urban Fiscal Crisis: Predatory Tax Buyers in 1970s Chicago." *Journal of Urban History*, May.

Kantrowitz, Stephen. 2000. *Ben Tillman and the Reconstruction of White Supremacy*. Chapel Hill: University of North Carolina Press.

Katznelson, Ira. 2005. *When Affirmative Action Was White*. New York: W. W. Norton.

———. 2013. *Fear Itself*. New York: W. W. Norton.

Kennedy, Randall. 2013. *For Discrimination: Race, Affirmative Action, and the Law*. New York: Pantheon.

Khadduri, Jill, Larry Buron, and Carissa Climaco. 2006. *Are States Using the Low Income Housing Tax Credit to Enable Families with Children to Live in Low Poverty and Racially Integrated Neighborhoods?* Poverty & Race Research Action Council, July 26.

Kifer, Allen Francis. 1961. *The Negro Under the New Deal, 1933–1941*. Ph.D. dissertation, University of Wisconsin.

Kimble, John. 2007. "Insuring Inequality: The Role of the Federal Housing Administration in the Urban Ghettoization of African Americans." *Law and Social Inquiry* 32 (2), Spring: 399–434.

King, Desmond. 1995. *Separate and Unequal: Black Americans and the U.S. Federal Government*. Oxford: Clarendon Press.

Kingkade, Tyler. 2015. "Clemson Officially Denounces 'Pitchfork Ben,' A Racist Founder of the School." *Huffington Post*, July 20.

Kirp, David L. 1982. *Just Schools: The Idea of Racial Equality in American Education*. Berkeley: University of California Press.

Koch & Fowler, Consulting Engineers. 1928. *A City Plan for Austin, Texas*. Reprinted by Austin, Texas, Department of Planning, February 1957.

Krefetz, Sharon P. 2000–1. "The Impact and Evolution of the Massachusetts Comprehensive Permit and Zoning Appeals Act: Thirty Years of Experience with a State Legislative Effort to Overcome Exclusionary Zoning." *Western New England Law Review* 22.

Kushner, David. 2009. *Levittown: Two Families, One Tycoon, and the Fight for Civil Rights in America's Legendary Suburb*. New York: Walker & Co.

Kushner, James A. 1979. "Apartheid in America: An Historical and Legal Analysis of Contemporary Racial Segregation in the United States." *Howard Law Journal* 22: 547–685.

Lamb, Charles M. 2005. *Housing Segregation in Suburban America Since 1960: Presidential and Judicial Politics*. New York: Cambridge University Press.

Lambert, Bruce. 1997. "At 50, Levittown Contends With Its Legacy of Bias." *New York Times*, December 28.

Lang, William L. 1979. "The Nearly Forgotten Blacks on Last Chance Gulch, 1900–1912." *Pacific Northwest Quarterly* 70 (2), April: 50–57.

Lapsansky-Werner, Emma J. et al. 2016. *United States History: Reconstruction to the Present*. Pearson Education.

Larrabee, Eric. 1948. "The Six Thousand Houses that Levitt Built." *Harper's* 197, September: 79–88.

Larson, Erik. 2011. *In the Garden of Beasts*. New York: Crown.

Lathers, Ellis. 1960. "From Segregation to Community." *Crisis*, October: 513–19.

Laurenti, Luigi M. 1952. "Effect of Nonwhite Purchases on Market Prices of Residences." *Appraisal Journal* 20 (3): 314–29.

Laurenti, Luigi. 1960. *Property Values and Race; Studies in Seven Cities. Special Research Report to the Commission on Race and Housing*. Berkeley: University of California Press.

Leler, Harold C., and Hazel Leler. 1960. "Statement." In USCCR 1960, 654.

Lemann, Nicholas. 1991. *The Promised Land: The Great Black Migration and How It Changed America*. New York: Alfred A. Knopf.

Leppert, Adele. 1959. Untitled statement, December 29. In USCCR 1960, 657.

Levine, Sheen S., et al. 2014. "Ethnic Diversity Deflates Price Bubbles." *Proceedings of the National Academy of Sciences of the United States* 111 (52), December 30: 18524–29.

Levine, Sheen S., and David Stark. 2015. "Diversity Makes You Brighter." *New York*

Times, December 9.

Leviner, Sagit. 2004. "Affordable Housing and the Role of the Low Income Housing Tax Credit Program: A Contemporary Assessment." *Tax Lawyer* 57, Summer: 869–904.

Lilley, William, III. 1970. "Housing Report. Romney Faces Political Perils with Plan to Integrate Suburbs." *National Journal* 2, October 17: 2251–63.

Link, Terry. 1971. "The White Noose: How Racist Federal Policies Put a Stranglehold on the City." *San Francisco*, November: 26–29, 53–56.

Little (Arthur D. Little, Inc.). 1973. *A Study of Property Taxes and Urban Blight*. Prepared for the U.S. Department of Housing and Urban Development, January. Washington, D.C.: U.S. Government Printing Office.

Loewen, James. 2005. *Sundown Towns*. New York: Simon and Schuster.

Logan, John R., and Brian Stults. 2011. *The Persistence of Segregation in the Metropolis: New Findings from the 2010 Census*. Census brief prepared for Project US2010, Brown University, March 24.

Logan, John R., et al. 2015. "Creating the Black Ghetto: Black Residential Patterns Before and During the Great Migration." *Annals of the American Academy of Political and Social Science* 660, July: 18–35.

Long, Herman H., and Charles S. Johnson. 1947. *People vs. Property: Race Restrictive Covenants in Housing*. Nashville, Tenn.: Fisk University Press.

Lopoo, Leonard, and Thomas DeLeire. 2012. *Pursuing the American Dream: Economic Mobility Across Generations*. Washington, D.C.: Pew Charitable Trusts, Economic Mobility Project, July.

Los Angeles Sentinel. 1947a. "Five Negroes Killed in City's Worst Blast." February 27: 1–5.

———. 1947b. "Explosion Spotlights Ghetto Housing, Evils of Zoning Methods." February 27: 1–2.

———1947c. "Survey." *Los Angeles Sentinel*, March 6: 2.

Lyons, Christopher J., and Becky Pettit. 2011. "Compounded Disadvantage: Race, Incarceration, and Wage Growth." *Social Problems* 58 (2), May: 257–80.

Lyons, Arthur. 1982. "The Urban Property Tax and Minorities." In Illinois Advisory Committee to the U.S. Commission on Civil Rights, *Housing: Chicago Style—A Consultation*. October, 73–78.

Mandelker, Daniel R. 1977. "Racial Discrimination and Exclusionary Zoning: A

Perspective on *Arlington Heights.*" *Texas Law Review* 55: 1217–53.

Marshall, Thurgood. 1944. "Negro Status in the Boilermakers Union." *Crisis* 51 (3), March: 77–78.

——. 1949. "Memorandum to the President of the United States Concerning Racial Discrimination by the Federal Housing Administration." February 1, p. 18. Proquest History Vault, NAACP Papers. Group II, Series A, General Office File, 1940–1955: Housing; Folder: 001521-009-0592 (Racial discrimination and FHA loan policies), Library of Congress (NAACP).

Massey, Douglas S., and Nancy A. Denton. 1993. *American Apartheid: Segregation and the Making of the Underclass.* Cambridge, Mass.: Harvard University Press.

Massey, Douglas S., et al. 2013. *Climbing Mount Laurel: The Struggle for Affordable Housing and Social Mobility in an American Suburb.* Princeton: Princeton University Press.

Mazzara, Alicia, and Barbara Sard. 2016. Analysis of Data from "Picture of Subsidized Households," Center on Budget and Policy Priorities and Office of Policy Development and Research, U.S. Department of Housing and Urban Development.

McClure, Kirk, Alex F. Schwartz, and Lydia B. Taghavi. 2014. "Housing Choice Voucher Location Patterns a Decade Later." *Housing Policy Debate* 25 (2): 215–33.

McDonald, Hugh. 1970. " 'Integrate or Lose Funds.' Warren was Given Romney Ultimatum." *Detroit News*, July 24.

McEntire, Davis. 1960. *Residence and Race: Final and Comprehensive Report to the Commission on Race and Housing.* Berkeley: University of California Press.

McGhee, Fred L. 2015. "Rosewood Courts Historic District." National Register of Historic Places Registration Form, U.S. Department of the Interior, National Park Service, April 1.

McGovney, D. O. 1945. "Agreements, Covenants, or Conditions in Deeds Is Unconstitutional." *California Law Review* 33 (1), March: 5–39.

McPherson, James Alan. 1972. " 'In My Father's House There Are Many Mansions— And I'm Going to Get Me Some of Them Too' : The Story of the Contract Buyers League." *Atlantic Monthly*, April: 52–82.

McPherson, James M. 1996. "Parchman's Plantation." *New York Times*, April 28.

McWilliams, Carey. 1949. "The Evolution of Sugar Hill." *Script*, March: 24–35.

Memphis and Shelby County. 2011. "First Amended Complaint for Declaratory and Injunctive Relief and Damages" in *Memphis v. Wells Fargo*, Case 2:09-cv-02857-

STA-dkv, filed in U.S. District Court for the Western District of Tennessee, Western Division. April 7.

Merton, Robert K. 1941. "Intermarriage and the Social Structure: Fact and Theory." *Psychiatry* 4, August: 361–74. Reprinted in Robert King Merton, ed. 1976. *Sociological Ambivalence and Other Essays*. New York: Free Press, 217–250.

Metzger, Molly W. 2014. "The Reconstruction of Poverty: Patterns of Housing Voucher Use, 2000 to 2008." *Housing Policy Debate* 24 (3): 544–67.

Miller, Loren. 1946. "Covenants in the Bear Flag State." *Crisis* 53 (5), May: 138–40, 155.

——. 1964. "Government's Responsibility for Residential Segregation." In John H. Denton, ed., *Race and Property*, 58–76. Berkeley, Calif.: Diablo Press.

——. 1965a. "Testimony." *Transcripts, Depositions, Consultants Reports, and Selected Documents of the Governor's Commission on the Los Angeles Riots*, Vol. 10. October 7.

——. 1965b. "Relationship of Racial Residential Segregation to Los Angeles Riots." *Transcripts, Depositions, Consultants Reports, and Selected Documents of the Governor's Commission on the Los Angeles Riots*, Vol. 10, October 7.

Milpitas Post (probably, but unidentified). 1955 or 1956. "Loan Group Hits Public Housing Idea."

Milwaukee Journal. 1952. "Negro Sticks to New Home." March 6.

Mohl, Raymond A. 1987. "Trouble in Paradise: Race and Housing in Miami During the New Deal Era." *Prologue: Journal of the National Archives* 19, Spring.

——. 2000. "Planned Destruction. The Interstates and Central City Housing." In John F. Bauman, Roger Biles, and Kristin M. Szylvian, eds., *From Tenements to the Taylor Homes: In Search of an Urban Housing Policy in Twentieth Century America*, 226–45. University Park: Pennsylvania State University Press.

——. 2001. "Whitening Miami: Race, Housing, and Government Policy in Twentieth-Century Dade County." *Florida Historical Quarterly* 79 (3), Winter: 319–45.

——. 2002. *The Interstates and the Cities: Highways, Housing, and the Freeway Revolt: Urban Expressways and the Central Cities in Postwar America*. Washington, D.C.: Poverty & Race Research Action Council.

Monchow, Helen C. 1928. *The Use of Deed Restrictions in Subdivision Development*. Chicago: Institute for Research in Land Economics and Public Utilities.

Mondale, Walter F. 2015. "Former Vice President Walter Mondale on Housing Policy." C-Span.org, September 1.

Moore, Elizabeth. 1963. "I Sold a House to a Negro." *Ebony* 18 (12): 92–100.

Moore, Shirley Ann Wilson. 2000. *To Place Our Deeds: The African American Community in Richmond, California 1910–1963*. Berkeley: University of California Press.

Morsy, Leila, and Richard Rothstein. 2015. *Five Social Disadvantages that Depress Student Performance*. Washington, D.C.: Economic Policy Institute.

———. 2016. *Mass Incarceration and Children's Outcomes*. Washington, D.C.: Economic Policy Institute.

Munzel, Steve. 2015. E-mail correspondence between archives director, Milpitas Historical Society and author's research assistant Jenna Nichols, September 4.

Myrdal, Gunnar. 1944. *An American Dilemma: The Negro Problem and Modern Democracy*. New York: Harper & Brothers.

National Coalition for the Homeless, et al. 2009. *Foreclosure to Homelessness 2009*. Washington, D.C.: National Coalition for the Homeless.

Nguyen, James. 2011. "Yield-Spread Premiums Prohibited Under New Loan Origination Compensation and Steering Rules." *Berkeley Business Law Journal Network*, March 7.

Nichols, Jesse Clyde. 1923. "When You Buy a Home Site You Make an Investment: Try to Make It a Safe One." *Good Housekeeping* 76 (2), February: 38–39, 172–76.

Nix, Mindy. Undated. "UAW Newsletter Article." In the Paul Davidson Papers, Collection Number 4250, Division of Rare and Manuscript Collections, Cornell University Library, "The Mahwah Project, Box 6, Folder 18."

Nixon, Richard. 1973. "Special Message to the Congress Proposing Legislation and Outlining Administration Actions to Deal with Federal Housing Policy." American Presidency Project, September 19.

Northrup, Herbert R. 1943. "Organized Labor and Negro Workers." *Journal of Political Economy* 51 (3), June: 206–21.

NPS. Online. *Rosie the Riveter WWII Home Front: History and Culture*. National Park Service, U.S. Department of the Interior.

NYCHA. 1970. "Minutes of Meeting with Woodside Tenant Council, November 23." New York City Housing Authority, Research and Reports Division, September 1, 1954. In NYCHA Archives (LaGuardia Community College), Box # 0067A2 Folder # 15; Folder Title: WOODSIDE HOUSES—MSGRS + SUPERINTENDENTS MEETINGS; PROJECT SURVEY RPTS; INCIDENTS RPTS. Date (Range): 1959–1975.

NYT. 1910. "Baltimore Tries Drastic Plan of Race Segregation." *New York Times*,

December 25.

———. 1914. "President Resents Negro's Criticism." *New York Times*, November 13.

———. 1922. "F.D. Roosevelt to be Building Arbiter." *New York Times*, May 15.

———. 1936. "New Standard in Harlem Housing Is Set by Clinic and Amphitheatre." *New York Times*, June 14.

———. 1938. "120-Acre Housing Will Rise in Bronx as Private Project." *New York Times*, April 8.

———. 1947a. "1st Buildings Open in Housing Groups." *New York Times*, May 30.

———. 1947b. "20,000 Seek Homes. First 10 Chosen." *New York Times*, July 29.

———. 1947c. "Race Housing Plea Quashed by Court." *New York Times*, July 29.

———. 1950a. "Stuyvesant Town to Admit Negroes after a Controversy of Seven Years." *New York Times*, August 25.

———. 1950b. "4 Say Levittown Refuses Leases After Children Play With Negroes." *New York Times*, December 5.

———. 1951. "Bias Appeal Dismissed." *New York Times*, October 30.

———. 2016. "The Racist Roots of a Way to Sell Homes" (editorial). *New York Times*, April 29.

O'Dea, Colleen. 2015. "COAH Is History: State's Top Court Declares Troubled Agency 'Moribund'." *New Jersey Spotlight*, March 11.

O'Neil, Tim. 2010. "A Look Back—St. Louis Factory Loaded America's Weapons During World War II." *St. Louis Post-Dispatch*, June 27.

Ogden, Karen. 2007. "Uncovering Black History in Montana." *Great Falls Tribune*, February 5.

Oldman, Oliver, and Henry Aaron. 1965. "Assessment-Sale Ratios under the Boston Property Tax." *National Tax Journal* 18 (1), March: 36–49.

Oliver, William H. 1955. "Letter to Irving Bloom, enclosing draft of letter to Wilbur F. Warner," July 19. Wayne State University, Walter Reuther Archives, UAW Fair Practices and Anti-Discrimination Department Collection, Folder 65-18.

———. 1957. "Status of UAW Sponsored Housing Development—Sunnyhills." February 6. Wayne State University, Walter Reuther Archives, UAW Fair Practices and Anti-Discrimination Department Collection, Folder 65-10.

Oliver, William H., and Arnold Callan. 1955. "Letter to Eugene B. Jacobs, Deputy Attorney General." July 25. Wayne State University, Walter Reuther Archives, UAW

Fair Practices and Anti-Discrimination Department Collection, Folder 65-29.

Olson, Lynne. 2013. *Those Angry Days*. New York: Random House.

Onkst, David H. 1998. " 'First a Negro··· Incidentally a Veteran' : Black World War Two Veterans and the G.I. Bill of Rights in the Deep South, 1944–1948." *Journal of Social History* 31 (3), Spring: 517–43.

Orfield, Gary. 1985. "Ghettoization and Its Alternatives." In Paul E. Peterson, ed., *The New Urban Reality*, 161–93. Washington, D.C.: Brookings Institution.

Palm Beach. Online. "African American Communities." Historical Society of Palm Beach County.

Pates, Gordon. 1948. "West Coast Restricted." *San Francisco Chronicle*, January 4:2.

Pelo, Rose O. 1922. "Industry's New Doctors." *New York Times*, June 4.

PG&E. 1954. "Ford Factory Covers 44 Acres." *P.G. and E. Progress* 31 (6), May. Pacific Gas and Electric Company. In uncatalogued files of the San Francisco Office of the American Friends Service Committee.

Pietila, Antero. 2010. *Not in My Neighborhood: How Bigotry Shaped a Great American City*. Chicago: Ivan R. Dee.

Plotkin, Wendy. 1999. *Deeds of Mistrust: Race, Housing, and Restrictive Covenants in Chicago, 1900–1953*. Ph.D. dissertation, University of Illinois at Chicago.

Polikoff, Alexander. 2006. *Waiting for Gautreaux*. Evanston, Ill.: Northwestern University Press.

Postal Record. 2011. "Same Work, Different Unions". *Postal Record*, National Association of Letter Carriers, June: 8–13.

Powell, Michael. 2010. "Blacks in Memphis Lose Decades of Economic Gains." *New York Times*, May 31.

Power, Garrett. 1983. "Apartheid Baltimore Style: The Residential Segregation Ordinances of 1910–1913." *Maryland Law Review* 42 (1): 289–328.

——. 2004. "*Meade v. Dennistone*: The NAACP's Test Case to '. . . Sue Jim Crow Out of Maryland with the Fourteenth Amendment.'" *Maryland Law Review* 63 (4): 773–810.

PRRAC. 2005. "An Analysis of the *Thompson v. HUD* Decision." Washington, D.C.: Poverty & Race Research Action Council, February.

PWA. 1939. *America Builds*. Public Works Administration, Division of Information.

Quinn, Frank. 1960. "Statement of Frank Quinn, Executive Director, Council for Civic

Unity." In USCCR 1960, 545–622.

Quivik, Frederic L. Undated. *Rosie the Riveter National Historical Park, Richmond Shipyard No. 3.* National Park Service, Historic American Engineering Record (HAER) no. CA-326-M.

Rabin, Yale. 1987. "The Roots of Segregation in the Eighties: The Role of Local Government Actions." In Gary A. Tobin, ed., *Divided Neighborhoods: Changing Patterns of Racial Segregation,* 208–26. Thousand Oaks, Calif.: Sage.

———. 1989. "Expulsive Zoning: The Inequitable Legacy of *Euclid.*" In Charles Haar and Jerold Kayden, eds., *Zoning and the American Dream: Promises Still to Keep,* 101–21. Chicago: Planners Press.

Racioppi, Dustin, and Stephanie Akin. 2015. "N.J. Supreme Court: Judges Taking Over Enforcement of Affordable Housing." Northjersey.com, March 10.

Radford, Gail. 1996. *Modern Housing for America: Policy Struggles in the New Deal Era.* Chicago: University of Chicago Press.

Randle, William. 1989. "Professors, Reformers, Bureaucrats, and Cronies: The Players in *Euclid v. Ambler.*" In Charles Haar and Jerold Kayden, eds., *Zoning and the American Dream: Promises Still to Keep.* Chicago: Planners Press.

Reagan, John. 1967. "Testimony of John Reagan, Personnel Manager of the Kroehler Furniture Manufacturing Company, Fremont." In USCCR 1967, 589–598.

Record, Cy W. 1947. "Characteristics of Some Unemployed Negro Shipyard Workers in Richmond, California" (mimeo), September. Archived at Intergovernmental Studies Library, University of California, Berkeley.

Robertson, Stanley G. 1952. "Police Reveal 'Leads' in Bombings. Local, State, Natl. Agencies Delve Into West Adams Blasts." *Los Angeles Sentinel,* March 20: A1.

Rollingwood Improvement Association Board. 1952. "Fellow Residents of Rollingwood." March 4. In Papers of the California Federation for Civic Unity, Bancroft Library, University of California, Berkeley, BANC-MSS 274, Carton 1, Records 1945–1956.

Romney, George W. 1969. "Nomination of George W. Romney. Hearing before the Committee on Banking and Currency, U.S. Senate, Ninety-First Congress, First Session, on the Nomination of George W. Romney to be Secretary of the Department of Housing and Urban Affairs," January 16. Washington, D.C.: U.S. Government Printing Office.

Roosevelt, Anna Eleanor Roosevelt. Online. *First Lady Biography: Eleanor Roosevelt.* National First Ladies' Library.

Rosenhaus, Sharon. 1971. "UAW Starts Suburban Zoning Fight." *Washington Post*, January 29: A2.

Rosenthal, Jack. 1971a. "President Reaffirms Opposition to Forced Suburban Integration." *New York Times*, February 18.

——. 1971b. "U.S. Sues Suburb on Housing Bias." *New York Times*, June 15.

Rothstein, Richard. 1998. "Bilingual Education: The Controversy." *Phi Delta Kappan* 79 (9), May: 672, 674–78.

——. 2004. *Class and Schools: Using Social, Economic, and Educational Reform to Close the Black-White Achievement Gap*. New York: Teachers College Press.

——. 2013. *For Public Schools, Segregation Then, Segregation Since: Education and the Unfinished March*. Washington, D.C.: Economic Policy Institute.

Rotman, Michael. Online. "Lakeview Terrace." Center for Public History and Digital Humanities, Cleveland State University.

Royko, Mike. 1971. *Boss. Richard J. Daley of Chicago*. New York: Signet.

Rubin, Lillian B. 1972. *Busing and Backlash; White Against White in a California School District*. Berkeley: University of California Press.

Rubinowitz, Leonard S., and Imani Perry. 2002. "Crimes Without Punishment: White Neighbors' Resistance to Black Entry." *Journal of Criminal Law and Criminology* 92 (2): 335–428.

SAI. 1972. "Fully Integrated New Community Planned for Mahwah." *Suburban Action News*. Suburban Action Institute, April 24. In the Paul Davidson Papers, Collection Number 4250, Division of Rare and Manuscript Collections, Cornell University Library, "Mt. Laurel, Box 6, Folder 32."

San Francisco News. 1955. "UAW to Start Homes Tract Near Milpitas." August 20.

San Jose Evening News. 1955. "UAW Official Claims Tract Political Roadblock Target." May 4: 4.

San Jose Mercury. 1955. "UAW Tract Sewer Fee Protested." May 17.

San Jose News. 1957. "UAW Inter-Racial Tract to Add Another 522 Homes." September 27.

San Lorenzo Village. Mid-1950s. *10 Reasons Why Your Home in San Lorenzo Is a Safe Investment*. California Federation for Civic Unity Records, 1945–1956, Bancroft Library, University of California (Berkeley), BANC MSS C-A 274, Carton 1: File 13.

Santow, Mark, and Richard Rothstein. 2012. *A Different Kind of Choice: Educational Inequality and the Continuing Significance of Racial Segregation*. Washington, D.C.:

Economic Policy Institute.

Sard, Barbara, and Douglas Rice. 2014. *Creating Opportunity for Children: How Housing Location Can Make a Difference.* Washington, D.C.: Center on Budget and Policy Priorities, October 15.

——. 2016. *Realizing the Housing Voucher Program's Potential to Enable Families to Move to Better Neighborhoods.* Washington, D.C.: Center on Budget and Policy Priorities, January 12.

Sard, Barbara, and Will Fischer. 2008. *Preserving Safe, High Quality Public Housing Should Be a Priority of Federal Housing Policy.* Washington, D.C.: Center on Budget and Policy Priorities, October 8. Including unpublished technical appendix provided by the authors.

Satter, Beryl. 2004. " 'Our Greatest Moments of Glory Have Been Fighting the Institutions We Love the Most' : The Rise and Fall of Chicago' s Interreligious Council on Urban Affairs, 1958–1969." *U.S. Catholic Historian* 22 (2), Spring: 33–44.

——. 2009a. *Family Properties. How the Struggle over Race and Real Estate Transformed Chicago and Urban America.* New York: Henry Holt.

——. 2009b. "Race and Real Estate." *Poverty and Race* 18 (4), July–August: 1–2, 8–11.

Schill, Michael H., and Samantha Friedman.1999. "The Fair Housing Amendments Act of 1988: The First Decade." *Cityscape: A Journal of Policy Development and Research* 4 (3): 57–78. U.S. Department of Housing and Urban Development, Office of Policy Development and Research.

Schwartz, Gary T. 1976. "Urban Freeways and the Interstate System," *Southern California Law Review* 49 (3), March: 406–513.

Schwartz, Heather. 2010. *Housing Policy Is School Policy: Economically Integrative Housing Promotes Academic Success in Montgomery County, Maryland.* New York: Century Foundation.

Self, Robert O. 2003. *American Babylon: Race and the Struggle for Postwar Oakland.* Princeton: Princeton University Press.

Seligman, Amanda I. 2005. *Block by Block: Neighborhoods and Public Policy on Chicago's West Side.* Chicago: University of Chicago Press.

Sewall, Gilbert T. Online. *Widely Adopted History Textbooks.* American Textbook Council.

Sexauer, Cornelia F. 2003. *Catholic Capitalism: Charles Vatterott, Civil Rights, and*

Suburbanization in St. Louis and the Nation, 1919–1971. Ph.D. dissertation, University of Cincinnati.

Sharkey, Patrick. 2013. *Stuck in Place: Urban Neighborhoods and the End of Progress Toward Racial Equality*. Chicago: University of Chicago Press.

———. 2014. "Spatial Segmentation and the Black Middle Class." *American Journal of Sociology* 119 (4), January: 903–54.

Sides, Josh. 2003. *L.A. City Limits: African American Los Angeles from the Great Depression to the Present*. Berkeley: University of California Press.

Silva, Catherine. 2009. *Racial Restrictive Covenants: Enforcing Neighborhood Segregation in Seattle*. Seattle Civil Rights and Labor History Project, University of Washington.

Simons, Grace E. 1947. "Judge Stanley Mosk Rules Race Covenants Illegal, 'Un-American': Upholds Negroes' Rights." *Los Angeles Sentinel*, October 30.

Silver, Christopher. 1997. "The Racial Origins of Zoning in American Cities." In June Manning Thomas and Marsha Ritzdorf, eds., *Urban Planning and the African American Community: In the Shadows*, 23–42. Thousand Oaks, Calif.: Sage.

Simkins, Francis Butler. 1944. *Pitchfork Ben Tillman: South Carolinian*. Baton Rouge: Louisiana State University Press.

Smart Growth America. 2016. "Adopt Fair-Share Requirements for Affordable Housing." Smart Growth America.

Smith, Leo F. 1967. "Testimony of Leo F. Smith, Personnel Manager of the Fremont Plant, Trailmobile." In USCCR 1967, 598–605.

Smith, Mark M. 1994. "'All Is Not Quiet in Our Hellish County': Facts, Fiction, Politics, and Race: The Ellenton Riot of 1876." *South Carolina Historical Magazine* 95 (2), April: 142–55.

Smothers, Ronald. 1990. "Hate Crimes Found Aimed at Blacks in White Areas." *New York Times*, April 28.

Spear, Allan H. 1967. *Black Chicago: The Making of a Negro Ghetto, 1890–1920*. Chicago: University of Chicago Press.

Spratt, John M., Jr. 1970. "Federal Tax Exemption for Private Segregated Schools: The Crumbling Foundation." *William and Mary Law Review* 12 (1), Fall.

Squires, Gregory D., Derek S. Hyra, and Robert N. Renner. 2009. *Segregation and the Subprime Lending Crisis*. Briefing Paper no. 244. Washington, D.C.: Economic Policy

Institute, November 4.

Stainton, John, and Charleen Regan. 2001. *Protecting the Commonwealth's Investment: A Report Prepared for the Boston and Cambridge Housing Authorities*. Boston: Citizens Housing and Planning Association.

Stegner, Wallace. 1947. "Four Hundred Families Plan a House." *'47: The Magazine of the Year* 1 (2), April: 63–67.

Stevenson, Alexandra, and Matthew Goldstein. 2016. "Wall Street Veterans Bet on Low-Income Home Buyers." *New York Times*, April 17.

Stevenson, Frank. 2007. Oral Interview, April 29, 2003. Conducted by Esther Ehrlich for the Rosie the Riveter World War II American Homefront Oral History Project. Regional Oral History Office, Bancroft Library, University of California, Berkeley.

Streator, George. 1949. "Housing Bias Curb Called Minor Gain." *New York Times*, April 27.

Stiles, Elaine B. 2015. "Every Lot a Garden Spot: 'Big Dave' Bohannon and the Making of San Lorenzo Village." San Lorenzo Heritage Society.

Sugrue, Thomas J. 1993. "The Structures of Urban Poverty: The Reorganization of Space and Work in Three Periods of American History." In Michael B. Katz, ed., *The Underclass Debate: Views from History*. Princeton: Princeton University Press.

———. 1995. "Crabgrass-Roots Politics: Race, Rights, and the Reaction Against Liberalism in the Urban North, 1940–1964." *Journal of American History* 82 (2), September: 551–78.

———. 1996, 2005. *The Origins of the Urban Crisis: Race and Inequality in Postwar Detroit*. Princeton: Princeton University Press.

Swarns, Rachel L. 2015. "Minority Sheet Metal Workers in New York Get Back Pay After Decades of Bias." *New York Times*, December 21.

Taylor, Quintard. 1994. *The Forging of a Black Community: Seattle's Central District from 1870 Through the Civil Rights Era*. Seattle: University of Washington Press.

Tegeler, Philip. 2013. "New Report Demonstrates Persistence of Housing Discrimination But Understates the True Extent of It." *Huffington Post*, June 17.

Tegeler, Philip, Megan Haberle, and Ebony Gayles. 2013. *Affirmatively Furthering Fair Housing at HUD: A First Term Report Card*. May. Poverty and Race Research Action Council.

Thompson, David. 2014. "As a UCLA Student George Brown Jr. Shared his Room with History." *Cooperative Housing Bulletin*, Winter: 1, 4–5.

Thornbrough, Emma Lou. 1961. "Segregation in Indiana during the Klan Era of the

1920's." *Mississippi Valley Historical Review* 47 (4), March: 594–618.

Time. 1951. "ILLINOIS: Ugly Nights in Cicero." *Time*, July 23.

——. 1959. "Suburbia: High Cost of Democracy." *Time*, December 7.

——. 1960. "Races: Caws in the Wind." *Time*, January 4.

Toledo Blade. 1952. "Negro Family Defies Jeers of White Crowd." March 6.

Treib, Marc, and Dorothee Imbert. 1997. *Garrett Eckbo: Modern Landscapes for Living*. Berkeley: University of California Press.

Turner, Sarah, and John Bound. 2002. "Closing the Gap or Widening the Divide: The Effects of the G.I. Bill and World War II on the Educational Outcomes of Black Americans." Working Paper no. 9044, Cambridge, Mass.: National Bureau of Economic Research, July.

Tygiel, Jules. 1983. *Baseball's Great Experiment: Jackie Robinson and His Legacy*. New York: Oxford University Press.

UAW. 1979. "Biographical Sketch of William H. Oliver." *News from the UAW*. Public Relations and Publications Department, United Auto Workers, February 26. Wayne State University, Walter Reuther Archives, Biographical Files.

Ungaretti, Lorri. 2012. *Stories in the Sand: San Francisco's Sunset District, 1847–1964*. San Francisco: Balangero Books.

Unger, Nancy C. 2015. "Even Judging Woodrow Wilson by the Standards of His Own Time, He Was Deplorably Racist." *History News Network*, December 13.

UPI. 1971. "Court Upholds Public Housing Referendum." *Lodi News Sentinel* (California), April 27: 2.

USCCR (U.S. Commission on Civil Rights). 1960. *Hearings Before the United States Commission on Civil Rights. Hearings Held in Los Angeles, California, January 25, 1960, January 26, 1960, San Francisco, California, January 27, 1960, January 28, 1960*. Washington: U.S. Government Printing Office.

——. 1961. Book 4. *Housing. 1961 Commission on Civil Rights Report*. Washington, D.C.: U.S. Government Printing Office.

——. 1967. *A Time to Listen... A Time to Act. Voices from the Ghettos of the Nation's Cities. A Report of the United States Commission on Civil Rights*. Washington: U.S. Government Printing Office, O–227–91.

——. 1973. *Understanding Fair Housing*. Clearinghouse Publication 42, February. Washington, D.C.: U.S. Government Printing Office.

USHA. 1939. Bulletin No. 18, *Manual on Policy and Procedure*, U.S. Housing Authority, February 13,

Vale, Lawrence J. 2002. *Reclaiming Public Housing*. Cambridge, Mass.: Harvard University Press.

——. 2007. "The Ideological Origins of Affordable Homeownership Efforts." In William M. Rohe and Harry L. Watson, eds., *Chasing the American Dream: New Perspectives on Affordable Homeownership*, 13–40. Ithaca, N.Y.: Cornell University Press.

Velie, Lester. 1946. "Housing: The Chicago Racket." *Collier's*, October 26: 16–17, 110–13.

Vernon, John. 2008. "Jim Crow, Meet Lieutenant Robinson. A 1944 Court-Martial." *Prologue: Magazine of the National Archives* 40 (1), Spring.

VerPlanck, Christopher. 2008. "We're Sitting Pretty in Daly City: A Critical Analysis of Suburban Planning in Henry Doelger's Westlake Subdivision, Daly City, California." Draft of paper for presentation at annual conference of Society of Architectural Historians, Cincinnati, Ohio, March 20.

"Vitchek, Norris." 1962. "Confessions of a Block-Buster." *Saturday Evening Post*, July: 15–19.

von Hoffman, Alexander. 2000. "A Study in Contradictions: The Origins and Legacy of the Housing Act of 1949." *Housing Policy Debate* 11 (2): 299–326.

Wang, Wendy. 2012. *The Rise of Intermarriage: Rates, Characteristics, Vary by Race and Gender*. Washington, D.C.: Pew Research Center, Pew Social and Demographic Trends, February 16.

Wang, Wendy, and Kim Parker. 2014. *Record Share of Americans Have Never Married: As Values, Economics and Gender Patterns Change*. Washington, D.C.: Pew Research Center, Pew Social & Demographic Trends, September 24.

Warren, Elizabeth. 2007. "Unsafe at Any Rate." *Democracy* 5, Summer.

Waters, Mary C., and Marisa Gerstein Pineau, eds. 2015. *The Integration of Immigrants into American Society. Panel on the Integration of Immigrants into American Society*, Washington, D.C.: National Academies Press.

WBR. 1948. "*Real Estate in Forty-Eight*: The Negro Population. Its Effect on Real Estate." *Washington Business Review*.

Weart, William G. 1957. "Police Guard Site of Race Violence." *New York Times*, August 15.

Weaver, Robert C. 1948. *The Negro Ghetto*. New York: Russell & Russell.

Wehle, Louis B. 1915. "Isolating the Negro." *New Republic* 5, November 27: 88–90.

Weiss, Marc A. 1987. *The Rise of the Community Builders: The American Real Estate Industry and Urban Land Planning*. New York: Columbia University Press.

———. 1989. "Richard T. Ely and the Contribution of Economic Research to National Housing Policy, 1920–1940." *Urban Studies* 26: 115–26.

Weiss, Nancy J. 1969. "The Negro and the New Freedom: Fighting Wilsonian Segregation." *Political Science Quarterly* 84 (1), March: 61–79.

Wells, Amy Stuart, Lauren Fox, and Diana Cordova-Cobo. 2016. *How Racially Diverse Schools and Classrooms Can Benefit All Students*. New York: Century Foundation, February 9.

Wenkert, Robert. 1967. *An Historical Digest of Negro-White Relations in Richmond, California*. Berkeley: University of California, Survey Research Center, September.

Whelan, Deborah C., et al. 1997. *Historic Context for Department of Defense World War II Permanent Construction*. R. Christopher Goodwin and Associates, Inc., for the U.S. Army Corps of Engineers, June.

White, Alvin E. 1942. "Four Freedoms (Jim Crow)." *Nation*, February 21: 213–14.

White, Martin. 1956. "Housing Opportunities—Summary and Report of Program." May 31. American Friends Service Committee files, San Francisco.

Whitten, Robert H. 1922. "Social Aspects of Zoning." *Survey* 48 (10), June 15.

Wilhelm, Mark O. 2001. "The Role of Intergenerational Transfers in Spreading Asset Ownership." In Thomas M. Shapiro and Edward N. Wolff, eds., *Assets for the Poor: The Benefits of Spreading Asset Ownership*, 132–61. New York: Russell Sage Foundation.

Wilkerson, Isabel. 2010. *The Warmth of Other Suns: The Epic Story of America's Great Migration*. New York: Random House.

Will, Herman. 1949. "Affidavit, January 6." Attached to Marshall 1949.

Williams, Franklin H. 1959. Letter to Julian H. Zimmerman, Acting Commissioner, Federal Housing Administration, Re: FHA Proceedings Against Gerald S. Cohn, May 6. Proquest History Vault, NAACP Papers. Group III, Series A, Administrative File: General Office File--Housing, Papers of the NAACP, Part 05: Campaign against Residential Segregation, 1914–1955, Supplement: Residential Segregation, General Office Files, 1956–1965; Jan 01, 1958 – Dec 31, 1963: Folder: 000004-003-0786, Library of Congress.

Williams, Franklin N. 1960a. "Keepers of the Wall." *Frontier: The Voice of the New West*,

April: 9–11.

Williams, Franklin. 1960b. "Statement of Franklin H. Williams, Assistant Attorney General, California Department of Justice." In USCCR 1960, 479–485.

Williams, Michael Paul. 2015. "Williams: Richmond's Segregation is by Design." *Richmond Times-Dispatch*, April 20.

Williams, Norman, Jr. 1950. "Racial Zoning Again." *American City* 65 (11), November: 137.

Williamson, June. 2005. "Retrofitting 'Levittown'." *Places Journal* 17 (2).

Wirt, Frederick M. 1974. *Power in the City: Decision Making in San Francisco.* Berkeley: University of California Press.

Wolgemuth, Kathleen L. 1959. "Woodrow Wilson and Federal Segregation." *Journal of Negro History* 44 (2), April: 158–73.

Wollenberg, Charles. 1981. "James vs. Marinship: Trouble on the New Black Frontier." *California History* 60 (3), Fall: 262–79.

——. 1990. *Marinship at War.* Berkeley, Calif.: Western Heritage Press.

Wolters, Raymond. 1969. "Closed Shop and White Shop: The Negro Response to Collective Bargaining, 1933–1935." In Milton Cantor, ed., *Black Labor in America*, 137–52. Westport, Conn.: Negro Universities Press.

Wood, Lewis. 1949. "Truman Puts Ban on All Housing Aid Where Bias Exists." *New York Times*, December 3.

Woodington, Donald DeVine. 1954. *Federal Public War Housing in Relation to Certain Needs and the Financial Ability of the Richmond School District.* Ph.D. dissertation, University of California.

Woofter, Thomas Jackson, 1928. *Negro Problems in Cities: A Study.* Garden City, N.Y.: Doubleday, Doran & Co.

Wright, John Aaron. 2002. *Discovering African American St. Louis: A Guide to Historic Sites.* St. Louis: Missouri History Museum.

Yardley, Jonathan. 2009. "Jonathan Yardley on 'Levittown': What Happened when a Black Family Tried to Live the Suburban American Dream." *Washington Post*, February 15.

Zineski, Tony, and Michael Kenyon. 1968. "Where the Racism Really Is—In the Suburbs." *Detroit Scope Magazine*, August 31: 6–10.

图片来源
PHOTOGRAPH CREDITS

卷首图片	美国联合通讯社图片/乔治·斯凯丁（George Skadding）。
第 x 页	莱斯特·林克（Lester Linck）拍摄，《圣路易斯邮报》（St. Louis Post-Dispatch）。
第 2 页	来源：加利福尼亚州里士满历史博物馆。
第 18 页	来源：韦恩州立大学（Wayne State University）沃尔特·P. 鲁瑟图书馆（Walter P. Reuther Library），劳动与城市事务档案馆（Archives of Labor and Urban Affairs）。
第 44 页	来源：密苏里州历史博物馆，圣路易斯。
第 66 页	来源：美国国会图书馆。
第 81 页	夏洛塔·巴斯（Charlotta Bass）/加利福尼亚鹰报摄影收藏。来源：南加州图书馆（洛杉矶，加利福尼亚州）。
第 88 页	来源：戴利城历史博物馆。
第 102 页	来源：戴利城历史博物馆。
第 106 页	保罗·塞凯拉（Paul Sequeira）拍摄。
第 112 页	保罗·塞凯拉拍摄。
第 116 页	埃德·马克尔（Ed Maker）拍摄，《丹佛邮报》经盖蒂图像（Getty Images）获得。
第 128 页	约翰·格雷斯（John Gress）拍摄，考比思（Corbis）经盖蒂图像获得。
第 134 页	来源：沃尔夫森档案馆（Wolfson Archives）。
第 152 页	来源：沃尔夫森档案馆。

第 162 页	来源：特色馆藏研究中心，天普大学（Temple University）图书馆，费城。
第 175 页	来源：威斯康星州历史学会，WHI-55226、WHI-55227。
第 180 页	由索萨利托历史学会提供。
第 192 页	来源：贝特曼馆藏（Bettmann Collection），盖蒂图像。
第 193 页	由旧金山海事国家历史公园（San Francisco Maritime NHP）提供。
第 196 页	来源：《圣路易斯邮报》。
第 208 页	来源：杰斐逊全国拓荒纪念园（Jefferson National Expansion Memorial Archives）。
第 225 页	来源：美国住房与城市发展部政策开发研究室。
第 228 页	由贝琪·朱利安（Betsy Julian）提供。
第 252 页	来源：美国国家档案馆。
第 258 页	来源：特色馆藏研究中心，芝加哥大学图书馆。